KB270382

제임스 L. 윌리엄스 지음
안철진, 한동준 옮김

LEARNING HTML5
온라인 게임 개발 프로그래밍

Canvas, SVG, WebGL을 이용한 온라인 게임 개발 가이드

Canvas, SVG, WebGL을 이용한 온라인 게임 개발 가이드

Learning HTML5 온라인 게임 개발 프로그래밍

초판 1쇄 인쇄 | 2012년 12월 13일
초판 1쇄 발행 | 2012년 12월 20일

지 은 이 | 제임스 L. 윌리엄스
옮 긴 이 | 안철진, 한동준
발 행 인 | 이상만
발 행 처 | 정보문화사
편 집 팀 장 | 김우진
책 임 편 집 | 정수진
표지디자인 | 성연미
내지디자인 | 성은경
주   소 | 서울 종로구 동숭동 1–81
전   화 | (02)3673–0037~9(편집부) (02)3673–0114(대)
팩   스 | (02)3673–0260
등   록 | 제1–1013호
I S B N | 978–89–5674–580–0

도서 문의 및 A/S 지원
정보문화사 홈페이지 | http://www.infopub.co.kr

이 책은 저작권법에 따라 보호받는 저작물이므로 무단 전재와 무단 복제를 금하며,
이 책 내용의 전부 또는 일부를 사용하려면 반드시 저작권자와 정보문화사의 서면동의를 받아야 합니다.

※ 정보문화사는 독자 여러분의 의견에 항상 귀를 기울이고 있습니다.
※ 잘못된 책은 구입처에서 교환해드립니다.
※ 가격은 뒤표지에 있습니다.

역자의 글 

　이 책의 번역을 의뢰받았을 때 두 가지 생각이 저를 고민에 빠뜨렸습니다. 하나는 즐거운 것이었고, 다른 하나는 약간의 두려움 섞인 걱정이었습니다. 웹과 게임 개발 기술에 대해서는 그리 많은 경험을 가지고 있지 않았던 터라 정작 책을 통해서 지식을 얻고 활용하고자 하는 미래의 독자님들과 이 길을 먼저 간 선배로서 힘들게 깨우친 훌륭한 지식을 글로 남긴 저자 사이에서 자칫 걸림돌이 되는 것이 아닐까 하는 걱정이 막연한 두려움으로 작용한 것이 사실입니다. 하지만 결국 흔쾌히 책을 받아 들고 기쁘게 작업할 수 있었던 것은 몇 페이지의 원둔을 넘겨보면서 받았던 좋은 느낌과 당시에 저 역시 한 명의 개발자로서 느끼고 있던 HTML5 관련 기술에 대한 갈망, 그리고 항상 꿈꾸는 게임 개발에 대한 개인적인 로망이 그 두려움을 한 방에 날려 버렸기 때문입니다.

　그만큼 다른 어떤 책을 볼 때보다 더 빠르고 즐겁게 읽고 번역해 나갈 수 있었습니다. 이 책은 철저히 개발자를 위한 책입니다. 거추장스러운 미사여구는 최소화했으며, 간결하면서도 확실하게 의미를 전달하려는 저자의 의도가 책의 모든 곳에서 느껴집니다. 예제 역시 이러한 집필 방향을 그대로 너포하고 있으며 거기에 단순한 예제 이상의 실용성까지 확보하고 있습니다. 다만 광범위한 주제에 대해 깊이 있는 내용을 다루기에는 분량이 다소 제한적인데 이 점은 원래 책을 기획할 때부터 그 한계를 고려한 것으로 보이며, 이것은 저자가 책의 곳곳에서 밝히고 있는 부분이기도 합니다. 하지만 그만큼 짧은 시간에 HTML5 관련 기술로 게임을 개발하는 방법에 대한 이해를 획기적으로 높일 수 있는 것이 이 책이 가진 굉장한 매력입니다. 분명한 것은 HTML5를 근간으로 게임 개발을 접해 보고자 하는 개발자에게는 완벽한 안내 서적이 될 수 있을 것이라는 점입니다. 어뜬 기술이든 학습 초기에 기반이 되는 각종 기술과 주변 환경에 대한 이해를 가지고 올바른 방향성을 잡는 것은 중요한 과정입니다. 그러한 의미에서 이 책은 매우 성공적이라고 감히 말하고 싶습니다. 책에 대한 더 이상의 판단은 독자 여러분에게 맡기고자 합니다. 부족함이 많지만, 부디 이 책을 통해서 제가 그랬던 것처럼 많은 것을 얻으시기 바랍니다.

끝으로, 책의 후반부를 맡아 저와 함께 이 책의 즐거움을 두 배로 나눈 한동준 역 자님, 허름했던 작업의 결과가 이처럼 멋진 옷을 입고 새로 태어날 수 있도록 끝까지 최선을 다해 마무리해주신 정보문화사 정수진 님, 그리고 보이지 않는 곳에서 노력해 주신 많은 관계자 분들께 감사드립니다.

안철진

안철진

다년간 현업에서 국방, 항공, 우주 분야의 다양한 소프트웨어 개발 경험을 거쳐 현재는 ktds에서 통신 분야 영업 전산 시스템 개발을 담당하고 있으며, 틈틈이 IT 서적 번역도 꾸준히 해 왔다. 대한민국에서 개발자로 산다는 것이 자랑스럽고 즐거운 그 날을 꿈꾸며 항상 다양한 노력을 경주하고 있다.

한동준

현재 KTH의 QA로 모바일 앱의 품질 향상을 담당하고 있다. CMMI 기반 SW 프로세스 개선과 성능 테스트를 진행하고, 최근에는 KTH의 국민 앱인 푸딩얼굴인식 등 푸딩 시리즈 개발에 참여했다. 제품 품질과 프로세스 품질이 모두 좋아야 높은 품질의 SW가 개발된다고 믿으며, 상명대학교 SW 공학 연구실에서 SW 품질 전공 석사를 이수했다.

감수의 글

　　폭발적인 스마트폰 생태계의 성장과 함께 관련 핵심 기술로 부상한 HTML5는 최근까지도 주목받았던 Flash와 Silverlight 기술의 종말을 가져왔습니다. 모바일 환경에서 번지기 시작한 HTML5 기술의 채용이 이제는 컴퓨팅 영역 전반에 영향을 끼치고 있고 클라이언트 및 서버 사이드 Javascript 기술의 번영과 함께 다시 한 번 프로그래밍의 진화를 이끌고 있습니다.

　　감수를 요청받은 이 책『Learning HTML5 온라인 게임 개발 프로그래밍』은 Microsoft의 사설 클라우드 교육으로 말레이시아에 와서야 전체 내용을 다 읽어 보게 되었습니다. 책을 읽어 보는 내내 그리 많지 않는 분량의 책인데도 HTML5와 Javascript 기술, 그리고 다양한 오픈소스 라이브러리를 통해 게임 프로그래밍이라는 장르에 접근하고 있는 점이 인상적이었습니다. 이 책을 통해 HTML5를 통한 게임 프로그래밍의 가능성을 볼 수 있었고 무엇보다 현재 쏟아지고 있는 많은 HTML5 관련 서적과 달리 비교적 컴팩트한 두께에 HTML5의 특징적인 기술과 최적의 도구, 유용한 프레임워크를 다루고 있다는 점에서 의의를 찾을 수 있었습니다.

　　HTML5와 관련된 교육도 많이 생겨나고 있고, 다양한 개발 환경과 플랫폼에서 주요 기술로 HTML5를 채용하면서 앞 다투어 지원 방안을 발표하는 시점에『Learning HTML5 온라인 게임 개발 프로그래밍』과 같은 책을 통해 단순한 API 설명을 넘어서서 진정으로 HTML5 기술을 활용하는 데 도움이 되는 책이 많이 출간되었으면 하는 바람을 가집니다. HTML5 기술에 관심을 가진 독자라면 이 책을 놓치지 않길 바랍니다. 이제까지 HTML5가 어디에 쓰는 물건인지 궁금했다면, 이 책이 그 실마리를 풀어줄 것입니다.

말레이시아 쿠알라룸푸르에서 김도균

www.dokyun.pe.kr

# 감사의 글

이 책의 출간에 도움을 주신 분들께 감사의 말씀을 전하고자 한다. 먼저 프로젝트 내내 물심양면 도와준 Pearson 팀(Trina MacDonald, Songlin Qiu, Olivia Basegio)이 있다. 그들의 목표는 필자의 작업을 더욱 빛나게 재탄생시키는 것이었고, 훌륭히 해냈다고 생각한다. 급격한 발전의 과정에 있는 주제에 대한 책을 쓰는 작업에서는 시장의 동향을 예측하는 것도 필수적이다. 이런 관점에서 주제에 대한 필자의 고민을 함께 나누고 빠르고 정확한 조언을 아끼지 않았던 기술 감수자들 (Romin Irani, Pascal Rettig, Robert Schwentker)의 도움을 받을 수 있었던 것은 커다란 행운이었다. 그들은 나의 예측에 대해 사려 깊게 검증해 주었고 집필 과정에서 일관된 목적을 향해 달려갈 수 있도록 안내자의 역할을 해 주었다. 마지막으로 나의 말에 무조건적으로 귀 기울여 주고, 또 지쳤을 때는 편안한 휴식처를 제공해 주었던 가족과 친구들에게 고마운 마음을 전한다.

저자 소개 

　제임스 L. 윌리엄스(James L. Williams)는 실리콘 밸리를 기반으로 하는 개발자로 국내외적으로 많은 컨퍼런스의 발표자로도 활동하고 있다. 그는 2007 Google Summer of Code에서 Groovy를 위한 SwingLabs UI 컴포넌트의 손쉬운 활용을 위한 작업을 매우 성공적으로 보여주었다. 또한 그는 Java 응용 프로그램을 위한 풍성한 데스크톱 프레임워크를 제공하는 Griffon 프로젝트의 공동 개발자이며, 그의 WalkIN 팀은 SXSW로 가는 장거리 버스 여행 중에 개발한 제품으로 StartupBus 2011에서 수상하기도 했다. 그가 개발한 최초의 비디오 게임은 Buck Rogers: Planet of Zoom인데, 당시 굉장한 3.58MHz CPU와 고속 테이프 드라이브, 플로피 디스크로 중무장한 Coleco Adam이라는 컴퓨터에서 동작했다.

- 블로그 http://jameswilliams.be/blcg
- 트위터 @ecspike

시작하며

필자가 이 책을 쓰게 된 동기는 HTML5에 대해 가려운 곳을 시원하게 긁어주고 싶었고 또 초기 HTML5 게임 커뮤니티들을 통해 잠재된 가능성을 발견했기 때문이다. 개발자들이 HTML5라는 광야를 마음껏 누비고 훌륭한 사례들을 통해 Canvas, WebGL, SVG에 대해 배워나갈 수 있도록 돕고자 한다.

때로는 개발자들에게 HTML5가 슬쩍 한 번 경험하고 말아도 될 그저 그런 기술이 아니라는 것에 대한 확신을 가지도록 이해시키는 것이 쉽지 않은 경우도 있다. 하지만 이중 버퍼링, 하드웨어 가속, 플러그인의 도움 없는 브라우저 범위 내의 캐싱 등과 같은 데스크톱 응용 프로그램 수준의 다양한 콘텐츠 사용이 가능하다는 것을 알면 놀라움을 금치 못한다. 그 전까지 개발자들 대다수는 Flash를 유일한 선택지로 여기고 있었다. "Flash가 전부"라는 믿음이 "HTML5로 부족한 부분에만 Flash를 사용하자"로 변해가는 과정을 지켜보는 것도 즐거운 경험이었다.

이 책을 쓰는 동안에도 HTML5 게임 프로그래밍을 둘러싼 생태계는 급격하게 진화하고 성숙하는 과정을 거쳐 왔다. 필자는 이 기술이 앞으로도 계속 발전해 나갈 것이라는 확신에 차 있으며, 내년에는 어떤 기술적인 혁신이 우리를 기다리고 있을지 기대하고 있다.

이 책의 핵심

이 책에서는 게임 프로그래밍을 위해 필요한 HTML5 사양, WebGL, SVG, JavaScript 등 넓은 의미의 HTML5에 대한 정의를 다룬다. 자주 사용되는 게임 효과의 이면에서 동작하는 수학적인 설명도 포함되어 있는데, 손쉬운 구현 방법을 배우기 전에 어렵고 힘들 수도 있지만 보다 깊은 이해를 돕고자 함이다. 또한 여전히 JavaScript에 익숙한 개발자들을 위해 게임 개발에 다른 언어를 사용하는 방법에 관한 절도 있다. 여기에는 JavaScript 엔진이 직접 실행할 수 있거나 JavaScript로 컴파일할 수 있는 언어, 혹은 이 두 가지가 혼용되는 경우가 있다. 서버 측 JavaScript는 최근 프로그래밍 세계에 일대 변혁을 가져왔다. 게임을 개발하는 입장에서 서버 측 JavaScript는 게임을 구조화하는 데 있어서 한 단계 더 나아간 유연성을 제공한다. 간단한 코드 수정으로 로직은 하나의 클라이언트 인스턴스에 내장된 형태에서 시작해서 확장 가능한 서버 인스턴스에까지 이른다. 책의 끝에서는 어디에 어떻게 게임을 게시할 것인가에 관해 논의한다. 게임 엔진과 라이브러리는 다양한 선택이 가능하다. 책에서 사용하는 모든 라이브러리는 데이터 처리에 있어 군더더기 없이 핵심에 집중하고 있으며, 이들을 통하 배운 것을 손쉽게 다른 라이브러리에도 적용할 수 있다. WebGL에 대해서는 너무 깊은 부분까지 설명하지 않는 대신 저수준의 API를 적재적소에 활용할 수 있는 고수준 라이브러리 사용에 집중할 것이다. 이 책의 목적은 단기간에 독자의 실무 능력을 끌어올리는 데 보다 큰 비중을 두고 있기 때문이며, WebGL의 세부적인 부분을 다루는 것은 이러한 취지에 맞지 않다.

대상 독자

이 책은 HTML5 및 관련 웹 기술을 이용하여 대화형 게임을 개발하고 있는 개발자나 이러한 기술을 익히고자 하는 응용 프로그램 개발자들을 위한 것이며, 빠른 이해를 위해서는 기본적인 몇 가지 프로그래밍 언어와 수학에 대한 이해가 필요하다.

책 속의 예제 코드와 연습 문제

사용된 예제 코드와 연습문제 해답은 이 책을 위한 웹 사이트에서 제공한다. 예제 코드와 연습문제의 해답은 http://www.informit.com/title/9780321767363에서 다운로드 받을 수 있으며, 예제 코드는 Github(https://github.com/jwill/html5-game-book)와 정보문화사(www.infopub.co.kr) 자료실에서도 확인이 가능하다.

차 례

Chapter 04   게임의 동작 방법

Chapter 05　Canvas 태그로 게임 만들기

Chapter 06   SVG와 RaphaëlJS를 이용한 게임 개발

Chapter 09 멀티 플레이어 게임 서버 구축하기

Chapter 10 모바일 게임 개발

Chapter 11　게임 게시하기

## Chapter 01

HTML5 에 대하여

LEARNING **HTML5** GAME PROGRMMING

HTML5는 이전 세대인 HTML4와 XHTML에서 분기된 차세대 HTML에 대한 초기 사양이라고 볼 수 있다. 몇 가지 요소는 제거되었으며, 문서 마크업의 이전 표준인 SGML의 흔적은 더 이상 HTML5의 기반이라고 하기 어렵다. HTML5는 HTML4에 비해서 부정확한 구문에 대해 보다 덜 민감하게 동작한다. HTML5는 부정확한 형식의 문서에 대해 다양한 브라우저가 동일한 방식으로 처리할 수 있는 구문 분석 규칙을 제공한다. 네이티브 그리기 지원과 시청각 요소 등 HTML에 추가된 수많은 큰 변화 가운데 이번 장에서는 HTML5에서 추가된 특징과 이와 관련한 JavaScript API에 대해서 살펴보도록 하자.

⨠ HTML의 근본을 넘어

Tim Berners-Lee에 의해 발명된 HTML(하이퍼텍스트 마크업 언어)은 1990년 이래 기나긴 여정을 거쳐 현재에 이르렀다. 그림 1.1은 HTMLRocks에서 발췌한 HTML의 간략한 연대표다(http://slides.html5rocks.com/#slide3).

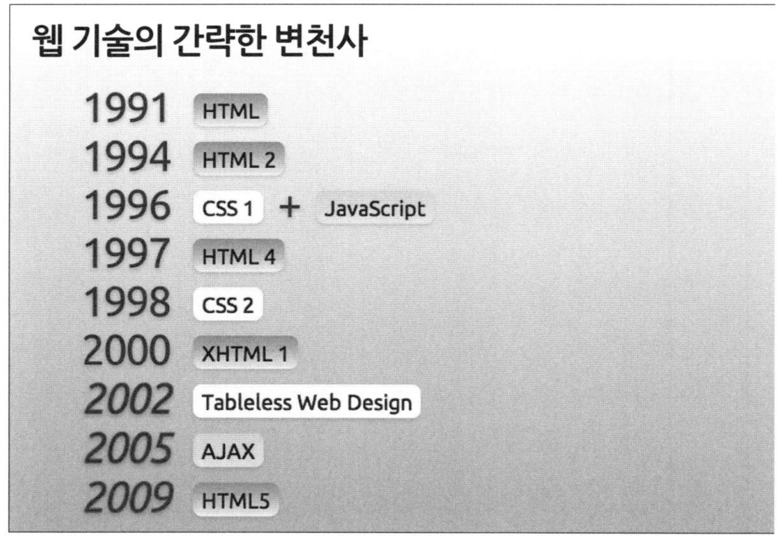

| 그림 1.1 | HTML 연대표

그 동안 이루어진 모든 개선들이 표준을 기욱 앞으로 나아갈 수 있도록 하고 있지만 특히 우리가 눈여겨보고자 하는 부분은 각각 1996년과 2005년에 소개된 JavaScript와 AJAX이다. 이들은 웹이라는 미디어를 신문이나 책과 같은 정적인 단방향 정보 전달 수단에서 양방향의 대화형 미디어로 바꾸어 놓았다.

JavaScript

초기에 LiveScript 혹은 공식적으로는 ECMAScript로 불렀던 JavaScript는 Netscape Communications사에서 개발한 브라우저를 위한 스크립트 언어에서 시작됐다. 느슨하게 형식화된 스크립트 언어로 프로토타입 기반이며 객체 지향 혹은 함수형 언어로도 사용할 수 있다. JavaScript라는 이름을 가지고 있고 Java의 일부를 이어받고 있지만 JavaScript는 C 언어와 가장 비슷하다.

JavaScript라는 이름을 가지게 된 이유는 Sun Microsystems(현재의 Oracle사)와 Netscape 양 사 간의 마케팅 협약의 일환으로 이루어진 것으로 당시 이 새로운 스크립트 언어를 Sun사의 Java 애플릿 기술과 어깨를 나란히 할 수 있도록 수준을 맞춘 것이다. 곧 JavaScript는 클라이언트 측 웹 페이지 스크립트 언어로 폭넓게 사용되기 시작했고, Microsoft는 JavaScript와 호환 가능하면서 약간의 추가사항과 변경이 적용된 스크립트 언어를 발표했는데, Sun이 "JavaScript"라는 명칭에 대한 상표권을 가지고 있었기 때문에 이 언어는 JScript라고 이름을 붙였다.

AJAX

AJAX(비동기 JavaScript와 XML)는 JavaScript 프로그래밍의 관점에 새로운 바람을 몰고 왔다. 한때는 아마추어나 초보자들의 장난감 정도로 인식되었으나 점차 보다 복잡한 문제를 해결할 수 있는 방법을 프로그래머들에게 제시하게 되었다.

AJAX의 정점은 1990년대 후반에 Microsoft가 제시한 XMLHttpRequest 개체다. XMLHttpRequest는 웹 사이트가 원격 서버에 접속하고 구조화된 자료를 수신할 수 있도록 한다. 개발자는 정적인 페이지들을 생성하던 것에서 벗어나 굉장히 동적인 응용 프로그램을 만들 수 있게 된 것이다. Gmail, Twitter, Facebook은 이와 같은 응용 프로그램의 예다.

우리는 지금 또 다른 JavaScript의 르네상스 시대를 지나고 있다. 대형 브라우저 개발사들은 브라우저 성능 비교의 수단으로 자신들이 개발한 JavaScript 엔진의 처리 속도를 내세우고 있다. JavaScript는 이제 Node.js와 같이 서버 측 웹 컴포넌트 개발에 사용하기도 하고 WebOS, PhoneGap과 같은 모바일 응용 프로그램 프레임 워크에도 사용하면서 프로그래밍 언어의 주류로 자리잡고 있다.

≫ 하나로 통합

최고의 기술이라고 해도 고지를 점령하기 위해서는 일정 기간이 필요하다. 기능의 부족이 혁신을 가로막는 것을 두고 볼 수 없었던 Google은 Chrome Frame과 Google Gears(줄여서 Gears라고도 함)를 내놓음으로써 오래된 구형 브라우저에서 도 신기술의 가능성을 열었다.

Google Gears

2007년 5월에 발표된 Google Gears는 HTML5 초기 사양의 고급 기능들을 정의 하는 역할을 했다. HTML5가 출현하기 전에도 다양한 Google 제품들(Gmail, YouTube, Doc, Reader 등)과 MySpace, Remember the Milk, WordPress 등에 서 Gears를 이용하고 있었다. Gears는 몇 가지 모듈로 구성되어 있는데, 브라우저 는 이들을 이용해서 일반적으로 데스크톱 응용 프로그램에서 가능하던 기능들을 제 공할 수 있다. 잠시 이 부분에 대해서 이야기해보자.

발표 당시 Gears는 Database, LocalServer, WorkerPool 모듈을 제시했다. Gears의 Database API는 SQLite와 비슷한 구문을 통해 웹 응용 프로그램에서 활 용할 수 있는 관계형 자료 저장소를 생성할 수 있다. 자료는 특정 응용 프로그램에 지역화되고 일반적인 교차 사이트 스크립팅 규칙을 따르기 때문에 하나의 응용 프로 그램은 해당 도메인 외부의 자료에 접근할 수 없다. LocalServer 모듈은 웹 응용 프 로그램이 특정 정보를 인터넷 연결 여부와 무관하게 지역 캐시에 저장하거나 읽어올 수 있게 한다. 이처럼 지역 캐시를 이용하는 정보는 하나의 사이트 매니페스트 파일에 저장된다. 매니페스트 파일에 있는 URL에 해당하는 정보가 요청되면 LocalServer 모듈은 이 요청을 가로채서 지역 저장소로부터 읽어들인 정보를 이용하여 처리한다.

긴 실행 시간을 필요로 하는 JavaScript는 웹 사이트의 상호 작용을 방해하는데 이것은 JavaScript를 적극적으로 활용하는 웹 사이트들에서 나타나는 공통적인 문제점이다. WorkerPool 모듈은 이런 문제에 대응하기 위한 답을 제시한다. 기본적으로 웹 사이트의 작업은 단일 스레드 처리를 기반으로 한다. 단순한 DOM 처리와 같이 매우 짧은 시간에 끝날 수 있는 작업의 경우에는 전혀 문제가 되지 않지만, 느린 서버에서 정보를 추출하거나 파일 입력/출력과 같이 긴 시간을 요하는 작업은 상호 작용을 방해할 수 있고 브라우저는 스크립트가 응답이 없다고 보고 강제 종료해야 하는 상황으로 판단할 수도 있다. WorkerPool 모듈은 브라우저에 다중 스레드 컴퓨팅 개념을 도입하여 WorkerPool이 생성한 "작업자"가 임의의 JavaScript를 실행할 수 있게 한다. 이렇게 생성된 작업자(스레드)들은 같은 WorkerPool 내에서 서로 메시지를 주고받을 수 있기 때문에 협동 작업도 가능하다. 작업자는 cross-origin 작업이 가능한데, 작업자를 생성한 곳의 정책을 따른다. `Timer`와 `HttpRequest`와 같은 일부 속성들은 `window` 개체에 의해 노출되지만 작업자는 접근이 불가능한데, 이와 같은 경우에 대응하기 위해 Gears는 별도의 구현을 제공한다.

또 하나의 흥미로운 API는 Geolocation API이다. Geolocation API는 이용자의 가용 정보 가운데 IP 주소, 위치 정보를 가지는 Wi-Fi 라우터, 휴대전화 기지국 등의 정보를 이용해서 위치를 결정할 수 있다.

Google은 2009년 11월 Gears의 개발을 중단하고 HTML5에 이들 기능을 도입하는 방향으로 선회한 바 있다. 고맙게도 앞에서 알아본 모든 기능들은 HTML5에서 저마다의 길을 찾아가고 있다.

Chrome Frame

Chrome Frame은 HTML5 지원이 빈약한 Internet Explorer 6 이상의 버전을 위해 Google Chrome을 플러그인 방식으로 제공하기 위한 프로젝트이다. Chrome

Frame은 메타 태그를 인식하여 활성화된다. 현재 Chrome Frame 설치는 관리자 권한을 필요로 하지 않으며, 따라서 시스템에 대한 접근에는 제약이 있다. Chrome Frame에 대한 보다 많은 정보는 http://code.google.com/chrome/chromeframe/에서 찾아볼 수 있다.

≋ WebSocket과 Web Worker 이용하기

HTML5의 추가 사항 가운데는 웹 응용 프로그램의 통신과 작업을 도와주는 API 들을 빼놓을 수 없는데, WebSocket은 웹 응용 프로그램이 채널을 열어 웹 서비스와 연동할 수 있도록 해주며, Web Worker를 이용하면 브라우저의 동작에 방해를 주지 않고 복잡한 작업을 수행할 수 있다.

WebSocket

WebSocket은 응용 프로그램에서 하나의 URI 끝점에 대해 양방향 채널을 사용할 수 있게 해준다. 소켓은 WebSocket을 열거나 닫기 위해 메시지나 응답을 주고받을 수 있다. 사양에 포함되어 있지는 않지만 Comet(긴 폴링을 제공하는 AJAX), Bayeux, BOSH 등 다른 방법을 이용해서 양방향 통신을 구현할 수 있다.

리스트 1.1은 echo 서버 끝점에 대한 WebSocket을 생성하는 코드를 보여준다. 소 켓을 만든 다음에는 소켓이 열리거나 닫힐 때, 메시지를 받을 때 혹은 에러를 발생시 킬 때를 위한 함수들을 설정한다. 다음으로 "Hello World!" 메시지가 보내지고 브라 우저는 반환되는 메시지를 수신해서 "Hello World!"를 화면에 표시한다.

리스트 1.1 메시지 출력을 위한 WebSocket 코드

```
var socket = new WebSocket(ws://websockets.org:8787/echo);
socket.onopen = function(evt) {console.log("Socket opened");};
socket.onclose = function(evt) {console.log("Socket closed");};
socket.onmessage = function(evt){console.log(evt.data);};
socket.onerror = function(evt) {console.log("Error: "+evt.data);};

socket.send("Hello World!");
```

Web Worker

Web Worker는 Google Gears의 WorkerPool의 HTML5 버전이라고 할 수 있다. 하지만 WorkerPool과 달리 Web Worker를 담기 위해 풀을 만들 필요는 없다. 리스트 1.2]는 간단한 작업자(Worker)를 만들고 메시지를 수신했을 때 실행하기 위한 함수를 설정하는 코드이다. 리스트 1.2와 리스트 1.3은 Web Worker를 이용해서 2초에 한 번씩 현재 날짜와 시간을 표시해 주는 웹 페이지를 만든 HTML 코드이다.

리스트 1.2   시간을 표시하는 웹 페이지

```html
<!DOCTYPE HTML>
<html>
 <head>
  <title>Web Worker example</title>
 </head>
<body>
<p>The time is now: <span id="result" /></p>
<script>
  var worker = new Worker('worker.js');
  worker.onmessage = function (event) {
    document.getElementById('result').innerText = event.data;
  };
</script>
</body>
</html>
```

예제에서 사용되는 worker.js JavaScript 파일은 리스트 1.3]과 같다.

리스트 1.3   날짜와 시간을 얻기 위한 Worker.js 파일

```javascript
setInterval(function() {w
    postMessage(new Date());
}, 2000);
```

앞의 두 예제에서 보는 바와 같이 작업자는 `postMessage()`를 이용해서 메시지를 보내고 `onmessage`에서 메시지를 수신할 수 있다. 또한 `onerror`에 함수를 지정하고 `terminate()`를 실행함으로써 에러에 대응하거나 작업자를 종료할 수 있다.

작업자는 MessagePort를 통해서 메시지를 공유하고 보낼 수 있다. 이 영역은

Web Worker 사양의 다른 부분들과 마찬가지로 유동적인 상황이고 또 이 책의 예제 범위를 벗어나기 때문에 SharedWorkers의 사용법에 대해서는 독자들의 몫으로 남겨두려 한다.

⨠ Application Cache

Application Cache는 Gears에서 제공하는 LocalServer 기능과 비슷하게 오프라인 상태에서 응용 프로그램을 실행할 수 있는 방법을 제공한다. 이 둘의 차이점은 Application Cache의 경우 캐시 파일을 지정하기 위해 JSON 파일을 사용하는 대신 단순 파일을 사용한다는 점이다. 리스트 1.4는 자원을 캐시하기 위한 간단한 매니페스트 파일이다.

리스트 1.4 간단한 응용 프로그램 매니페스트

```
CACHE MANIFEST
# above line is required, this line is a comment
mygame/game.html
mygame/images/image1.png
mygame/assets/sound2.ogg
```

Application Cache에서 사용할 수 있는 이벤트에는 `onchecking`, `error`, `cached`, `noupdate`, `progress`, `updateready`, `obsolete` 등이 있는데 이들 이벤트를 사용하면 응용 프로그램의 상태를 사용자들에게 지속적으로 제공할 수 있다. Application Cache를 이용하면 게임이 연결의 단절에 보다 잘 대응하고 자원 캐시 후에는 플레이어들이 게임을 더 빨리 실행할 수 있게 할 수 있다. 또한 선택에 따라 Application Cache는 플레이어들이 게임을 오프라인으로 즐길 수 있도록 해 주는데, 이것에 대해서는 크게 걱정하지 않아도 좋다. Chapter 11 "게임 게시하기"에서 Application Cache에 대해 보다 자세히 알아볼 것이다.

☰ 데이터베이스 API

현재 HTML5를 이용해서 구조화된 자료를 저장하는 방법은 여러 가지가 있는데, Webkit 브라우저에서 구현하고 있는 WebSQL API와 Firefox의 IndexedDB API 등이 있다.

WebSQL API

WebSQL은 SQL과 비슷한 구문으로 구현되는 구조화된 자료 저장 기능을 제공한다. 현재 구현들은 SQLite를 중심으로 집중적으로 이루어져 왔으나 여기에는 전혀 강제성이 없다.

WebSQL에 "createDatabase"와 같은 함수는 없다. 대신 openDatabase 함수를 이용하면 사용된 매개 변수에 따라 데이터베이스를 생성할 수 있다. myDB라는 이름의 데이터베이스를 만들고자 한다면 다음과 같은 형태의 호출을 활용할 수 있다.

```
var db = openDatabase("myDB", "1.0", "myDB Database", 100000);
```

매개 변수에 사용된 "myDB"는 데이터베이스 이름이고 "1.0"은 버전, "myDB Database"는 출력용 이름, 그리고 100KB의 크기를 지정한다. 선택적으로 생성 시 실행시키고자 하는 콜백을 지정할 수도 있다. 그림 1.2는 Chrome Developer Tools의 [Storage] 탭을 앞의 코드를 실행한 다음 선택한 모습이다. 이 내용은 Chapter 2 "개발환경 구성하기"에서 자세히 설명할 것이다.

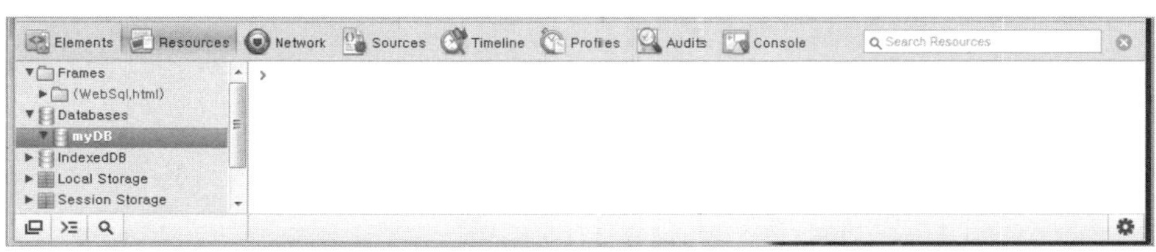

| 그림 1.2 | 생성된 데이터베이스를 보여주는 Storage 탭

오른쪽 윈도우에서는 그림 1.3에서 보는 바와 같이 임의의 SQL 코드를 실행할 수 있으며, 이를 통해 테이블을 생성하거나 정보를 입력하고 조회할 수 있다.

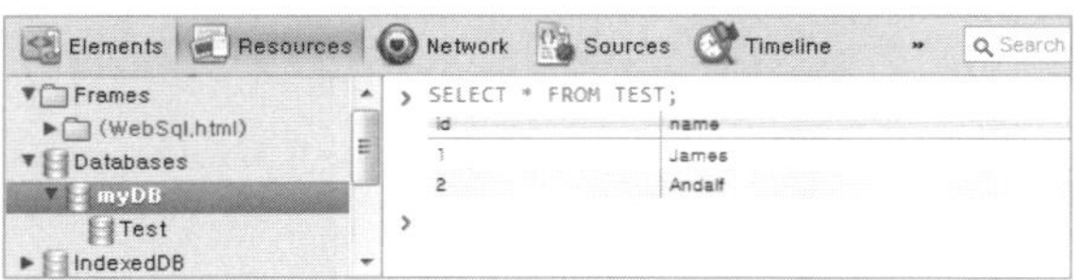

| 그림 1.3 | SQL 문을 보여주는 Storage 탭

일반적인 사항은 아니지만 사양에서는 비동기/동기 방식의 데이터베이스 연결과 트랜잭션의 지원이 언급되고 있다. 앞 예제에서는 비동기 연결을 생성하고 있으며, 동기식 연결을 생성하려면 같은 매개 변수로 `openDatabaseSync`를 호출하면 된다. 기본적인 연결이 이루어진 후의 데이터베이스 트랜잭션에 관해서는 읽기/쓰기 트랜잭션을 위한 `transaction(...)`과 읽기전용 트랜잭션을 위한 `readTransaction` 외에는 특별한 구분이 없다.

일반적으로 동기식의 연결은 제대로 지원되지 않는 경우가 많으므로 비동기식으로 동작하는 코드를 설계하는 것이 바람직하다.

IndexedDB API

IndexedDB는 개체들을 개체 저장소에 직접 저장한다. 이것은 JavaScript 버전의 NoSQL 데이터베이스 구현을 보다 간편하게 해 주는데, 이와 같은 NoSQL 데이터베이스에는 개체 데이터베이스인 MongoDB, CouchDB, SimpleDB 등이 있다. 이 책을 쓰는 시점에는 API들이 동기화되어 있지 않고 사양에 대해 서로 다른 명명 규칙과 제약사항들을 사용하고 있다. Internet Explorer 구현은 ActiveX 플러그인을 필요로 한다. Firefox, Chrome, Internet Explorer에서 사용되는 예제들을 보고자 한다면, http://nparashuram.com/trialtool/index.html#example=/ttd/IndexedDB/all.html를 방문해 보기를 권한다. Chrome을 위한 대부분의 코드는 Safari에서도 동작할 것이다.

≫ Web Storage

Web Storage는 브라우저 쿠키와 비슷한 형태로 클라이언트 측에 자료를 저장하기 위한 몇 가지 API를 제공한다. `localStorage`토 명명된 Storage 개체는 재시작 간에도 일관성이 유지되어야 하는 자료를 의한 것이고 `sessionStorage` 개체는 세션이 종료되면 비워지게 되어 있다. 자료는 키와 값의 쌍으로 저장되며 이 두 개체는 표 1.1의 함수들을 구현한다.

| 표 1.1 | Web Storage 함수

함수명	설명
`setItem(key:String, value)`	주어진 값을 이용하여 키/값 쌍 생성. 일부 구현의 경우 값이 문자열이어야 함.
`getItem(key:String)`	주어진 키에 해당하는 항목 반환
`removeItem(key:String)`	주어진 키로 식별되는 항목 제거
`clear()`	Storage 거체의 모든 키/값 자료 제거
`key(index:long)`	주어진 색인에 해당하는 키 반환

또한 각 Storage 개체는 현재 포함하고 있는 키/값 쌍의 개수를 나타내는 `length` 속성을 가지고 있다.

Web Storage는 표 1.1에 나열된 `getItem`과 `setItem` 대신 사용할 수 있는 보다 효과적인 API를 제공한다. 이 API는 배열과 비슷한 방법을 사용해서 키를 참조한다. `localStorage`의 키/값 쌍을 설정하려면 다음 예제와 같은 방법이 가능하다.

```
localStorage['newspaper'] = 'The Baltimore Sun';
```

예제의 왼쪽 절반을 이용하면 반대로 값을 추출허낼 수 있다.

```
localStorage['newspaper'];
```

게임 프로그래밍의 관점에서 Web Storage는 플레이어의 상위 득점 목록 또는 게임 저장 자료를 위한 저장소로 활용할 수 있다.

≽ Geolocation

Geolocation API는 위치를 추적하기 위해 사용자의 허가를 요구하는 명시적인 함수를 제공하고 있지 않다. 대신 브라우저가 그 역할을 하는데, 위치 추적 권한이 허용되지 않은 웹 사이트에서 Geolocation API를 통해 위치 정보를 처음으로 요청하면 사용자에게 권한 허용을 요구하는 팝업 창을 보여준다.

다음 개체를 확인해 보면, 브라우저가 Geolocation API를 지원하는지 알아볼 수 있다.

```
navigator.geolocation
```

만일 Null이 아닌 값으로 판명되면 위치 기반 서비스를 제공할 수 있다는 것을 의미한다.

계산된 사용자의 위치는 Position 개체로 정의되는데 이 개체는 coords라는 이름의 Coordinates 개체와 위치 정보 추출 시점을 가리키는 타임 스탬프를 포함하고 있다. 표 1.2는 coords 개체의 속성들을 나타낸다.

| 표 1.2 | Coordinates 개체 속성

속성 이름	반환 값	설명
latitude	double	결정된 위치 정보의 위도 값.
longitude	double	결정된 위치 정보의 경도 값.
altitude	double	미터 단위로 표현된 위치 정보의 고도 값. 이용 불가능한 경우 null.
accuracy	double	미터 단위로 표현된 위/경도 값의 오차 범위. 이용 불가능한 경우 null.

altitudeAccuracy	double	고도 값의 오차 범우. 이용 불가능한 경우 null.
heading	double	0~360°의 형식으로 표현되는 장치의 이동 방향. 이용 불가능한 경우 null.
speed	double	미터 단위로 표현된 장치의 이동 속도. 이용 불가능한 경우 null.

지리적 위치 정보를 이용할 수 있다고 확인되면 장치의 위치 정보를 얻는 것은 간단하다. getCurrentPosition을 호출하기만 하면 되며 필요에 따라 하나, 둘 혹은 세 개의 매개 변수를 사용하면 되는데 이들 매개 변수는 순서대로 위치 정보를 성공적으로 획득한 경우에 실행할 함수, 실패한 경우에 대응하는 함수, 그리고 선택사항을 의미한다.

리스트 1.5는 위치 정보를 얻어와서 지도 위에 표시하고 오차 범위를 원으로 표시하는 코드다.

리스트 1.5 <u>Geolocation을 이용해서 지도 그리기</u>

```
if(navigator.geolocation) {
    navigator.geolocation.getCurrentPosition(function(pos) {
        var latitude = pos.coords.latitude;
        var longitude = pos.coords.longitude;

        var options = {
            position:new google.maps.LatLng(latitude, longitude)
            ,title:"Your location"};
        var marker = new google.maps.Marker(options);

        var circle = new google.maps.Circle({
            map:map, radius:pos.coords.accuracy
        });
        circle.bindTo('center', marker, 'position');

        marker.setMap(map);

        map.setCenter( new google.maps.LatLng(latitude, longitude));
    },
    function(error) {
```

```
        console.log(error.message);
    });
}
```

지리적 위치를 이용할 수 있다는 것이 확인되면 장치의 현재 위치를 얻기 위한 첫 번째 시도를 진행한다. 예제에서는 `getCurrentPosition`의 두 매개 변수 함수를 이용해서 성공한 경우나 에러가 발생하거나 혹은 사용자가 위치정보 사용에 동의하지 않은 경우에 대해 처리하고 있다. 위도와 경도를 얻고 나면 "Your location"이라는 제목의 표식을 해당 위치에 생성한다. 표식에는 다시 결정된 위치 정보의 오차 범위를 반지름으로 하는 원을 더해준다. 마지막으로, 오류가 발생하면 오류 처리를 위한 함수가 콘솔을 통해 오류 메시지를 출력한다. 그림 1.4는 OpenStreetMap 타일 세트를 이용한 위치 결정의 예를 보여준다.

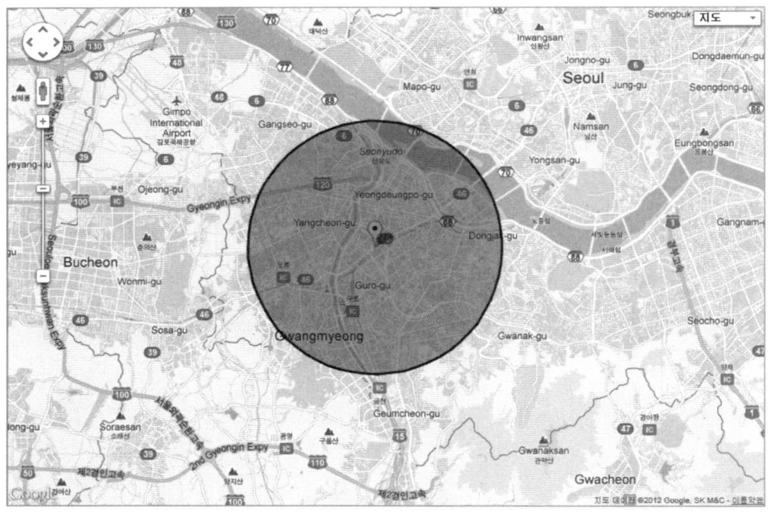

| 그림 1.4 | 브라우저의 Geolocation 사용 예

예제에서는 사용하지 않았지만 추출된 자료에 대한 기본 설정을 나타내는 옵션 개체를 지정할 수도 있다. 또한 `watchPosition` 함수를 이용한 위치 변경이 감지될 때마다 실행할 수신기를 설정할 수도 있다. Geolocation은 비용이 많이 드는 편이므로

사용 시에는 주의 깊게 고려해야 하며 위치 정보를 따로 보관하는 방법을 적절히 활용하는 것이 좋다.

게임에서는 지리적 정보를 이용해서 지역별 최고 득점 목록을 만들거나 멀티 플레이어 서버에서 물리적으로 가까이 있는 사용자끼리의 대전이 가능하도록 할 수 있다.

알림으로 사용자 주의 끌기

HTML4에서는 사용자와 메시지를 주고받는 것이 제한적이었다. 경고창을 보여주거나 div 요소로 메시지를 보여줄 수 있었다. 경고창의 경우 모든 브라우저에서 충실한 지원이 이루어졌으나 볼 때마다 굉장히 짜증스럽기 그지없었다. 발생하면 즉시 주의를 기울여 처리해야 다음으로 계속 진행이 가능한 형태다. 게임에 집중하다가 갑자기 뜨는 메시지 창으로 인해 시야가 가려져 가엾은 게임 캐릭터가 사망한다면 이보다 확실하게 플레이어를 화나게 할 수 있는 방법도 드물 것이다. div 요소로 메시지를 보여주는 방식은 그나마 조금 낫지만 이 방법에는 표준화된 규칙이 없다. 이 방식의 메시지들은 쉽게 무시당하는 경향이 있다. 한 쪽은 강제로 주의를 휘어잡고 다른 쪽은 쉽게 무시된다. 무언가 절충점이 필요한 대목이다.

Mac OS X와 Ubuntu 플랫폼의 경우 기본적으르 제공하며, Windows의 경우 플러그인을 설치하면 응용 프로그램은 설정 가능한 메시지를 사용자에게 보내고 중요하다고 판단되는 이벤트나 변경 사항에 대해서 알킬 수 있다. 그림 1.5는 이와 같은 알림의 예제이다.

| 그림 1.5 | 데스크톱 알림 메시지

데스크톱의 경우와 비슷하게 웹 알림도 상황별 메시지에 이미지를 포함할 수 있다.

알림 표시 권한 요청

사용자들에게 알림을 표시하려면 권한을 가져야 하는데, 명시적인 권한 관리를 통해 사용자들은 원치 않는 알림을 차단할 수 있다. 다음과 같은 코드를 이용해서 알림 표시를 위한 권한을 요청할 수 있다.

```
window.webkitNotifications.requestPermission();
```

위 코드를 실행하면 그림 1.6에서 보는 것과 같은 상황별 메시지를 통해서 사용자는 해당 알림에 대해 허가 혹은 거부를 선택할 수 있다. 인수가 없는 함수를 호출할 수도 있지만 사용자의 선택에 따라 실행하고자 하는 함수를 제공할 수도 있다.

| 그림 1.6 | 웹 알림 권한 메시지

비슷한 방법으로 다음 코드를 이용해서 권한을 확인할 수 있다.

```
window.webkitNotifications.checkPermission();
```

`checkPermission()`은 권한 수준을 나타내는 정수를 반환하는데, 각각의 의미는 표 1.3과 같다.

| 표 1.3 | 알림 권한 수준

상수 이름	값
PERMISSION_ALLOWED	0
PERMISSION_UNKNOWN	1
PERMISSION_DENIED	2

이름을 보면 주요 Webkit 브라우저들(Chrome과 Apple Safari)에서의 동작이 가능할 것임을 짐작할 수도 있는데, Safari의 경우 Webkit을 사용하기는 하지만 알림

(Notification) API는 구현하지 않고 있다. 만일 알림이 전반적인 사양에 대해 구현 된다면 네임스페이스는 `webkitNotifications`보다는 단순히 `notification`이라고 바뀔 수도 있을 거라는 생각도 든다.

알림 생성

알림은 단순 알림과 HTML 알림의 두 가지 형식으로 만들 수 있다. 단순 알림은 간 단한 메시지를 선택적인 타이틀 및 아이콘 이미지와 함께 보여 주는 반면 HTML 알 림은 임의의 URL을 보여준다. 다음 예제는 단순 알림을 만드는 방법을 보여 준다.

```
var msg = window.webkitNotifications.createNotification(
    '', 'Test Notification', 'Hello World'
);
```

예제의 알림은 "Test Notification"이라는 타이틀과 "Hello World"라는 메시지를 포함한다. 아이콘 이미지에 대해서는 공백을 사용했기 때문에 API에서 무시된다. 표시하고 싶지 않은 매개 변수는 동일한 방식으로 같은 효과를 볼 수 있다. 함수에 어떠한 값도 전달하지 않으면 "undefined"라는 머시지 혹은 깨진 이미지 링크로 연 결된다. 그림 1.7은 브라우저에서 실행된 예제 알림의 모습이다. 보는 것처럼 꽤 간 단명료한 모습을 하고 있으며 매개 변수를 넘기는 것 이외의 형태에 대한 제어는 불 가능하다.

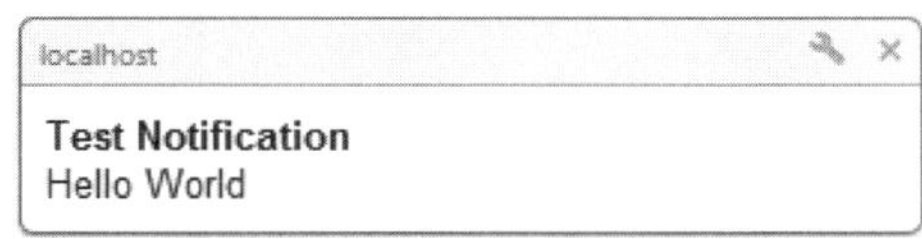

| 그림 1.7 | 단순 웹 알림

앞서 언급한 것과 같이 HTML 알림은 알림 내용을 임의의 URL(웹 사이트 혹은 이 미지)에서 가져올 수 있다. 다음은 HTML 알림을 위한 함수 호출 예제이다.

```
var msg =window.webkitNotifications.createHTMLNotification(
    'http://example.com'
);
```

HTML 알림은 사이즈를 조정할 수 없기 때문에 제공된 URL이 작은 화면에 대한
최적화를 지원하고 있지 않다면 스크롤바와 함께 표시될 것이다. 1680×1050 크기
의 화면에서 기본 크기는 대략 가로 300 픽셀에 세로 50 픽셀 정도인 것으로 보이지
만 알림 API가 여전히 초안 수준인 것을 감안하면 앞으로 변경될 것이 거의 확실해
보인다. 크기를 설정할 수 있는 속성이 추가될 때까지는 단순 알림을 사용해야 한다.

알림과 상호작용하기

완성된 알림을 제어하기 위한 기본적인 함수는 두 가지가 있다. show()는 알림을
사용자에게 출력해서 보여주는 기능을 수행하며, cancel()은 현재 표시되고 있는
알림을 숨기거나 보이지 않고 있는 알림이 화면에 표시되는 것을 막는다. Web 알림
은 알림 이벤트에 대응하는 함수를 실행할 수도 있다. 표 1.4는 이처럼 이벤트에 대
응해서 실행할 수 있는 함수의 목록을 나타낸다.

| 표 1.4 | 웹 알림 함수

함수 이름	설명
onclick	기반 플랫폼에서 지원하는 경우 알림을 클릭하면 실행된다. 가능하면 사용을 피하도록 한다.
onclose	close 이벤트가 발생하면 실행되는데, 사용자가 알림을 닫는 경우이거나 프로그램에서 닫기를 구현한 경우에 해당한다.
ondisplay	show() 함수가 호출되고 사용자가 알림을 볼 수 있게 된 다음 실행된다.
onerror	error 이벤트에 대해서 show() 함수가 호출된 다음 실행된다.

최신 사양서의 초안은 http://dev.chromium.org/developers/design-
documents/desktop-notifications/api-specification에서 확인 가능하다.

⪢ 미디어 요소

처음 HTML을 설계할 때는 주로 문자 링크에 대해서만 고려했었고, 그림을 출력할 수 있게 된 것은 한참 후의 일이다. 이것으로 미루어 오디오나 비디오 자료를 실행하기 위해서 왜 플러그인이나 브라우저 확장이 필요하게 되었는지 짐작할 수 있다. 대부분의 상황에서 여기에 해당하는 것이 바로 Flash다. HTML5에서는 audio와 video 태그를 제공해서 이 문제에 대응하려 하고 있다.

audio 및 video 태그를 이용하면 해당 미디어를 브라우저에서 직접 실행할 수 있고, 실행을 제어하기 위한 속성들도 제공하고 있다. 다음은 미디어(예제에서는 음악 파일)를 포함하기 위해 사용할 수 있는 가장 기본적인 형태의 HTML이다.

```
<audio src="song.mp3" autoplay />
```

이 예제에서는 하나의 audio HTML 요소를 생성해서 song.mp3를 원본에 할당한 다음, 페이지로 하여금 컨텍스트를 "autoplay"하도록 지시하는데, 이것을 JavaScript로 표현해 보면 다음과 같다.

```
var song = new Audio();
song.src = "song.mp3";
song.autoplay = true;
song.load();
```

미디어 제어

앞에서 살펴본 autoplay 외에도 미디어를 제어하기 위해 사용할 수 있는 속성이 몇 가지 더 있는데, 예를 들어보면 다음과 같다.

```
<video src="vid.avi" controls />
```

위 video 요소는 다음과 같다.

```
var vid = new Video();
vid.src = "vid.avi";
vid.controls = true;
```

이 예제는 브라우저로 하여금 재생, 일시정지, 볼륨 조정, 스트림 탐색을 위한 기본 컨트롤 세트를 제공하도록 요구한다. 이런 속성이 지원되지 않는 경우에 대비해 개발자는 표 1.5와 표 1.6에 나열된 JavaScript 함수와 속성들을 이용해서 사용자 지정 컨트롤을 제공할 수 있다.

| 표 1.5 | 미디어 태그 함수

함수 이름	설명
play()	해당 미디어를 현재 위치에서부터 재생하고 paused 속성을 false로 설정한다.
pause()	미디어 재생을 멈추고 paused 속성을 true로 설정한다.
load()	요소를 재설정하고 프리 패칭과 같은 설정을 적용한다.

| 표 1.6 | 미디어 요소 속성

속성 이름	허용 값	설명
currentTime	정수	재생을 위한 미디어 스트림의 위치를 설정한다.
duration	N/A(읽기전용)	원본 미디어의 길이를 초 단위로 나타낸다.
loop	true 또는 false	미디어 스트림을 반복 재생할지 여부를 설정한다.
autoplay	true 또는 false	미디어를 가능한 빨리 재생할지 여부를 설정한다.
muted	true 또는 false	볼륨 수준을 0.0으로 설정할지를 지정한다.

여기에서 나열한 속성 목록은 간결성과 사용빈도를 고려한 것이며 사용 가능한 전체 속성 목록을 보고자 한다면 http://dev.w3.org/html5/spec에서 HTML5 사양서 초안을 참고한다.

지원하지 않는 형식에 대한 처리

책을 쓰고 있는 현재 다양한 오디오 및 비디오 형식에 대한 지원은 브라우저에 따라 조금씩 차이가 있다. 특정 브라우저에서 어떤 형식을 지원하지 않는다면 아마도 이유는 너무 오래되었다거나 새로운 형식으로 대체, 혹은 특허권에 대한 제약으로 인한 것일 수 있다. 미디어 태그는 이러한 상황에 대응할 수 있는 몇 가지 방법을 제공한다.

다중 원본 목록

개발자는 하나의 원본을 지정하는 대신 여러 개의 원본으로 구성된 목록을 제공해서 브라우저가 적합한 한 가지를 선택할 수 있도록 할 수 있다. 다음 코드 조각은 비디오 태그에 두 개의 원본에 대한 목록과 브라우저에서 어떤 소스 형식도 지원하지 않거나 비디오 태그 자체를 지원하지 않는 경우에 대한 메시지를 제공한다.

```
<video>
    <source src="video.ogv" />
    <source src="video.avi" />
    <!-. 두 가지 모두 지원하지 않는다면 메시지를 보여주거나 Flash로 돌아간다 -.>
    <div><span>Use a modern browser</span></div>
</video>
```

이와 같은 다중 원본 목록은 정적 페이지에 대한 선택 사항인 반면 동적 컨텐츠가 포함된 응용 프로그램에 대해서는 그리 좋은 방법이 아니다. 이런 경우에 대해서는 Modernizr 사용을 권장한다.

Modernizr 활용

Modernizr(www.modernizr.com)는 런타임어 브라우저가 제공하는 기능을 검사하고 JavaScript 개체에 속성을 주입한다. 브라우저가 오디오 혹은 비디오를 재생할 수 있는지 확인하기 위해서는 `Modernizr.audio` 또는 `Modernizr.video`가 true인지 확인하면 된다.

특정 형식에 대한 지원을 확인하는 방법은 조금 다르다. 예를 들어, MP3 파일을 지원하는지 알아보려면 `Modernizr.audio.mp3`를 확인하면 되지만, 이 경우 반환값이 true나 false가 아니다. HTML5 사양에서는 브라우저가 해당 형식을 재생할 수 있는지에 관한 지수를 반환해야 한다고 되어 있다. `Modernizr.audio.mp3`를 조건절에서 사용하는 경우 공백인 경우 false로, 그 외의 경우에 대해서는 true로 취급한다.

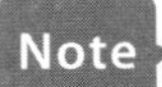

CSS3

CSS3는 이 책의 범위를 벗어나는 부분이지만, 관심 있는 독자들은 CSS3 사양을 살펴보기 바란다. HTML5처럼 CSS3 역시 그 선대격인 CSS2의 확장으로 새로운 기능을 추가하고 제안 사항을 문서화했는데, 예를 들면 웹 폰트와 스피치의 경우 이전 버전에서 소개는 되었지만 광범위하게 지원되지는 못했다. 보다 많은 정보는 http://www.css3.info를 참고하도록 한다.

HTML5 drawing API

HTML5 사양 가운데 흥미로운 부분으로 새로운 drawing API를 꼽을 수 있다. Canvas, SVG, WebGL은 각각 비트맵, 벡터, 3차원 그리기 기능을 제공한다.

Canvas

Canvas 요소는 Webkit의 Apple 확장으로 시작되었다. Safari 브라우저에서 Dashboard 가젯과 기타 추가 요소들을 출력하는 기능을 제공했으며, 이후에는 Opera, Firefox 등 다른 브라우저들에서도 채용하게 되었고 결국 HTML5 사양에 포함되기에 이르렀다. 인터넷 익스플로러 9(IE9) 베타 버전의 지원을 기점으로 대부분의 메이저 브라우저들에서 네이티브 지원이 이루어지게 되었지만 IE9의 지원은 앞서 언급한 타 브라우저들에 비해 뒤쳐진 것이 현실이다.

Canvas 요소를 간단하게 말하면 높이와 너비 속성을 가지는, 그리기가 가능한 영역으로 JavaScript를 이용해서 그래프나 이미지와 같은 복잡한 그래픽 요소를 그리거나 애니메이션할 수 있다. 완전한 2차원 그리기 함수들이 JavaScript 언어로 제공되고 있고, JavaScript와 ActionScript의 긴밀한 관계 덕분에 Flash나 ActionScript를 이용하는 애니메이션은 손쉽게 JavaScript로 전환할 수 있다. Canvas에 대해서는 Chapter 5 "Canvas 태그로 게임 만들기"에서 보다 자세히 다룰 것이다.

SVG

SVG(Scalable Vector Graphics)는 정적인/움직이는 그래픽 요소를 그리는 것에 대한 W3C 사양이다. HTML5에서는 개체나 태그가 필요 없이 사용할 수 있는 인라인 SVG 기능이 추가되었다. 벡터 그래픽은 원호, 라인, 경로, 사각형 등으로 구성되는 그래픽 요소를 표현되는 크기와 무관하기 같은 품질을 유지할 수 있도록 수학적인 공식들을 그룹화하여 사용한다. 이와 같은 벡터 그래픽의 특성은 원래의 크기보다 크게 표현될 때 품질 저하가 발생하는 이미지에 비해 눈에 띄는 강점이다.

SVG의 경우 Canvas 요소와 달리 코드가 아닌 XML 파일을 이용한다. XML은 자료를 간략히 표현하는 것과는 거리가 있기 때문에 파일 내에 많은 중복된 섹션들이 포함될 수 있다. 이 부분은 파일을 압축함으로써 크게 해소할 수 있다. Canvas 요소와 마찬가지로 JavaScript를 이용해서 상호작용을 구현할 수 있다. IE9이 출시되기 전까지 IE는 호환성이 떨어지는 벡터 형식인 VML을 지원했으나, IE9에 와서는 다른 대표적인 데스크톱 브라우저와 마찬가지로 SVG 1.1을 지원하기 시작했다. Chapter 6 "SVG와 RaphaëlJS를 이용한 게임 개발"을 통해 SVG의 중요성을 알게 될 것이다.

WebGL

WebGL은 3차원 그리기를 위한 JavaScript API로 개발자들이 그래픽 하드웨어의 기능을 확인하고 렌더링 파이프라인의 세부적인 부분까지 제어할 수 있도록 해준다. WebGL은 Khronos 그룹에 의해 관리되며 OpenGL 2.0 ES와 많은 구문들을 공유한다. 이 책을 기술하는 시점을 기준으로 WebGL은 IE6 혹은 그 상위 버전, Opera, Safari의 정식 빌드에서 지원되지 않고 있으며, 정식 버전의 Firefox와 Chrome/Chromium 그리고, Opera와 Safari의 개발 빌드 버전에서 지원하고 있다. WebGL에 대한 자세한 사항은 Chapter 7 "WebGL과 Three.js로 게임 만들기"에서 살펴보도록 하자.

⪢ 마이크로데이터(Microdata)로 정보 전달하기

　페이지를 파싱하는 웹 응용 프로그램이나 API는 HTML 마크업을 마이크로데이터로 해석하고 대응한다. 예를 들어, 검색 엔진이 결과를 마이크로데이터 형식으로 반환하고 브라우저 확장 기능이나 스크립트에서 색약이나 색맹인 사용자를 위한 향상된 표현을 제공할 수 있다. 마이크로포맷(Microformats)은 같은 목적을 가지고 마이크로데이터에 앞서 나왔다. 이와 같은 마이크로포맷과 HTML5의 마이크로데이터의 핵심적인 차이점 중 하나는 자료를 나타내는 방법에 있다. 리스트 1.6에서 보는 바와 같이 마이크로포맷은 개체의 class 속성을 이용해서 해당 개체의 필드를 나타낸다.

리스트 1.6　hCard 마이크로포맷

```
<div class="vcard">
    <div class="fn">James Williams</div>
    <div class="org">Some Company</div>
    <div class="tel">650-555-3055</div>
    <a class="url" href="http://example.com/">http://example.com/</a>
</div>
```

　마이크로데이터는 같은 개념이지만 조금 다른 표기법을 따른다. class를 이용해서 속성을 표기하는 대신 itemprop 키워드를 이용한다. itemscope 키워드는 개별 단위를 표시한다. 마이크로데이터에서는 이름/값의 쌍으로 이루어진 집합을 요소로 관리하는 것이 핵심이다. 리스트 1.7은 마이크로데이터의 예제다. itemtype 속성은 개체의 정의를 가리킨다. 이와 같은 마이크로데이터는 게임에서 고득점자 페이지에 표시할 플레이어 이름과 점수를 인코딩하거나 게임 방법, 스크린샷 등의 인코딩에도 적용할 수 있다.

리스트 1.7　마이크로데이터

```
<p itemprop="address" itemscope
    itemtype="http://data-vocabulary.org/Address">

<span itemprop="street-address">1600 Amphitheatre Parkway</span><br>
```

```
<span itemprop="locality">Mountain View</span>,
    <span itemprop="region">CA</span>

<span itemprop="postal-code">94043</span><br>

<span itemprop="country-name">USA</span>

</p>
```

≫ 요약

HTML5는 브라우저와의 상호작용에 거대한 지각변동을 가져왔다. 이번 장에서는 우리에게 필요한 주요 변경 사항에 대해 간략히 살펴보았다. Google Chrome Frame 이 IE 브라우저에 HTML5 기능을 접목하는 방법과 자원을 그리는 다양한 방법을 배웠다.

HTML5에 대해 살펴보는 과정에서 drawing API 뿐만 아니라 브라우저 동작을 방해하지 않고 무거운 작업을 실행하는 방법, 응용 프로그램 간에 양방향 통신 채널을 설정하는 방법, 응용 프로그램을 오프라인 상태에서 실행하는 방법 등에 대해서도 살펴보았다.

이번 장에 포함된 코드는 www.informit.com/title/9780321767363이나 정보문화사(www.infopub.co.kr) 자료실에서 다운로드 받을 수 있다.

## Chapter 02

개발 환경 구성하기

LEARNING **HTML5** GAME PROGRMMING

인터넷에 연결된 컴퓨터 한 대만 있으면 개발을 시작할 수 있다는 것은 HTML5의 강점 가운데 하나다. 필요한 다른 모든 도구들은 인터넷에서 자유롭게 구할 수 있다. 특수한 일부 응용 프로그램은 라이선스가 필요하기도 하지만, 이런 경우 우리는 유료 라이선스가 필요 없는 대체품을 이용할 것이다.

이번 장에서는 HTML5 게임 응용 프로그램을 개발하는 데 필요한 각종 도구의 설치에 대해서 알아볼 것이며, 몇 가지에 대해서는 좀 더 세부적인 부분까지 확인할 것이다.

≫ 개발 도구

일부 개발자들은 emacs, vim 혹은 필자가 즐겨 사용하는 Redcar와 같은 기본적인 커맨드 라인 편집기를 맹목적으로 찬양하기도 하는데, 프로젝트 규모가 중·대형화되고 관리해야 할 파일의 개수가 많아질수록 통합 개발 환경(IDE)의 강력함이 빛을 발하게 된다. 이와 같은 통합 개발 환경의 장점에는 간편한 파일 관리, 명칭 변경, 코드 힌트, 구문 검사, 빌드 자동화 등이 있다. 이처럼 뛰어난 확장성, 그리고 사용할 예제가 Java에 한정된다는 점 때문에 우리는 Java 플랫폼과 그 위에서 동작하는 Eclipse 통합 개발 환경을 설치할 것이다. 단순한 예제의 경우에는 Java와 Eclipse를 선택할 필요까지 없지만 Google Web Toolkit(GWT)을 사용하는 예제의 경우 Java를 설치해야 한다. 본인이 선호하는 도구가 있다면 자유롭게 사용하도록 하자.

Java 설치하기

앞서 말한 것처럼 Eclipse와 GWT는 Java를 기반으로 동작하기 때문에 Java 5 SDK 또는 그 이상의 버전이 필요하다. 대부분의 사람들이 사용하는 컴퓨터에는 대체로 최신 버전의 Java가 설치되어 있다. 설치된 Java 버전은 명령 프롬프트에서 다음과 같이 확인할 수 있다.

```
$ javac -version
```

Java SDK가 설치되어 있지 않다면 위 명령은 실패할 것이다. 하지만 다음과 비슷한 결과를 반환하고 숫자가 1.5보다 크다면 문제가 없다고 본다.

```
javac 1.6.0_17
```

Mac 플랫폼의 경우 OS X 10.7(코드네임 Lion) 이전 버전에는 Java SDK를 포함하고 있다. OS X 버전 10.5(코드네임 Leopard)는 Java 1.5, OS X 버전 10.6(코드네임 Snow Leopard)는 java 1.6이 포함되어 있다.

Windows 사용자들은 http://java.sun.com/javase/downloads/index.jsp 에서 "JDK"가 포함된 Java SDK 실행 파일을 다운로드 받아서 설치하면 된다.

Linux에서는 상대적으로 Java 설치가 까다롭다. 매번 배포 시마다 설치 방법이 조금씩 차이가 있기는 하지만 Java 6와 호환되는 이진 파일들을 대부분의 대규모 배포마다 패키지 관리자에서 제공한다. 이것이 불가능하다면 Sun/Oracle 웹 사이트를 통해 다운로드 받아서 설치할 수 있다.

Eclipse 통합 환경과 Google 플러그인 설치

Eclipse는 다양한 용도로 사용할 수 있는 통합 개발 환경으로 주 사용자는 Java 개발자들이다. Eclipse의 모듈화된 설계는 플러그인 방식의 아키텍처를 통해 통합 개발 환경에 새로운 기능을 추가할 수 있도록 해 준다. Eclipse가 C++, Python, Ruby, PHP 등 다른 프로그래밍 언어를 지원할 수 있는 기반도 이와 같은 플러그인 아키텍처 덕분이며 이번 장의 후반부에 알아볼 몇 가지 특수한 통합 개발 환경의 근간이기도 하다.

Eclipse 설치는 모든 플랫폼에서 거의 동일하다. 그림 2.1은 Eclipse의 시작 화면이다. 설치용 프로그램은 별도로 없으며 Eclipse 재단(Eclipse의 제작사)에서는 독자적인 파일을 제공하는데 사용자들은 이 파일을 다운로드 받은 다음 컴퓨터의 원하는 저장 공간에 압축을 풀기만 하면 바로 실행이 가능하다. 최신 버전의 Eclipse는 http://www.eclipse.org/downloads/에서 다운로드 받을 수 있다. 다운로드 목록 가운데 "Eclipse IDE for Java Developers."를 선택해야 한다는 점에 주의하자.

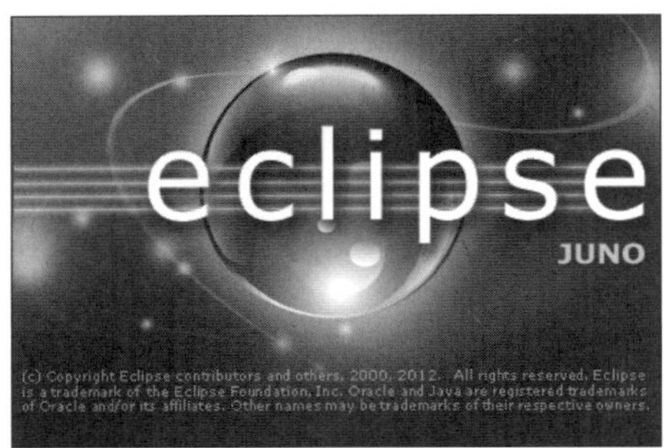

| 그림 2.1 | Eclipse 시작 화면

설치가 끝나면 실행 파일(eclipse.exe 혹은 간단히 eclipse)을 더블 클릭해서 Eclipse를 실행할 수 있다. App Engine과 관련된 부분을 공부하다가 본 절로 다시 돌아온 경우라면, 뷰의 형태를 Java용으로 바꾸고자 하는 경우일 텐데, 이것은 [Window]−[Open Perspective]−[Java]를 선택하면 된다. Eclipse에 App Engine을 통합하려면 몇 가지 패키지를 설치해야 하며, 다음 과정을 따라 진행한다.

1. [Help]−[Install New Software]를 선택한다. "Software Updates"로 되어 있을 수도 있다.
2. 새로운 소프트웨어 사이트를 추가하기 위해 [Add] 버튼을 누른다. 하드 디스크에서 직접 설치할 수도 있지만, 사이트를 등록해 두면 Eclipse가 주기적으로 업데이트를 자동으로 확인해 준다.
3. 사이트 이름은 단순한 관리를 위한 식별자이므로 마음대로 사용할 수 있다. 필자는 그림 2.2와 같이 "Google App Engine Plugin"으로 입력했다. 'Location' 텍스트 박스에는 다음 URL 가운데 하나를 입력하고 [OK] 버튼을 클릭한다[1].
   - Eclipse 4.2 (Juno): http://dl.google.com/eclipse/plugin/4.2
   - Eclipse 3.7 (Indigo): http://dl.google.com/eclipse/plugin/3.7
   - Eclipse 3.6 (Helios): http://dl.google.com/eclipse/plugin/3.6

---

[1] **역자주**: 원서에서는 3.5까지 제공하고 있으나, 참고로 최신 버전의 플러그인 정보까지 나열하였다. 플러그인 제공 확인은 code.google.com에서 가능하다

- Eclipse 3.5 (Galileo): http://dl.gcogle.com/eclipse/plugin/3.5

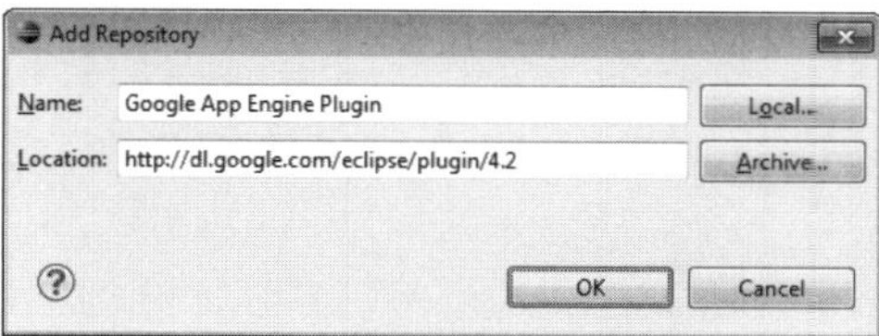

| 그림 2.2 | Eclipse Add Site 대화 상자

4. 그림 2.3과 같이 "Google Plugin for Eclipse"와 "Google Web Toolkit"을 체크하고 [Next] 버튼을 클릭한다. 이 때 Google Web Toolkit을 위한 추가적인 지원 항목을 설치할 수 있다.

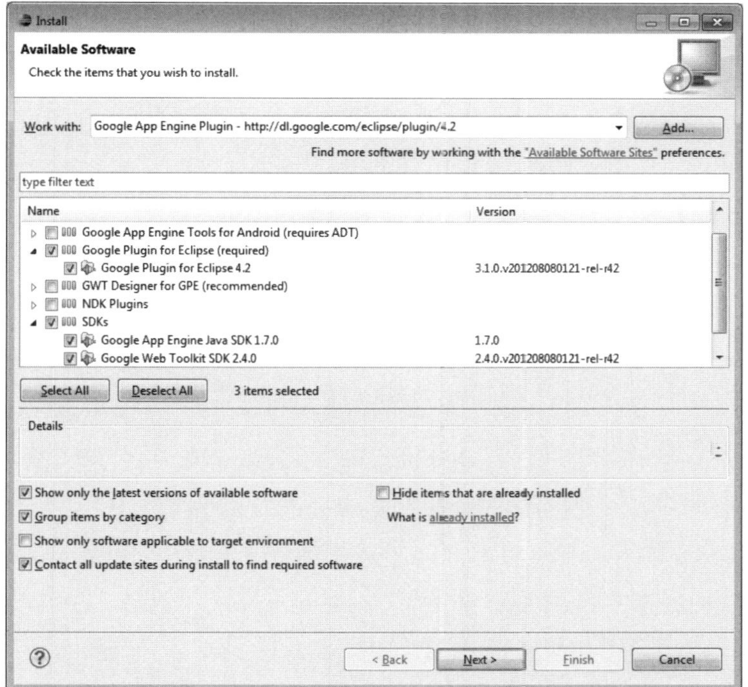

| 그림 2.3 | Eclipse Available Software 대화 상자

5. [Install Detail] 아래 목록에 위 두 가지 플러그인이 표시되는지 확인하고 [Next] 버튼을 클릭한다.

6. 라이선스를 확인하고 라디오 버튼을 클릭해서 조건에 동의함을 설정한다. Google Plugin은 몇 가지 Eclipse 의존 항목들을 가지고 있기 때문에 몇 가지 항목이 추가로 목록에 포함된다. 필요한 패키지의 다운로드가 끝나면 Eclipse를 재시작할 것인지 묻는 대화상자가 나타난다. 재시작하면 모든 준비는 끝이다.

Google Web Toolkit 설치

Google Web Toolkit(GWT)은 개발자들이 Java 언어를 이용해서 다양한 인터넷 응용 프로그램을 개발하고 또 이들을 대상 브라우저의 독특한 특성이나 호환성에 대한 걱정 없이 플랫폼 독립적인 AJAX 응용 프로그램으로 전환할 수 있다. 응용 프로그램의 모든 영역을 같은 언어로 구현할 수 있게 된 것이다.

Java가 마음에 들지 않는다면 Python, Ruby를 위한 GWT의 오픈 소스 변형인 Pyjamas, RubyJS를 이용해도 된다. 이와 같은 변형은 아무래도 최신 GWT에 비해 약간 뒤떨어지는 부분이 있기 때문에 책 속의 예제에서는 사용하지 않는다. 하지만 핵심 GWT 코드의 대부분은 Pyjamas 코드와 유사할 것이다. Pyjamas와 RubyJS에 대한 보다 많은 정보는 http://code.google.com/p/pyjamas와 http://rubyforge.org/projects/rubyjs/를 참고한다.

GWT를 사용하려면 최소한 Java 1.5 이상을 설치해야 한다. GWT는 http://code.google.com/webtoolkit/download.html에서 내려받을 수 있으며 원하는 위치에 압축을 풀어 저장하면 된다. Eclipse용 Google Plugin은 GWT를 지원하고 있으며, 이 플러그인을 설치하는 방법은 앞 절을 참고하기 바란다.

Chapter 8 "Javascript 없이 게임 만들기"에서는 JavaScript를 사용하지 않고 게임을 개발하는 방법에 대해서 알아볼 것이다. Canvas, WebGL, SVG와 함께 GWT를 사용하는 방법에 대해서 자세히 설명할 것이다.

≫ 웹 서버 도구 및 선택 사항들

혼자만을 위한 게임을 만들거나 모바일 응용 프로그램 형태의 패키지를 고려하고 있는 것이 아니라면 어떠한 형태로든 웹 서버와 같은 것이 필요할 것이다. 이번 절에서는 게임을 배포하는 방법에 대해서 알아보자.

Google App Engine

Google App Engine은 Java와 Python을 위한 호스팅 환경이며 Google 기반에서 응용 프로그램을 호스팅할 수 있게 한다. 이론적으로 응용 프로그램은 무한히 확장될 수 있다. 이런 환경에서 적절한 동작을 위해서는 몇 가지 절충이 필요한데, 특수한 자료 저장소의 사용, 파일 시스템에 대한 접근 제한, 인증, 메일, 패칭을 위한 특별한 API의 사용 등이 이러한 절충을 이끌어내는 예라 하겠다. App Engine의 또 다른 좋은 점으로 JavaScript를 Java 플랫폼으로 구현한 Rhino를 이용해서 응용 프로그램을 개발할 수 있다는 것인데, 이로써 JavaScript를 역으로 실행할 수도 있다. 또한 Eclipse와 함께 App Engine을 이용하면 Google Plugin을 통해 간단한 마우스 클릭 몇 번만으로 App Engine을 배포할 수 있다는 장점도 있다.

Google App Engine 설치나 Eclipse를 위한 플러그인에 대해서는 http://code.google.com/appengine/을 참고한다.

Opera Unite

Opera 브라우저는 버전 10.0 이후로 Opera Unite라는 내장 웹 서비스를 지원하고 있다. Unite는 파일 스트리밍, 사진 공유, 채팅, 사이트 호스팅 등을 위한 내장 응용 프로그램을 제공한다. 웹 사이트를 호스팅하려면 보통 도메인을 등록하고 웹 호스트를 구한 다음 파일을 업로드해야 한다. Unite를 이용하면 이러한 과정을 굉장히 간편하게 처리할 수 있도록 해준다. Unite는 서비스를 시작할 때 해당 컴퓨터를 Opera에 의해 실행된 프록시 서버에 등록한다. 따라서 아래 경로가 올바로 라우팅된다.

http://your_device.your_username.operaunite.com/
(your_device는 실행되는 컴퓨터의 이름)

이 프록시 서버는 사용자의 라우터에 아무런 작업을 하지 않고도 새로운 서비스를 설치할 수 있도록 해 준다. Unite의 웹 서버는 서버측 JavaScript를 이용해서 실행되며 시스템 접근을 허용한다. 게임 패키지를 만들고 게시하는 것도 가능하기 때문에 게임을 설치하는 사람들은 Unite 인스턴스에 연결할 필요도 없다.

Unite는 무언가를 넣어두고 친구들이나 테스터들과 공유하기 위한 훌륭한 방법이지만, 브라우저가 실행되고 있어야 한다는 조건 때문에 하루 24시간 지속적으로 운영해야 하는 상황에는 어울리지 않는다. 배포를 위한 응용 프로그램 패키지를 만드는 방법에 대해서는 Chapter 11 "게임 게시하기"에서 알아볼 것이다.

Node.js와 RingoJS

RingoJS는 Rhino 기반으로 동작하는 하나의 웹 프레임워크로 CommonJS API의 사양과 제안들을 구현하고 있다. JavaScript가 별도의 사양 없이 진화하고 있는 과정에서 CommonJS는 지역 파일 시스템에 대한 접근과 같이 근본적으로 JavaScript 응용 프로그램의 범위 밖이라고 여겨졌던 것들에 대한 표준을 정하기 위해 노력하고 있다.

Node.js와 RingoJS는 둘 다 CommonJS의 부분들을 구현하고 있는데, RingoJS가 API 호환성이 좀 더 좋다. 큰 차이점으로 Node.js는 Google의 V8-engine에서 동작한다는 것을 들 수 있다. Google의 V8-engine은 Google Chrome에서 강력한 JavaScript 지원을 제공하며 C++로 구현되어 있다. 서버측 JavaScript, 특히 Node.js에 대해서는 Chapter 9 "멀티 플레이어 게임 서버 구축하기"에서 더 깊이 다룰 것이다.

🔻 Browser 도구

최신 사양을 구현하고 뛰어난 디버깅 도구를 제공하는 브라우저는 HTML5 응용 프로그램 개발에 있어서 굉장히 중요한 요소이다. Google Chrome, Mozilla Firefox(혹은 그 계열), Apple Safari, Opera 등은 뛰어난 HTML5 호환성과 디버깅 도구들을 제공한다. 2011년 3월 발표된 Internet Explorer 9은 이전 버전들에 비해 HTML5 표준에 대한 호환성이 대폭 향상됐지만 앞서 언급한 브라우저들에 비해서 지원이 떨어지는 편이다.

Chrome Developer Tools

Chrome의 디버깅 도구를 이용하면 동적으로 특정 페이지의 DOM을 검사하고 리소스를 로드하는 데 걸리는 시간을 확인하거나 임의의 JavaScript를 실행할 수 있다. [View]–[Developer]–[Developer Tools]를 선택하면 Developer Tools 콘솔을 확인할 수 있다. 그림 2.4는 Google.com에 대한 콘솔 윈도우이다. [Element] 탭을 선택하면 문서 요소들에 대한 스타일과 함께 DOM에 대한 중첩된 뷰가 제공된다. 커서를 요소 태그 위로 가져가면 해당 요소가 브라우저 윈도우에서 강조되어 표시되는데, 촘촘한 간격으로 배치된 요소를 구분하려고 할 때 매우 유용한 기능이다.

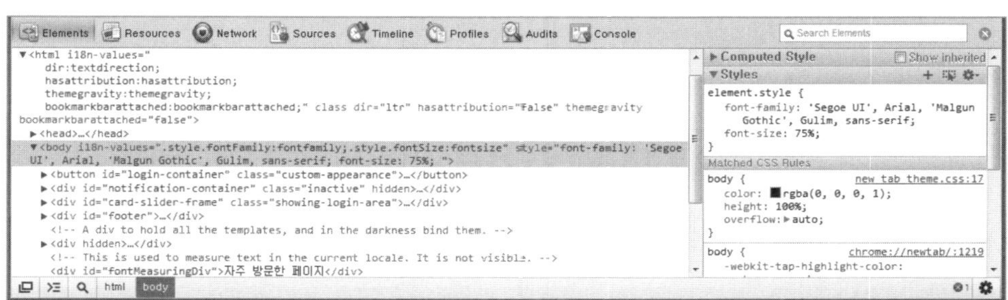

| 그림 2.4 | Chrome Developer Tools의 Element 탭

게임 개발자들에게 특히 도움이 되는 Developer Tools에 있는 다른 두 개의 탭은 [Resources]와 [Console] 탭이다. [Resource] 탭은 그림 2.5와 같은 형태로 개별 자

원 단위로 어떤 자원이 성능에 어느 정도의 영향을 미치는지 재빨리 확인할 수 있게 해 준다. 새로운 사이트에 대해서 [Resources] 탭을 처음으로 실행하면 해당 세션에 대해서만 활성화할지 계속 유지할지 결정할 수 있다. 이와 같은 자원 추적은 페이지 로드에 약간의 부하를 동반하기 때문에 필요한 경우에만 사용하는 것이 최선이다[2].

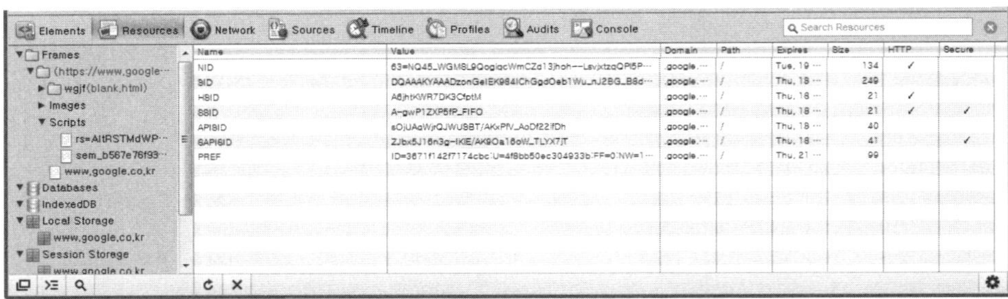

| 그림 2.5 | Chrome Developer Tools의 Resources 탭

이번 절에서 강조하려는 마지막 탭은 [Console]로 그림 2.6과 같은 모습을 하고 있다. JavaScript의 전문가가 아닌 이들에게 이것은 신이 내린 선물과 같은 존재로, [Console]을 이용하면 프로그래밍 과정에서 `println`(혹은 `alert`)을 이용한 디버깅과 같은 끔찍한 작업에서 해방될 수 있다.

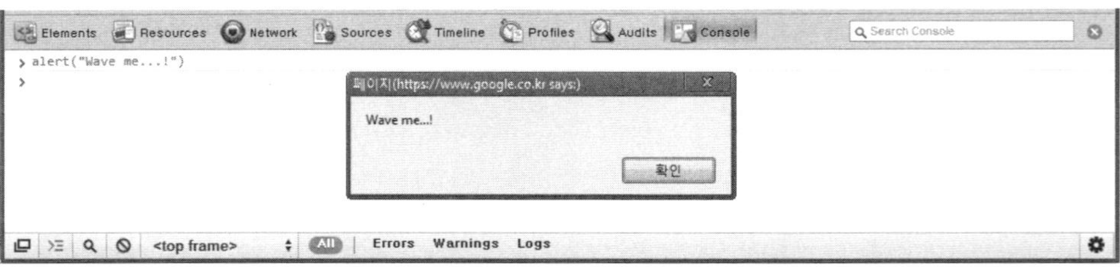

| 그림 2.6 | Chrome Developer Tools의 Console 탭

Chrome 확장

Google Chrome 역시 Eclipse 통합 개발 환경과 비슷한 방식으로 각종 확장을 이

----

2 역자주: 저자가 밝힌 부하 문제가 크게 작용했는지는 알 수 없으나, 현재의 Chrome Developer Tools의 [Resource] 탭에서는 이와 같은 자원 추적 기능이 제거되었다. 그림 2.5는 현재의 모습이므로 설명과 다소 차이가 있어 보인다.

용해서 기능 추가가 가능하다. 이러한 확장은 RSS 수집기와 특정 사이트에 대한 개선 혹은 알림 기능부터 게임에 이르기까지 다양한 활용이 가능하며, 전체 목록은 https://chrome.google.com/webstore/category/extensions#category/extensions에서 확인할 수 있다. 가젯을 만드는데 도움이 되는 몇 가지에 대해서 잠시 살펴보도록 하자.

Chrome에서 확장을 설치하려면 그림 2.7과 같이 Chrome Extensions 페이지에서 설치 버튼을 누르고 이후 단계를 진행하면 된다. 개발자들에게 유용한 플러그인으로 JSONView와 YSlow를 들 수 있다. JSONView는 JSON 자료의 가독성을 높여주며 YSlow는 웹 페이지를 분석해서 성능을 높일 수 있는 방법을 제시해 준다.

| 그림 2.7 | Chrome 확장 설치하기

Safari 개발자 도구

Apple의 Safari에서 제공하는 개발자 도구들 역시 Google Chrome과 비슷한 기능을 제공한다. 기본적으로 이 도구들은 최종 사용자에게는 숨겨져 있다.

이들을 활성화하려면 [Preference]를 선택하고 [Advanced] 탭으로 이동한 다음 그림 2.8과 같이 "Show Develop menu in menu bar"에 체크해야 한다. Chrome Developer Tools에 대해서는 이전 절을 참고하자.

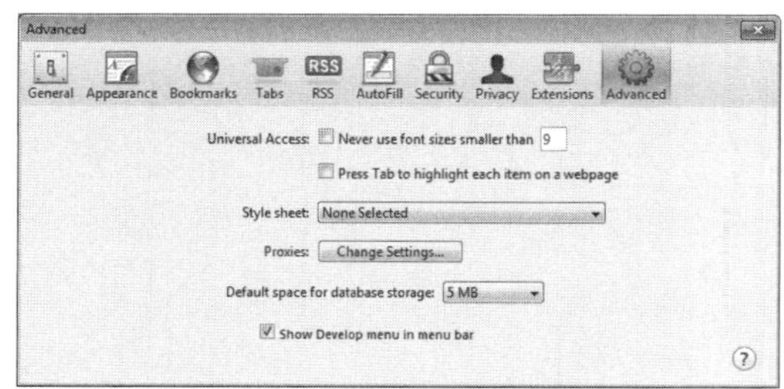

| 그림 2.8 | Developer 메뉴 활성화하기

Firebug

Firebug는 Mozilla Firefox의 확장 기능으로 웹 사이트의 HTML, CSS, JavaScript 디버그를 도와주는 개발자 도구이다. 원래 Firefox를 위해 설계되었지만 Google Chrome에서 사용할 수 있는 Lite 버전이 있어서 필요에 따라 Firebug 기능을 사용할 수 있다.

눈치챘을지도 모르지만 Firebug의 핵심 컴포넌트와 탭들은 Chrome 및 Safari의 것들과 매우 비슷하다. Chrome에서는 여러 가지 프로그래밍 언어(PHP, Python 등)에 대해 보다 많은 개발자 기능(DOM 조작 및 검사)을 추가로 제공한다. Firebug 와 Firebug Lite 설치에 대한 정보는 http://getfirebug.com를 참고하자.

⪢ HTML5 도구

이번 절에서는 게임을 위해 필요한 각종 자원을 손쉽게 만들 수 있는 몇 가지 도구들을 살펴볼 것이다. 간단한 그래픽 라이브러리인 Raphaël과 ProcessingJS에 대해서 우선 알아보자.

ProcessingJS

ProcessingJS는 Canvas 태그의 추상화 계층이라고 볼 수 있는 JavaScript 라이브러리로 기본 그래픽 요소 그리기, 사용자 상호 작용, 이미지 조작 및 그리기 등의 기능을 제공한다. jQuery 라이브러리의 개발자이기도 한 John Resig에 의해 2008년 여름 개발된 ProcessingJS는 기존의 Processing Java Library를 포팅한 것이다. 결과적으로 함수와 API 호출은 Java 버전과 동일한 구문을 이용한다. 이런 연유로 많은 Java 코드 예제들을 변경 없이 그대로 사용할 수 있지만, ProcessingJS가 전체 Java API를 구현하고 있지 않다는 점은 반드시 알고 있어야 한다. 하지만 이런 부분들은 거의 WebGL을 이용할 것이기 때문에 우리가 이 책을 진행하는 데에는 아무런 문제가 되지 않는다.

ProcessingJS의 예제와 API 참고문헌은 http://processingjs.org에서 찾아볼
수 있다.

Inkscape

Inkscape는 SVG를 이용하는 벡터 그래픽 편집기로 다양한 플랫폼에서 안정적으
로 사용할 수 있으며 Adobe Illustrator, CcrelDRAW와 같은 상업용 응용 프로그램
과 호환된다. 비록 최신 버전이 0.48에 머무르고 있긴 하지만 관련 커뮤니티 활동은
최초로 도입된 2003년 이후 굉장히 활발히 이루어지고 있다. 버전 번호는 SVG 1.1
사양을 얼마나 충실하게 구현하고 있느냐를 가리키는 지표로 볼 수 있다. SVG 사양
을 완전히 지원하고 있지는 못하지만(완전히 지원하는 응용 프로그램은 없다),
Inkscape 커뮤니티는 이 플랫폼 기능을 향상시킬 수 있는 각종 플러그인을 제공함
으로써 이에 대응하고 있다.

Inkscape는 http://inkscape.org에서 내려 받을 수 있다.

SVG-edit

SVG-edit은 JavaScript로 만들어진 웹 기반 SVG 생성 도구이다. SVG-edit은
간단한 효과들로 이루어진 단순한 그리기 작업에 강점이 있다. 그림 2.9와 같이 사
용자 인터페이스는 문자와 기본 도형을 생성하고 이미지를 포함시킬 수 있는 기능을
제공한다.

예를 들어 장기판 같은 것을 만들어야 한다면 SVG-edit는 좋은 선택이다. 그림
2.10에서 보는 것처럼 파일 관리기능은 포함되어 있지 않으며 텍스트 편집기에 붙여
넣을 수 있도록 가공되지 않은 SVG 코드를 화면에 출력해 준다.

http://code.google.com/p/svg-edit/을 방문하면 소스를 내려받거나 온라인으
로 사용해 볼 수 있다.

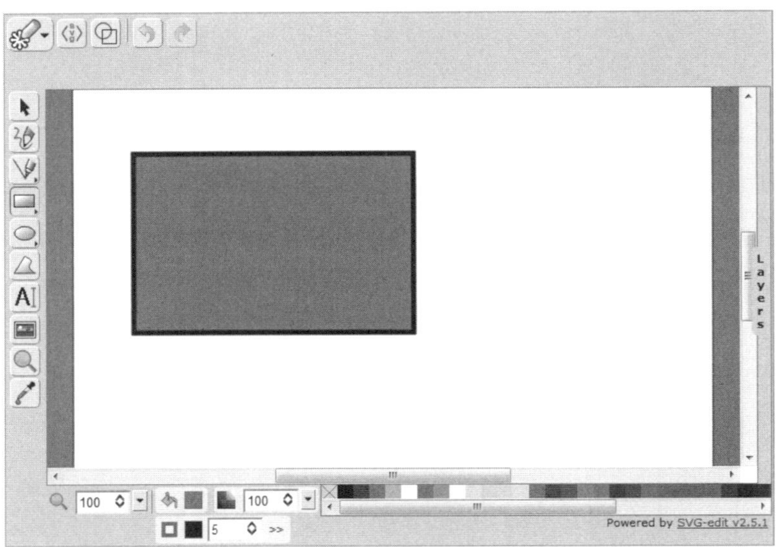

| 그림 2.9 | SVG—edit 인터페이스

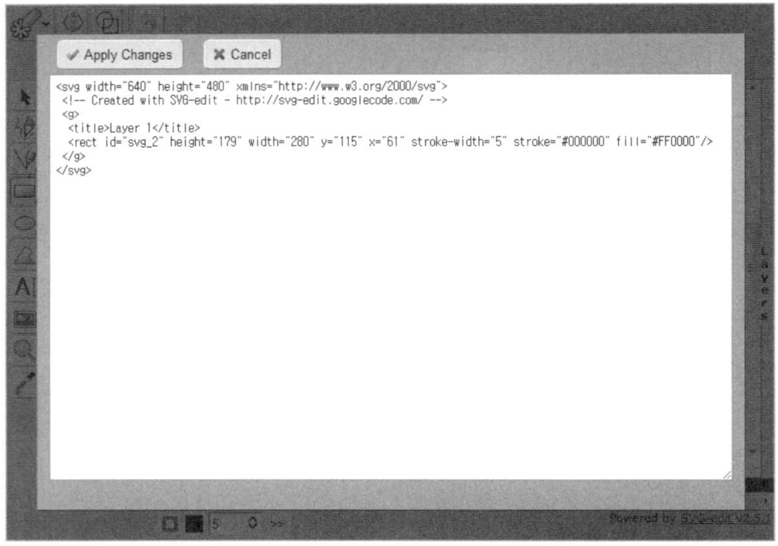

| 그림 2.10 | SVG—edit 코드 보기

Raphaël

앞의 두 절에서는 사용자 인터페이스를 제공하는 가볍고 훌륭한 SVG 파일 생성 도구들을 살펴보았다. 이들은 게임처럼 모든 자원들이 미리 만들어져 있어야 하는 경우에 적합하다. 이런 자원을 동적으로 생성해야 하는 SVG 게임 혹은 코딩을 통해 SVG 그래픽을 생성하는 방식을 선호하는 개발자들을 위한 도구가 바로 Raphaël이다. Raphaël은 JavaScript 라이브러리로 기본 도형, 글꼴, 애니메이션을 지원하고 런타임 시에는 내장 SVG로 인식된다. 한편 브라우저가 VML(벡터 마크업 언어)을 구현하고 있는 경우, SVG대신 VML을 렌더링할 수 있는 호환 계층도 제공한다(버전 9 이전의 인터넷 익스플로러). Raphaël은 http://raphaeljs.com/에서 내려받을 수 있다.

이 도구들의 사용 방법은 Chapter 6 "SVG와 RaphaëlJS를 이용한 게임 개발"에서 알아볼 것이다.

≫ 3차원 모델링 도구

Chapter 7 "WebGL과 Three.js로 게임 만들기"에서 WebGL을 이용해서 게임을 개발하는 방법을 알아볼 예정인데, 그에 앞서 이런 유형의 게임을 위한 자원을 만드는 도구가 필요하다. 게임 업계에서 흔히 이용하는 것으로는 3D Studio Max와 Maya가 있다. 이런 도구들은 많게는 수 천 달러에 달하기 때문에 그저 취미삼아 게임을 개발하는 사람들에게는 가격이 너무 부담스러운 것이 현실이다. 물론 어디까지나 상용 벡터 그래픽 응용 프로그램의 경우다. 간편하게 사용할 수 있으면서 충분한 기능이 제공되는 오픈 소스 응용 프로그램들도 있다.

Blender

Blender(그림 2.11)는 다양한 플랫폼을 지원하는 오픈 소스 3차원 모델링, 렌더링, 애니메이션 응용 프로그램이다. 제공되는 기능으로는 cloth, skeletal, 강체(rigid body) 시뮬레이션, 텍스처링, 입자 역학, 합성 등이 있다. Blender는 수많은 그래픽 파일 형식을 읽고 쓸 수 있으며 응용 프로그램 확장이 가능한 Python API를 포함하고 있다. Blender는 또한 텔레비전용 광고, 쇼, 영화를 위한 사전/사후 제작에 사용되기도 한다.

http://blender.org를 방문하면 Blender에 대한 보다 많은 정보와 내려받기가 가능하다.

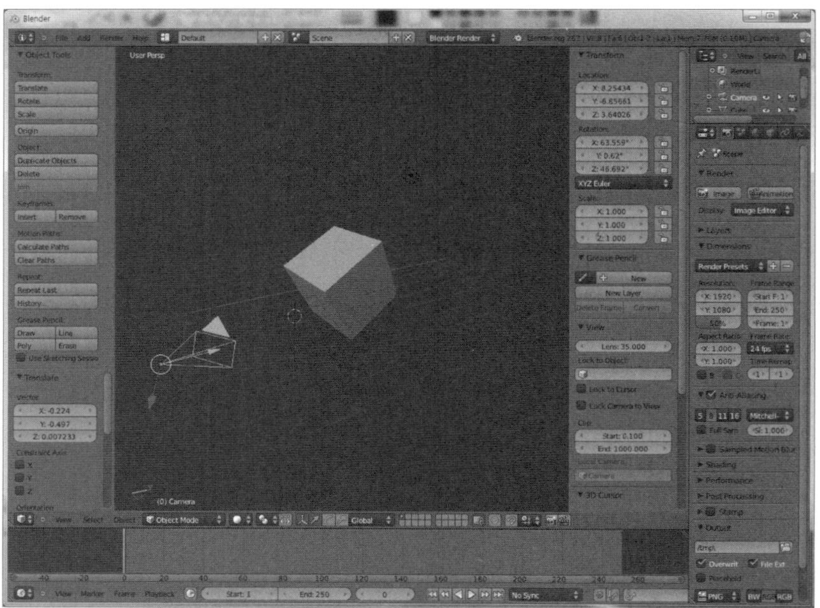

| 그림 2.11 | Blender 인터페이스

⪢ 요약

이번 장에서는 HTML5 게임을 만들기 위한 최적의 도구와 프레임워크에 대해서 살펴보았다. Java SDK와 Eclipse 통합 개발 환경을 설치하고, 게임 자원을 만들기 위한 SVG, 3차원 모델링 도구 및 라이브러리에 대해서도 살펴보았다.

책에서 사용되는 소스 코드는 www.informit.com/title/9780321767363과 정보문화사(www.infopub.co.kr) 자료실에서 다운로드 받을 수 있다.

## Chapter 03

JavaScript

LEARNING **HTML5** GAME PROGRMMING

책 제목에서부터 SVG, HTML5, WebGL을 표방하고 있지만 JavaScript의 도움 없이는 이들도 능력을 발휘할 수 없을 것이다. SVG, Canvas, WebGL은 사용자와 게임 간의 상호 작용을 관장하게 된다.

JavaScript는 또한 뒤에서 알아보게 될 GWT나 CoffeeScript와 같은 라이브러리 나 언어의 근간이 되기도 한다. 뒤에서 다룰 예정인 Node.js의 경우 서버측 코드를 실행하기 위해 JavaScript를 이용한다. 이번 장에서는 JavaScript의 기본 사항과 게임을 만들기 위해 필요한 몇 가지 유틸리티 및 라이브러리에 대해 알아보고, JavaScript 라이브러리를 이용해서 첫 번째 게임을 만들어볼 것이다.

≫ JavaScript란 무엇인가

JavaScript는 느슨한 형식의 동적 언어로 Netscape Communications의 LiveScript 프로젝트에서 시작되었다. JavaScript라고 불리기 시작한 것은 대략 Netscape에 플러그인 형식으로 java 프로그래밍 언어의 지원이 이루어진 시점이 다. 이름의 유사성에도 불구하고 JavaScript와 Java는 둘 다 C 언어의 영향을 받은 정도의 그저 느슨한 연관성 정도만 가지고 있으며 몇 가지 키워드와 구조를 공유하 고 있다.

JavaScript의 기본 형식

모든 JavaScript 구현에서 이용되는 개체 형식들이 있다. 이들은 다른 개체 형식 을 구성하는 요소로도 사용되며, 이와 같은 JavaScript 기본 형식에는 다음과 같은 것들이 있다.

- Array – 어떤 것들의 컬렉션
- Boolean – 참 혹은 거짓을 의미하는 값
- Function – 어떤 작업을 처리하는 코드 조각
- Number – 42, 3.54e-3, 3.14159 등의 숫자

- String – 홑 따옴표나 쌍 따옴표로 표기되는 문자들의 컬렉션
- Object – 모든 다른 형식들의 최상위 기본 형식
- undefined – 참조 개체가 존재하지 않음
- null – 값이 없는 개체. JavaScript에서는 개체에 값이 없는 상태를 구분하거나 개체를 알 수 없을 때 사용할 수 있다. 다음의 코드를 살펴보자.

```
var x = null;
```

이 코드는 해당 시점에는 개체에 값이 없지만 기후에는 값을 가질 수도 있음을 JavaScript에 알려준다. 한편, 다음 코드에서 x는 undefined이다.

```
var x;
```

산술 연산자

우리는 초등학교에 들어가면 더하기, 빼기, 나누기, 곱하기, 할당을 위한 기본적인 산술 연산자들인 +, -, /, *, = 등을 배운다. 앞의 네 가지는 일반적으로 숫자 값에만 적용이 되지만 일부 프로그래밍 언어들은 이들을 재정의해서 사용자 정의 개체를 대상으로 사용할 수도 있다. JavaScript에서는 이런 재정의를 허용하지 않는다. Number 형식이 아닌 개체에 대해서 이들 연산자는 절대 사용해서는 안 되며 이렇게 함으로써 예상치 못한 오류를 피할 수 있다. 예를 들어 두 개의 String 개체를 더하면 두 개가 합쳐지고 빼면 두 번째 String을 첫 번째 것에서 빼는 모습을 쉽게 연상할 수 있는데, 이것은 다른 언어에서나 가능하며 JavaScript에서는 불가능하다. JavaScript는 Number 형식으로 연산이 가능한지 확인하고, 불가능한 경우 예외를 발생시킨다.

JavaScript 함수

리스트 3.1의 JavaScript 함수를 살펴보자. 예제는 콘솔로 "Hello, World!"를 출력하는 `HelloWorld`라는 이름의 함수를 선언한 다음 실행하고 있다.

리스트 3.1 **Hello World JavaScript**

```
function HelloWorld() {
    console.log("Hello, World!");
}
HelloWorld();
```

    `function` 키워드는 실행 중인 응용 프로그램에 뒤에 정의된 코드 블록이 어떤 특정한 작업을 수행한다는 것을 알려 준다. 예제 속의 함수는 작업을 위해 아무런 매개 변수도 사용하지 않고 반환값도 없다. 다른 프로그래밍 언어에서는 함수가 반환하는 개체의 형식을 명시해야하지만, JavaScript에서는 무조건 `function` 키워드로 선언을 시작한다. 리스트 3.2의 함수는 두 개의 값을 받아서 더하고 있다.

리스트 3.2 **두 개체 더하기**

```
function add(one, two) {
    return one + two;
}
```

    이 예제는 두 가지 새로운 개념을 소개하는데, 함수 매개 변수와 `return` 키워드다. 함수 매개 변수는 함수가 작업을 수행하는 데 필요로 하는 자료를 제공하는 새로운 방법을 제공하고 `return` 키워드는 작업이 끝난 다음 어떤 개체를 반환할 수 있도록 한다. 다음과 같은 함수 호출 예를 살펴보자.

```
add(23, 43);
```

    결과적으로 함수는 66을 반환한다. String과 같은 다른 형식의 개체를 이용해서 이 함수를 호출 할 수도 있는데, 이 경우 함수는 두 개 개체를 대변하는 String 값을 연결하는 작업을 수행한다.

First-class Object로써의 함수

JavaScript의 함수는 단순한 실행뿐만 아니라 런타임 시 생성과 변경이 가능하고 변수에 할당하고 다른 함수에서 반환될 수도 있다. 단순 실행을 제외하고 뒤에서 언급할 나머지 기능이 제공되는 개체를 일종 개체(First-class object)라고 한다. 이 기능들은 마치 Java나 C#의 `class` 키워드를 사용한 것과 대략 비슷한 형태의 구조체를 제공한다. Java나 C# 언어에서 클래스는 클래스 개체가 포함할 변수와 함수의 프로토타입을 선언한다. 또한 이들 함수는 일종에 속할 수 있는 일부 속성을 가지고 있기는 해도 또 다른 함수에 중첩이 불가능하다. JavaScript는 이런 면에서 클래스와 함수에 양다리를 걸치고 있다고 볼 수 있어서, 어떤 함수는 클래스처럼 그 자신과 동일한 형식을 반환할 수 있다. 리스트 3.3의 `Car` "클래스"는 시동, 가속, 브레이크 적용을 위한 함수를 포함하고 있다.

리스트 3.3 JavaScript **Car** "클래스"

```javascript
function Car() {
    var self = this;
    self.speed = 0;
    self.start = function() {
        console.log("Car started.");
    }
    self.accelerate = function() {
        self.speed = self.speed + 10;
        console.log("Speed is now:"+self.speed- " mph");
    }
    self.applyBrakes = function() {
        self.speed = 0;
        console.log("Brakes applied.");
    }
}
```

예제에서는 함수를 선언할 때 조금 변형된 형태를 사용하고 있는데, 함수를 가리킬 변수를 정의하고 익명 함수를 이들에게 할당하는 방식이다. 우리는 다음과 같은 코드를 이용해서 `Car`의 인스턴스를 만들고 시동 함수를 호출할 수 있다.

```javascript
myCar = new Car();
myCar.start();
```

이전과 비교해서 달라진 가장 핵심적인 부분은 함수를 직접 호출하지 않고 `myCar`에 저장되어 있는 인스턴스 혹은 사본을 이용한다는 점이다. 이 방식을 이용하면 개체의 멤버 함수를 호출할 수 있다. 또 다른 새로운 개념은 `var` 키워드를 이용한 변수 할당이다. 일반적으로 `var`의 이용은 선택사항이지만 변수의 범위에는 영향을 미친다. 변수의 범위는 해당 변수의 가시성을 결정짓기 때문에 해당 범위 내에서 값을 가진다. 예를 들어 다음 코드를 이용해서 `Car` 함수 외부에 `self`라는 변수를 선언했다고 생각해 보자.

```
self = "me"
```

"me"라는 값을 가지는 `self` 변수는 전역 범위에 대해 선언되어 있기 때문에 어디에서나 참조가 가능하다. 하지만 `Car`에서 사용하고 있는 `self`의 경우에는 `Car` 내부의 함수에서만 참조할 수 있다. `this` 키워드가 가리키는 개체는 호출이 어디에서 이루어졌느냐에 따라 변한다. 지역에 선언된 `self` 변수를 사용하면 개체 내의 함수에 대해 보다 안전한 동작을 도모할 수 있다.

비교 연산자

비교 연산자는 두 개의 개체가 같은지 다른지 그들의 상대값을 검사한다. 예를 들어 표 3.1에 나열된 연산자를 이용해서 String "abc"가 "def"와 동일한지 판단하기 위해 다음과 같은 코드를 활용할 수 있다.

```
"abc" == "def"
```

물론 결과는 거짓이다.

연산자	설명
!	논리 연산자의 결과를 반전시켜 참(true)은 거짓(false)으로, 거짓은 참으로 만든다.
&&	양쪽의 식이 모두 참인 경우에만 참 값을 반환한다.
||	양쪽 가운데 한쪽이라도 참이면 참 값을 반환한다.
==, ===	두 개체가 같으면 참 값을 반환한다. ==은 비교를 위해 필요한 경우 양쪽 개체를 강제로 같은 형식으로 변환한 다음 비교를 진행하며, ===의 경우에는 두 개체의 형식이 같아야 한다.
!=, !==	두 개체가 다르면 참 값을 반환한다. !=은 비교를 위해 필요한 경우 양쪽 개체를 강제로 같은 형식으로 변환한 다음 비교를 진행하며, !==의 경우에는 두 개체의 형식이 같아야 한다.
<	우변의 개체가 좌변보다 크면 참 값을 반환한다.
>	우변의 개체가 좌변보다 작으면 참 값을 반환한다.
<=	우변의 개체가 좌변보다 크거나 같으면 참 값을 반환한다.

다음은 숫자가 아닌 것들을 비교할 때의 몇 가지 특이사항이다.

- 참은 항상 거짓보다 크다(많은 경우 참은 1, 거짓은 0으로 평가된다).
- 문자열 비교에서는 사전에서 더 앞에 나타나는 것이 작은 것으로 평가된다.
- 배열에 대한 비교는 두 배열의 모든 인덱스에 대해 비교가 이루어지며 모든 값들이 조건에 대해 만족해야 한다.
- undefined == null은 참이지만 undefined와 null은 서로 형식이 다르므로 undefined === null은 거짓이다.

String, Numbers, 혹은 Boolean 이외의 형식에 ==, ===, !=, !==를 사용하면 많은 경우 예상치 못한 결과를 초래하므로 우리는 두 개체가 같은 인스턴스를 가리키는지 혹은 같은지를 확인해야 하는 경우에는 명시적인 equals 함수를 작성할 것이다.

≋ 조건 순환과 문

식을 이용해서 비교 연산자들과 개체를 비교할 수 있었다면, 조건적으로 처리되는 순환과 문은 비교의 결과를 이용해서 코드를 실행할 수 있는 방법을 제시한다. 먼저 비교하고자 하는 조건 세트를 하나씩 처리할 수 있는 `if-else`문을 살펴보자. 리스트 3.4는 `if`문이 사용된 사례를 보여준다.

리스트 3.4   `if-else` 문

```
if (name == "John") {
    if (age < 18)
        console.log("Age is less than 18");
    else if (age < 35)
        console.log("Age is somewhere between 18 and 35");
    else console.log("Age is greater than 35");
} else {
    console.log("User is not named John");
}
```

예제에서 먼저 `name`에 저장된 값이 John인지 비교하고, John이 아니면 그에 상응하는 메시지를 콘솔에 출력한다. `name`이 John이면 나이 범위를 결정하기 위해 일련의 비교들을 수행하는데 그 가운데 식의 값이 참이면 더 이상의 비교를 하지 않는다. 이어지는 `else`문은 앞선 `if`문이 실패(즉, 거짓)한 경우에만 실행된다. `switch-case`문은 하나의 변수에 대해 특정 범위의 값에 대한 동일 여부를 판단하는데 사용할 수 있는데 일종의 `if` 문의 변형이라고 볼 수 있다. `if`문을 이용해서 같은 기능을 구현할 수는 있지만 `switch-case`를 이용하는 방법보다 훨씬 복잡해진다. 리스트 3.5는 `switch-case`문의 일반적인 형태다.

리스트 3.5   `switch-case`문의 일반적인 형태

```
switch (<expression>) {
    case value1:
        codeToExecute1();
        break;
    case value2:
        codeToExecute2();
        break;
```

```
default:
        codeToExecute3();
        break;
}
```

case문에서 사용되는 값은 문자열, 숫자, 혹은 Boolean 형식일 수 있다. case문의 하위 코드에서 사용되는 break 키워드는 이어지는 case문이 평가되고 후속 코드가 실행되는 것을 방지한다. default는 식(<expression>)이 어떤 case문도 만족하지 않는 경우에 실행할 코드를 제공한다.

반복을 이용한 프로그램 제어

코드 블록을 수없이 반복적으로 실행해야 하는 경우가 많다. 해당 코드 블록을 필요한 만큼 복사해서 붙여 넣어도 되지만 이렇게 하면 이후에 변경이 필요한 경우 매우 난처해질 수 있다. 뿐만 아니라 이런 방식은 프로답지 못하다. 반복 구조를 이용하면 상황에 따라 달라지는 사전 조건 및 사후 조건에 따라 특정 블록을 반복적으로 수행할 수 있다.

while 반복문

while 반복문은 어떤 식이 더 이상 참이 아닐 때까지 특정 블록을 반복적으로 실행한다. 예를 들면, 초기 값이 0인 count라는 변수를 생성하고 이것을 10까지 증가시키면서 반복 대상 블록이 실행될 때마다 콘솔로 count 값을 출력할 수 있다. 리스트 3.6은 while 반복문을 보여준다.

리스트 3.6　**while 반복**

```
var count = 0;
while (count < 10) {
    console.log("The count is now:"+count);
    count++;
}
```

첫 번째 진입 시에 while 반복문의 조건이 거짓으로 판명되면 코드 블록은 한 번도 실행되지 않는다는 점에 주의하자. 반면 do-while 반복은 while문의 변형된 형태로, while문과 달리 조건의 만족 여부와 무관하게 코드 블록을 최소한 한 번은 실행한다. 리스트 3.7은 말도 안되는 조건을 사용하고 있는 do-while 문의 예로 코드 블록은 무조건 한 번만 수행된다. while문에서 while 키워드와 판별식이 가장 앞에 위치했던 것과 달리 do 키워드로 시작해서 while 절이 맨 끝에 위치한다.

리스트 3.7　**do-while 반복 예**

```javascript
do {
    console.log ("This loop executes only once.");
} while (1 != 1);
```

for 반복문

while과 do-while은 한 가지 조건에 대해서 확인하고 처리하도록 하고 있는데, for 문은 이보다 조금 더 유연한 제어가 가능하다. JavaScript의 for 반복문은 Java의 그것을 그대로 반영한다. for 키워드로 시작하며 그 뒤에는 초기화 식, 검사 조건, 반복 간격이 따라온다. 리스트 3.8은 리스트 3.7의 while 반복문을 for 반복문으로 표현하고 있다.

리스트 3.8　**for 반복**

```javascript
for (var count = 0; count < 10; count++) {
    console.log("The count is now:"+count);
}
```

for문의 각 식은 선택 사항이다. 따라서 while문에서 그랬던 것처럼 초기화 식을 생략할 수 있고 count는 코드 블록에서 증가시킬 수 있으며 무한 반복을 원하면 세 가지 식 모두를 생략할 수도 있다. 리스트 3.9는 식을 생략한 예를 보여준다.

리스트 3.9　**for 문의 활용 예**

```javascript
/* 반복 1 */
var count = 0;
```

```
for ( ; count<10; ) {
    console.log("The count is now:"+count);
    count++;
}
/* 반복 2 */
for ( ; ; ) {
    /* 예제를 위한 목적이며, 절대 이런 코드를 만들어선 안 된다. */
}
```

setTimeout과 setInterval을 이용한 지연 실행

JavaScript가 단일 스레드 기반으로 동작한다는 사실은 설계에 많은 영향을 미친다. 이번 장의 후반부에서는 다양한 라이브러리들이 이벤트를 사용해서 응용 프로그램 동작 중에 발생한 무엇인가를 알리는 방법에 대해서 살펴보게 될 것이다. 단일 스레드에 대응하는 또 다른 방법으로 setTimeout 함수를 이용해서 미래의 특정 시점에 임의의 코드가 실행되도록 하는 형태가 있다. 리스트 3.10은 1,000 밀리초 후에 현재 날짜와 시간을 콘솔에 출력하는 코드다.

리스트 3.10 **setTimeout의 사용 예**

```
setTimeout(function() {
    console.log(new Date());
    }, 1000
);
```

이와 같은 setTimeout은 단 한번만 실행되기 때문에 같은 코드를 반복해서 실행해야 하는 경우에는 setTimeout 내에서 새로 setTimeout을 생성하는 방법을 생각해 볼 수 있다. 하지만 setInterval은 이보다 간편한 방법을 제공하고 있다. setTimeout을 호출하는 곳에 setInterval을 사용할 수 있는데, 호출 방법은 동일하며 setInterval은 코드를 매 X 밀리초마다 반복적으로 실행할 것이다. setInterval에서 지정하고 있는 코드는 특히 수행 성능에 민감한데, 긴 실행 시간이 필요한 작업이 이보다 짧은 주기로 반복 실행되도록 지정하면 끝나지 않은 반복 작업으로 인해 이어지는 작업의 실행들이 지연될 수 있다. clearTimeout과 clearInterval은 각각 setTimeout과 setInterval에 대한 이후의 실행을 취소하는 데 이용할 수 있는데, 현재 실행 중인 코드에는 영향을 미치지 않는다.

≫ 상속과 다형성을 이용한 복잡한 개체 생성

앞서 언급한 것처럼 JavaScript는 객체 지향 프로그래밍 언어의 클래스 개념을 함수를 통해서 사용한다. 클래스를 사용하는 프로그래밍 언어의 다른 특성으로는 다른 클래스로부터 속성과 함수를 상속하는 기능과, 서로 다른 여러 개의 클래스로부터 생성된 개체들이 같은 메소드 시그니처에 대응하도록 하는 기능이 있다. 이 특성들은 상속과 다형성으로 알려져 있다.

상속을 구분하는 손쉬운 방법은 "is-a"(은/는) 관계다. 이번 장의 앞부분에서 다뤘던 예제의 연장선상에서 생각해보면, Toyota "is a"(는) 자동차(Car)다, 라고 쓸 수 있다. JavaScript는 점(.)을 이용해서 개체에 함수나 속성을 추가한다. prototype 키워드를 이용하면 특정 형식의 모든 인스턴스를 변경할 수 있다. 리스트 3.11은 Car 와 Toyota 클래스의 선언을 보여준다. Car 개체를 선언하고 나서 Toyota에 그 프로토타입(함수와 속성)을 할당한다. 다음으로 Toyota 형식에 대한 생성자가 생성되고 Car에서 제공되던 것을 오버라이드한다. Toyota 개체의 go를 호출하면 Car의 것이 아닌 Toyota의 go를 사용한다. 이것이 바로 다형성이다. 개체가 Car에서 확장된 것이라면 이 기본 형식에서 생성한 함수와 속성에 대해 어떠한 형태든 값이 할당된다는 점이 보장된다. 예제의 마지막 몇 줄에서 보는 바와 같이 instanceof 키워드를 이용해서 개체의 형식을 확인할 수 있다. 예제 코드에서는 Car나 Toyota인 경우에 참으로 판별될 것이다.

리스트 3.11 JavaScript 상속

```javascript
function Car() {
    var self = this;
    self.type = "Car"
    self.go = function() {
        console.log("Going...");
    };
};
Toyota = function() {};
```

```
Toyota.prototype = new Car();
Toyota.prototype.constructor = function(  {
    var self = this;
    self.type = "Toyota";
    self.go = function() {
        console.log("A Toyota car is going...");
    }
};
Toyota.prototype.isJapaneseCar = true;
var t = new Toyota();
console.log(t instanceof Toyota);
console.log(t instanceof Car);
```

Prototype 라이브러리를 이용한 손쉬운 상속

Prototype(www.prototypejs.org)은 객체 지향 프로그래밍을 도와주는 JavaScript용 라이브러리이다. 상속과 다형성에 대한 지원은 앞서 배웠던 prototype 키워드를 직접 사용하는 방법과 큰 차이가 없다. Prototype은 상속을 이용함에 있어서 보다 명료하고 가독성이 우수한 방법을 제시한다. 이와 같은 Prototype의 주된 사용 방법은 Class 키워드와 create 함수를 이용하는 것이다. 리스트 3.12]는 앞서 살펴보았던 상속 예제에 Prototype을 적용한 형태로 개선했다. initialize 함수는 개체를 인스턴스화할 때 실행하고자 하는 코드를 위한 것인데, 실행할 것이 없다고 하더라도 클래스에 대해 반드시 한 개를 지정해야 한다. Toyota 클래스를 만들 때는 함수 시그니처에 매개 변수를 추가해서 어떤 클래스로부터 상속을 받는지 나타내도록 하고 있다.

리스트 3.12 <u>Prototype을 이용한 상속</u>

```
var Car = Class.create({
    initialize: function() {
        this.type = "Car";
    },
    go: function() {
        console.log("Going...");
    }
});
var Toyota = Class.create(Car, {
    initialize: function() {
```

```
        this.type = "Toyota";
        this.isJapaneseCar = true;
    },
    go: function() {
        console.log("A Toyota car is going...");
    }
});
```

위에서 살펴본 직접적인 프로토타입을 사용하든 혹은 Prototype 라이브러리를 사용하든 파생 클래스에서 재정의된 부모의 함수를 호출하는 것은 불가능하다. 이것은 프로토타입을 변경할 경우 변경 전에 가리키고 있던 것에 대한 참조를 더 이상 보관하지 않기 때문이다. 이와 같이 상속으로 생성된 자식 수준에서 입력과 출력을 전적으로 맡아서 처리하는 것이 유리한 경우도 있지만, 때로는 일부 데이터는 부모 클래스의 기본적인 처리 기능을 활용하고 나머지 특정 부분에 대해서만 자식 클래스가 처리하는 것이 나은 경우도 있다. Java나 C#과 같은 개체지향 프로그래밍 언어에서는 super나 base 개체를 이용해서 부모 클래스를 참조할 수 있다. 이 언어들에서 부모 클래스에 대한 참조는 이처럼 명확하게 만들어져 있어서 더 이상의 어떠한 한정자나 함수 시그니처도 필요가 없다. 하지만 Prototype에서는 상황이 조금 다른데, 어떤 함수에서 부모 클래스를 호출하고자 한다면 함수의 매개 변수 목록의 앞에 $super를 추가해야 한다. 이런 조치로 인해 코드에서 함수를 호출하는 방법이 바뀐다거나 하지 않는다는 것은 다행스러운 점이다. 여기서 다른 언어와의 차이점이라면 $super 개체는 부모 개체가 아니라 부모 함수를 가리킨다는 것이다. 자식 클래스의 go 함수는 부모 클래스의 go 함수만을 명시적으로 호출할 수 있으며 오버로드된 다른 부모 함수들은 숨겨진다. 리스트 3.13에서는 Toyota 클래스를 수정해서 자신의 go 함수를 호출하기 전에 Car 클래스의 go 함수를 호출하는 방법을 보여준다. Toyota 클래스의 go 함수를 실행하면 "Going..."을 출력한 다음 "A Toyota car is going..."을 출력한다.

리스트 3.13 **Prototype을 이용한 super 함수 호출**

```
var Toyota = Class.create(Car, {
    initialize: function() {
        this.type = "Toyota";
```

```
        this.isJapaneseCar = true;
    },
    go: function($super) {
        $super();
        console.log("A Toyota car is going...").
    }
});
```

〈〈 JQuery 배우기

JQuery(http://jquery.com/)는 주요 JavaScript 도구 중 하나인데, 이것과 견줄만
한 JavaScript 프레임워크가 부족해서가 아니라 JQuery의 경우 다양한 플러그인을
제공하고 관련 개발 커뮤니티 활동도 굉장히 활발히 이루어지고 있는 영향이 크다. 이
들 플러그인 가운데 몇 가지는 모바일 게임 개발에 대해 알아볼 Chapter 10 "모바일 게
임 개발"에서 살펴볼 것이다. 이처럼 가장 인기 있는 JavaScript 프레임워크라고 할 수
있는 JQuery는 $라는 하나의 전역 개체를 사용하는데 $는 문서 개체 모델(DOM)을 조
사하거나 변경, 이벤트 처리, AJAX 요청 처리 등을 위한 함수들을 제공한다. 심지어
gameQuery(http://gamequery.onaluf.org/)라는 2차원 게임 엔진을 제공하는 플러
그인도 있다.

JQuery에서 배워야 할 중요한 함수 가운데 ready 함수는 문서가 완전히 로드될
때까지 포함된 JavaScript의 실행을 지연시킨다. 리스트 3.14는 문서 로딩이 끝났
을 때 "Hello, World!"를 콘솔로 출력하는 코드다. 즉, ready 함수는 인스턴스화되
지 않은 어떠한 DOM 요소에 대한 참조도 방지할 수 있게 한다.

리스트 3.14 JQuery **ready** 함수

```
<html>
    <head>
        <script type="text/javascript">
            $(document).ready(function () {
                console.log ("Hello Worlc!");
            });
        </script>
    </head>
    <body></body>
</html>
```

선택기를 활용한 DOM 조작

JQuery에서 중요한 또 하나의 개념은 선택기(Selectors)다. 선택기를 이용하면 명령어들로 간단하게는 문서 내의 모든 앵커 태그 추출에서부터 복잡하게는 div 내의 테이블 안에 포함된 세 번째 td 요소 추출 등과 같은 처리까지 가능하다. 선택기 구문은 CSS와 XPath(XML 문서에 대한 쿼리를 지원하기 위한 언어)를 일부 JQuery 전용 구문과 섞어서 구성한다. 표 3.2는 몇 가지 일반 선택기들이다.

| 표 3.2 | 일반적인 JQuery 선택기

선택기	설명
#id	주어진 ID와 일치하는 요소 반환
element	주어진 형식의 모든 요소 반환
.class	CSS 클래스가 적용된 모든 요소 반환
[attribute="value"]	주어진 속성값과 일치하는 모든 요소 반환
:eq(n)	해당 집합에서 인덱스 값이 n(0기반)인 요소 반환
:even	주어진 집합에서 짝수로 할당된 요소 반환
:odd	주어진 집합에서 홀수로 할당된 요소 반환
parent descendants	부모 요소 혹은 선택기의 하위 항목 반환
parent > child	부모 요소 혹은 선택기의 직접적인 자식 항목만 반환
selector1, selector2, selector3	주어진 전체 선택기의 통합된 결과 반환

선택기는 서로 연결할 수 있어서 요소를 찾아내는 선택기를 실행한 다음 속성에 대한 선택기를 실행하는 방법으로 "header"라는 id를 가지는 div 요소를 찾아낼 수 있다.

```
$("div[id='header']")
```

혹은 간단하게 다음과 같이 실행할 수도 있다.

```
$(#header)
```

선택기에 의해 반환된 하나의 요소 혹은 요소 집합을 얻고 나면 다음과 같은 몇 가지 방법으로 이들에 대한 조작이 가능한데 이것이 전부는 아니다.

- CSS 스타일과 속성 추가, 제거, 변경
- 자식 요소의 추가, 제거
- 애니메이션/효과의 추가

JQuery 이벤트

JavaScript는 무엇인가 발생하기를 열심히 기다리기보다는 변경 발생에 대한 이벤트를 이용한다. 이 방법을 이용함으로써 이벤트가 없을 때 응용 프로그램이 무언가 다른 일을 할 수 있고 그러면서도 사용자의 입력은 놓치지 않고 처리할 수 있다. 이것은 "우릴 부르지 마, 우리가 너를 부를게" 형태의 모델 그 이상이다. 일반적으로 이와 같은 이벤트가 어디서 언제 발생할지를 예측하는 것은 불가능하기 때문에 변경에 대한 알림을 받는 방법은 이벤트가 발생해야 하는 부분마다 함수를 바인딩하거나 추가하는 것이다. JQuery는 모든 이벤트 형식을 제네릭하게 처리할 수 있는 일반화된 `bind` 함수를 비롯하여 클릭, 더블 클릭과 같은 공용 이벤트 형식들을 위한 함수 집합도 제공한다. 리스트 3.15는 다음 HTML 코드와 같은 형태를 이용해서 id가 "menuBar"인 요소에 `click` 처리기를 바인딩하는 두 가지 방법을 나타낸다.

```
<div id="menuBar">/* Stuff here */</div>
```

이 개념에 대해서는 Chapter 10 "모바일 게임 개발"에서 다시 살펴보게 될 것이다.

리스트 3.15 JQuery 이벤트 바인딩

```
/* 메소드 1 */
$("#menuBar").bind("click", function() {
    console.log("Clicked on menu bar.");
});
/* 메소드 2 */
$("#menuBar").click(function() {
```

```
        console.log("Clicked on menu bar.");
});
```

JQuery와 AJAX

결국 모든 웹 응용 프로그램들은 지역 서버 외부의 자원을 필요로 하게 될 것이다. AJAX는 문서에 대한 요청을 보내고 자료를 완전히 추출하거나 보냈을 때 알림을 제공하는 방식을 지원한다. 브라우저 이벤트의 경우처럼 JQuery는 몇 가지 다른 형태가 있다. 간편하게 하기 위해 인증, 헤더, 교차 도메인 요구사항 등 고급 기능에 대한 필요성은 없다고 가정한다. JQuery의 API는 AJAX 요청에 대한 선택사항을 제공하는데 이것은 본격적인 서버 측 프레임워크와 언어에 필적하는 수준이다. 리스트 3.16은 AJAX 요청을 실행하는 일반적인 방법이다. 예제를 보면 필요한 AJAX 요청 사항들을 담고 있는 키/값 쌍으로 이루어진 세트를 `ajax` 함수에 전달한다. 한편, JQuery는 일반적인 GET (`get`)과 POST (`post`) 뿐만 아니라 자료를 JSON (`getJSON`) 혹은 스크립트(`getScript`) 형태로 추출할 수 있는 간편한 메소드를 제공하고 있으며, AJAX 요청 생명 주기에 따른 이벤트도 지원한다.

리스트 3.16 JQuery AJAX: POST와 GET

```
$.ajax({
    type: "GET",
    url:"request.html",
    success: function(data) {
        console.log(data);
    }
});
```

교차 사이트 스크립팅

일반적으로 웹 사이트들은 같은 도메인으로부터 발생된 AJAX 호출만 허용하며, 이러한 규칙을 동일 출처 정책(SOP, Same-Origin Policy)이라고 한다. 교차 사이트 스크립팅은 악의적인 사용자가 웹 사이트 설계의 허점을 이용해 같은 도메인으로부터의 호출인 것처럼 속여서 코드를 실행하도록 하는 형태로 일종의 삽입 공격이

다. 타 웹 사이트나 웹 서비스로부터 자료를 추출할 수 있는 기능은 그들과 자료를
주고받을 때 매우 중요하다.

⩘ JSON : 또 다른 JavaScript 형식

JSON 혹은 JavaScript Object Notation(JavaScript 개체 표시법)은 자료를 교
환하는 형식의 하나로, XML에 비해 간결해서 결과적으로 보다 가볍고 변환이 쉽다.
또한 JSON은 XML보다 가독성이 좋고 작성도 용이하기 때문에 오류 가능성도 줄여
준다. 모든 JSON 개체는 다음과 같은 다섯 가지 형식으로 구성될 수 있다.

- null
- Number
- String
- Array
- Object(중괄호에 포함된 키/값 쌍)

표 3.3은 JSON 예제와 상응하는 XML 코드다. 구조의 의미는 유지하면서 꺽쇠
기호들 때문에 발생하는 반복적인 표현들을 제거했다는 것을 알 수 있다.

| 표 3.3 | JSON과 XML 비교

JSON 코드	XML 코드

``
{
    "make":"Chevrolet",
    "model":"Cavalier",
    "year":2002
}
``
	``
	<car>
	    <make>Chevrolet</make>
	    <model>Cavalier</model>
	    <year>2002</year>
	</car>
	``

기술 명칭이 바뀌지는 않았지만 JSON은 많은 AJAX 요청에서 반환값으로 사용되
거나 XML을 대체해오고 있다. 하지만 JSON 역시 XML과 같이 텍스트 기반이기 때

문에 마찬가지로 이진 자료를 저장하기에는 효율적이지 못하다는 단점이 있다. 이 같은 단점을 극복하기 위한 방법에는 URI에 자료 자체를 보내는 대신 이진 자료를 전달하거나 데이터를 base64 인코딩하는 방법 등이 있다.

JSONP는 AJAX의 동일 출처 정책으로 인한 제약을 피하기 위한 방법이다. HTML에서 <script> 태그의 소스 필드는 동일 출처 정책을 적용받지 않는 요소 가운데 하나다. JSONP에서는 이를 활용해서 자료 추출을 위한 URI 대신 브라우저에서 실행할 임의의 JavaScript를 적용한다. 적절한 형식에 맞는 JSON은 JavaScript 코드이기도 하다. 반환된 컨텐츠는 일반적으로 함수 호출로 감싸여 있고 JSON과 명시적인 JavaScript 코드의 혼합된 형태일 수도 있고 전혀 JSON이 아닐 수도 있다. 리스트 3.17은 HTML 코드로 작성된 JSONP 요청이다. 보통 `jsonp` 부분은 반환되는 자료를 캡슐화하는 함수 호출 이름을 나타낸다. `query` 매개 변수는 `callback`으로 대체하거나 사용하지 않을 수도 있다. 중요한 것은 요청을 받는 웹 사이트에서 함수의 이름이 무엇이 될지에 대해 알고 있어야 한다는 것이다.

리스트 3.17 JSONP 예제

```
<script type="text/javascript"
    src="http://www.example.com/GetTimeLine?UserId=johndoe&jsonp=getData">
</script>
```

JSONP는 동일 출처 정책에 대한 구멍을 활용하고 있는 셈이며 그 자체도 구멍이라 할 수 있다. 어떤 컨텐츠라도 JSONP를 이용하는 사이트에 인젝션될 수 있으며 이를 통해 중요한 자료가 노출될 가능성도 있다.

≈ 브라우저 밖에서의 JavaScript

JavaScript는 태생적으로 브라우저 상의 웹 페이지 안에서 동작하는 도구였다. 하지만 최근에는 이런 한계를 넘어서는 모습을 보이고 있는데, 그 가운데 몇 가지를 간략히 살펴보도록 하자.

모바일 플랫폼

Palm에서 자사의 Pre 기기를 위해 만들었고 현재는 휴렛패커드(HP)가 끌어가고 있는 WebOS는 JavaScript를 주 프로그래밍 언어로 하는, 모바일 장치만을 위한 유일한 운영 체제이다. Chapter 10 "모바일 게임 개발"에서 살펴볼 Titanium Appcelerator는 네이티브 Android/iOS 응용 프로그램을 생성하기 위해 JavaScript를 사용한다.

중간 언어로서의 JavaScript

컴파일이나 변환을 통해서 JavaScript로 만들어 브라우저를 위한 일종의 바이트 코드 혹은 중간 언어로 만들어주는 대안을 제시하는 새로운 언어와 라이브러리들이 있다. 이들 도구와 언어들에는 Ruby/Python에서 영감을 받은 스크립트 언어와 AJAX 응용 프로그램을 위한 웹 프레임워크인 CoffeeScript와 Google Web Toolkit(GWT)도 포함된다. CoffeeScript와 GWT는 Chapter 8 "Javascript 없이 게임 만들기"에서 보다 자세히 살펴볼 것이다. 다음은 비록 이 책에서 다루지는 못하지만 개발자들에게 추천하고 싶은 몇 가지 언어들이다.

- Cappuccino/Objective-J (http://cappuccino.org)
- Echo3 (http://echo.nextapp.com)
- Vaadin (http://vaadin.com)
- OpenLaszlo (http://www.openlaszlo.org)
- Pyjamas (http://pyjs.org)

데스크톱에서의 JavaScript

Mozilla Firefox 웹 브라우저가 출시된 후 JavaScript 데스크톱 응용 프로그램은 주류로 자리 잡았다. 브라우저 영역에 이어 이제는 데스크톱 영역의 점령에 나선 것이라 할 수 있다. 이번 절에서는 그 첨병으로 볼 수 있는 몇 가지 프레임워크에 대해서 간략히 알아보도록 하자.

XULRunner(https://developer.mozilla.org/en/xulrunner)는 Mozilla에서 개발한 런타임 환경으로 대표적으로는 Firefox 웹 브라우저를 비롯해 Mozilla Sunbird(달력/일정관리), Mozilla Thunderbird(이메일) 등 Mozilla에서 개발한 많은 응용 프로그램 제품군에서 사용되고 있다. XULRunner는 SpiderMonkey라는 JavaScript 엔진을 구동하기 위해 일부 C++ 코드를 이용하고 있지만 사용자와의 상호작용에 있어서는 JavaScript만 사용하고 있다. 개발자들은 XPI라는 플러그인 형식을 이용해서 패키지된 JavaScript와 자원으로 응용 프로그램의 기능을 확장할 수 있다. XUL(XML User Interface Language)과 XBL(XML Binding Language)은 응용 프로그램의 레이아웃, 외형, 상호 작용성 등을 결정하며 XULRunner의 핵심적인 기능들의 완성도를 높여준다. 몇몇 다른 회사들과 오픈 소스 프로젝트들에서 다양한 플랫폼을 지원하는 응용 프로그램에 대한 패키지를 위해 XULRunner를 이용하고 있다. 좀 더 잘 알려진 사례로는 인터넷 TV 응용 프로그램인 Miro, iTunes와 경쟁적인 기능을 제공하는 미디어 라이브러리 관리용 응용 프로그램인 Songbird 등이 있다.

GLUEscript(http://gluescript.sourceforge.net)는 wxWidgets을 JavaScript로 옮겨서 발전시킨 데스크톱 프레임워크다. wxWidgets는 다양한 언어를 지원하는 C++기반의 크로스 플랫폼 데스크톱 프레임워크다. 어느 한 가지 언어로 wxWidgets 응용 프로그램의 구조를 익혀두면 손쉽게 다른 언어로도 wxWidgets를 사용할 수 있다는 점은 굉장한 장점이다. GLUEscript의 JavaScript 계층에서는 Mozilla의 SpiderMonkey 엔진을 사용하고 있으며, 그 상위 계층의 모든 사용자 인터페이스 코드와 논리는 순수하게 JavaScript를 이용한다.

XULJet(http://code.google.com/p/xuljet)은 XULRunner 위에서 동작하는 데스크톱 프레임워크다. 이면의 코드에서는 XUL을 호출하지만 개발자들은 XUL 기반의 해당 도메인 언어를 사용하면 된다. 따라서 개발자들은 UI 코드와 논리를 혼합할 수 있다. 이런 방식이 올바른 것인지 혹은 MVC(Model-View-Controller)로 깔끔하게 분리하는 것이 나은지에 관해서는 이 책에서 다룰 부분은 아니다. 하지만 보다 덜 장황하고 가독성이 좋은 사용자 인터페이스를 만드는 데 도움이 된다. 리스트 3.18과 리스트 3.19는 같은 것을 구현한 XUL 코드와 XULJet DSL 코드이다.

리스트 3.18   XUL 코드

```
<vbox>
<toolbox>
    <menubar>
        <menu label="File" accesskey="f">
        <menupopup>
            <menuitem label="Close" oncommand="window.close() />
        </menupopup>
        </menu>
    </menubar>
</toolbox>
<vbox align="center" pack="center", flex="1">
    <description id="descId" >Press the button</description>
        <button label="OK" oncommand='this["desc"].value = this.message' />
</vbox>
<statusbar>
    <statusbarpanel flex=1 label="Ready" />
</statusbar>
</vbox>
```

리스트 3.19   XULJet DSL 코드

```
vbox({flex: 1},
    toolbox(
        menubar(
            menu({label: "File", accesskey: "f"},
                menupopup(
                    menuitem({label: "Close", oncommand: "window.close()"})))))),
    vbox({align: "center", pack: "center", flex: 1},
      description({bind: "desc"}, "Press the button"),
      button({label: "OK", oncommand: function() {
        this["desc"].value = this.message}})),
    statusbar(
      statusbarpanel({flex: 1, label: 'Ready...'}))))
```

서버 측 JavaScript

JavaScript는 많은 브라우저에서 지원하고 있지만 다른 프로그래밍 언어와 달리 하나의 기구가 이끌어가거나 발전되어 온 것이 아니기 때문에 비록 많은 응용 프로그램들이 JavaScript 지원을 외치지만 모든 구현 사항들이 항상 호환성을 제공하지는 않는다. 또한 브라우저 기술의 한계로 파일 시스템과의 상호 작용이나 패키지 관리, 데스크톱 응용 프로그램 생성과 같은 것들은 지원하지 않는다. JavaScript는 개발자들이 구현할 수 있는 하나의 공용 사양 집합을 제공함으로써 호환 응용 프로그램과 프레임워크 간의 상호 동작을 보장하고 코드를 공유할 수 있게 하는 것이다.

지난 몇 년간 서버 측 JavaScript(혹은 브라우저 밖에서 동작하는 JavaScript)는 웹 응용 프로그램을 구동하기 위한 수단으로서의 입지를 키워왔다. 여기에는 Rhino 언어의 공이 어느 정도 있는데, 현재 서버 측 JavaScript를 위한 런타임이 다수 존재한다. 이들의 대부분은 Java에서의 웹 서버 지원을 활용하며 사용자는 JavaScript와 비슷한 코드를 이용해서 호출이 가능하다.

RingoJS는 비교적 높은 완성도를 제공하는 JVM 기반의 런타임으로 Rhino를 주 프로그래밍 언어로 사용하고 있다. 많이 사용되는 또 하나의 JavaScript 런타임인 Node.js는 코드 실행을 위해 Google의 V8 엔진을 사용한다.

모듈화는 기능을 하나의 파일 혹은 네임스페이스로 추상화하는 방법을 제공함으로써 다양한 응용 프로그램에서 이용할 수 있게 한다. 브라우저를 위해서 작성된 함수는 window 개체를 이용하는 것과 달리, RingoJS와 Node.js 함수는 exports 개체를 활용한다. 리스트 3.20은 문자열을 뒤집는 단순한 함수다. 함수 선언까지만 봐서는 다른 점이 하나도 없으며, 한 줄을 추가해서 exports 네임스페이스에서 이 함수가 reverseString이라는 이름을 가지도록 하는 것뿐이다.

리스트 3.20 예제 모듈

```javascript
function reverseString(text) {
    var reversed = "";
    for (var i = text.length-1; i>=0; i?) {
        reversed += text[i];
    }
    return reversed;
}
exports.reverseString = reverseString;
```

≫ 요약

이번 장에서는 JavaScript와 주변 생태계에 대해서 살펴보았다. JavaScript는 이제 브라우저에서 실행되는 클라이언트 스크립트라는 제한을 벗어나 서버 측 언어, 중간 언어, 혹은 모바일 응용 프로그램 개발에도 이용되고 있다. JavaScript 엔진들의 엄청난 성능 향상으로 미루어 JavaScript의 다양한 개발 분야로의 확대는 당분간 계속될 전망이다. JavaScript에 대한 어느 정드의 기초 지식은 HTML5 게임 제작에 있어서 핵심 요소라고 할 수 있다. 다른 대체 언어를 사용한다고 하더라도 그 언어는 결국 JavaScript로 컴파일될 것이다. JavaScript는 명실공히 웹의 공통어다.

≫ 연습문제

1. JavaScript에서 개체를 확장할 수 있게 해 주는 키워드는 무엇인가?
2. Prototype에서 `$super` 개체가 접근할 수 있는 대상은 무엇인가?
3. `==`와 `===`의 차이점에 대해서 설명하시오.
4. 5초마다 자정(밤12시)인지를 확인하는 함수를 작성하시오.

   힌트: `getHours()`, `getMinutes()`.

책에서 사용된 예제 코드와 연습문제에 대한 해답은 www.informit.com/title/9780321767363이나 정보문화사(www.infopub.co.kr) 자료실에서 다운로드할 수 있다.

계임의 동작 방법

무엇이 게임이고 무엇이 아닌지를 정확하게 정의하기란 생각보다 쉽지 않다. 순수하게 경쟁 혹은 재미에만 국한된다고 생각할지 모르지만, 사실 훨씬 많은 것을 포함하고 있다. 빌딩이 잘 지어졌는지 확인하기 위한 시뮬레이션은 사람들이 이런 자극에 대해서 어떻게 반응할 것인지에 대해 예측하려 한다는 측면에서 게임이라고 볼수도 있다. 목표와 구조에 대한 어떤 상호 작용의 형태라는 것이 필자가 생각하는 가장 포괄적인 게임에 대한 정의다. 이번 장에서는 Prototype과 객체 지향 프로그래밍에 대해 배운 것을 바탕으로 Prototype 기반의 Simple Game Framework(SGF)를이용한 게임을 만들어 보도록 하겠다. SGF를 선택한 이유는 완전한 API를 제공하면서도 작고 책에서 개발하고자 하는 간단한 게임 개발에 적당하게 불필요한 하위수준의 세부 사항을 잘 캡슐화하고 있기 때문이다. 하지만 SGF 하나로 게임 엔진 전체를 판단해서는 안 된다. 잠시 http://devmaster.com을 방문해서 다른 선택지에대해서도 살펴보도록 하자.

≫ 게임 설계하기

의자에 앉아서 본격적으로 게임 코드를 작성하기 전에 해야 할 중요한 일 가운데하나는 만들고자 하는 게임이 무엇을 할 것인가에 대해 세세하게 계획하는 것이다.World of Warcraft와 같은 대규모의 게임의 경우, 이와 같은 설계 문서는 수많은 페이지로 구성되고 다양한 영역, 다양한 세계, 시나리오 등에 대해서 다룬다. 하지만이 책에서 목표로 하고 있는 정도라면 설계 문서는 짧은 분량으로도 충분할 것이며어떤 경우에는 그저 포스트잇으로도 가능할 수 있다. 그렇다고 해도 설계 문서의 중요성이 떨어진다는 뜻은 절대 아니다. 정해지지 않은 목표에는 절대로 도달할 수 없다는 것을 명심해야 한다.

기본 설계 문서 작성하기

설계 문서는 게임이 어떻게 동작할 것인지와 프로젝트 시작 시점에서의 생각을 미래를 위해 기록해 두는 일종의 계약이라고 볼 수 있다. 이렇게 기록해 두지 않으면 어떻게 그 많은 것들을 다 기억하겠는가? 캐릭터들이 포함된 게임을 만든다면 각 캐릭터들의 배경 이야기나 동기에 대한 내용도 포함시킬 수 있다. 다음은 설계 문서에 포함되어야 할 최소한의 사항들이다.

- 플레이 규칙
- 슬로건
- 게임 제목 혹은 가제

요소들이 나열된 순서대로 중요도가 높다고 볼 수 있다. 게임 플레이 규칙은 훌륭한 게임의 근간을 형성한다. 또한 잘 만들어진 제목과 슬로건은 재미없는 게임을 재미있는 것처럼 느껴지게 한다. 게임 플레이 규칙은 게임이 어떻게 시작되고 끝나는지를 기술하며, 플레이어에게 이득이 되는 행위와 손해가 되는 행위도 구분할 수 있게 한다. 우리가 처음으로 만들어 볼 Pong 게임을 예로 들면 설계 문서는 다음과 같이 작성해 볼 수 있다.

- 두 플레이어는 위아래로만 움직일 수 있는 사각형 라켓으로 표현된다.
- 게임 공간 내에서 한 개의 공을 라켓으르 칠 수 있으며 위아래 벽면은 부딪힌 공을 튕겨낸다.
- 게임 공간의 좌측과 우측 경계는 공을 튕겨내지 않는다.
- 플레이어는 공을 상대방 영역으로 쳐내서 자신의 영역을 방어해야 한다.
- 방어에 실패해서 공이 플레이어 측 경계를 통과하게 되면 상대 플레이어가 득점한다.

게임 슬로건은 게임을 처음 접하는 사람을 위해 게임을 간략하게 표현하며 사람들에게 익숙한 경험을 토대로 무엇인가 새로운 것을 이끌어내기도 하는데, 이러한 예로는 "우주 축구"라는 슬로건을 생각해 볼 스 있다. 굉장한 부자이거나 우주 비행사가 아니라면 지구 대기권 밖의 느낌이 어떤지 감히 알 수가 없다. 하지만 많은 사람들이 축구를 해 본 경험은 있기 때문에 조금 알 수 없는 조건들이 따르긴 하지만 경험을 기반으로 어느 정도 게임 조건에 대한 짐작이 가능하다. 이러한 알 수 없는 조건들에는 무중력 상태, 그리고 대기의 부족으로 인한 공의 움직임 변화를 생각해 볼 수 있고 또 우주 비행복의 일시적인 성능 향상 기능 등이 필요할 수도 있다.

게임 장르의 결정

일반적으로 게임은 기본적인 특성들을 설명할 수 있는 형식이나 특정 장르로 분류된다. 비디오 게임 산업에는 수십 가지의 장르와 하위 장르들이 존재한다. 책에 포함된 게임들은 캐주얼 게임에 속한다. 대부분의 캐주얼 게임들은 비교적 프로세서에 덜 민감한 그래픽과 효과를 이용하고 게임 길이도 짧은 편이며 배우기도 쉬운 경향이 있다. 이와 같은 캐주얼 게임 장르에 포함되는 하위 장르에는 다음과 같은 게임들이 포함된다.

- 퍼즐 게임
- 숨은 그림 찾기 게임
- 어드벤처 게임
- 전략(Diner Dash나 Farmville과 같이 클릭/시간 관리를 포함하는) 게임
- 아케이드 및 액션 게임
- 단어 및 일반 상식 게임
- 카드 및 보드 게임

저사양의 프로세서와 그래픽에서의 동작 보장은 처음 해 보려는 사람들의 부담감을 굉장히 줄여주며, 개발자 입장에서는 2D/3D 디자이너에 대한 의존도를 많이 낮출 수 있다. 어느 정도의 프로그래밍 기술, 아이디어, 그리고 초보적인 그래픽이 가능한 디자이너 친구만 있으면 언제라도 시작할 수 있다.

게임 루프

뻔한 이야기지만 게임 루프는 그 모든 마법 같은 일들이 벌어지는 곳이며, 플레이

어는 대부분의 시간을 게임 루프 내에서 보낸다고 할 수 있다. 게임 루프는 매 순환 주기마다 다음과 같은 처리들을 수행할 것이다.

- 플레이어가 입력(버튼이나 방향키를 눌렀을 때와 같은 경우에 해당)한 값 추출
- 상대 플레이어(컴퓨터나 다른 사용자)의 입력값 수신
- 플레이어와 상대방(적)의 위치나 상태값 갱신
- 효과음과 배경음 조절
- 갱신된 위치와 플레이어의 상태에 따라 게임 속 세계 그리기

이와 같은 동작은 1초 내에 수없이 많이 이루어질 수도 있고, 때로는 반복 주기가 달라질 수도 있다. 인간의 눈은 초당 인식할 수 있는 프레임의 수가 제한적이기 때문에 보통 초당 30에서 60회 사이에서 화면을 다시 그리는 반면 사용자 입력값에 대한 확인은 이보다 훨씬 많은 초당 100회 정도 수행한다. 하지만 이 모든 것은 게임의 상태에 따라 달라진다.

사용자 입력 처리

일반적으로 사용자의 입력 정보는 키보드, 마우스 혹은 게임 컨트롤러를 통해 전달된다. 뒤에서 볼 응용 프로그램에서는 상태값을 문자나 숫자에 대응되는 ASCII 코드 형태로 수신할 것이다. JavaScript는 Ctrl이나 Shift와 같은 변환키가 함께 사용되었는지도 알려준다. Chapter 3 "JavaScript"에서 잠시 이야기했듯이 이런 이벤트는 JQuery를 이용해서 처리할 수 있다. 이러한 사용자 입력은 게임에서 매우 중요한 위치를 차지하기 때문에 수많은 게임 엔진과 라이브러리들에서 플레이어의 입력값을 얻기 위한 추상화된 도우미 함수들을 제공하기도 한다. 이번 장에서 게임을 생성할 때 이 부분을 가장 먼저 보게 될 것이다.

향상된 자료 구조로 게임 개체 구축하기

　JavaScript에서 제공하는 몇 가지 핵심 개체 형식들에 대해서는 Chapter 3에서 배운 바 있다. 이 형식들을 모두 사용해도 때로는 뭔가 부족함을 느끼게 되고 사각형, 원, 스프라이트와 같은 게임 개체 외에 좀 더 복잡한 구조가 필요하게 된다. 배열로 무언가를 목록화할 수 있지만 제공하는 기능이 너무 단출하다. 만약 고유한 개체들만 저장하는 Set 클래스가 필요하다면 어떻게 해야 할까? 서로 다른 점들 사이의 개체 그래프를 저장하는 클래스는? 이런 경우에는 스스로 해결해야 한다.

Set을 활용한 독자적인 자료 목록 만들기

　Set은 중복된 값을 가지지 않는 컬렉션으로 카드 한 세트나 식료품 목록 등을 보관하는 용도에 적당하다 할 수 있다. 구현의 핵심부에는 하나의 배열이 위치하며 게임의 이면에서 개체들을 저장한다. 문자열이나 숫자, Boolean 형태가 아닌 개체 요소에 대해 set에서 유일성을 보장해야 한다는 것은 자체적으로 equals 메소드를 구현해야 함을 의미한다. 리스트 4.1은 Set 클래스와 Number에 대해 equals 메소드를 추가하는 코드이며, 이와 같은 방법으로 Number 형식을 Set에서 빈틈없이 사용할 수 있다. String에 대해서도 같은 방법을 적용하면 사용이 가능하다.

리스트 4.1　Set 클래스

```
var Set = Class.create({
    initialize: function () {
        this.rawArray = [];
    },
    add: function (object) {
        if (this.contains(object) == undefined) {
            this.rawArray.push(object);
        }
    },
    get: function (index) {
        return this.rawArray[index];
    },
    remove: function (object) {
        var index = this.contains(object);
        if (index != undefined)
```

```javascript
        this.rawArray.remove(index);
    },
    contains: function (obj) {
        for (var i = 0; i < this.rawArray.length; i++) {
            var obj2 = this.rawArray[i];
            if (obj.equals(obj2))
            return i;
        }
        return undefined;
    }
});
Number.prototype.equals = function (obj) {
    return this == obj;
}
```

이제 중복되지 않는 값을 저장하는 수단을 가지게 되었는데, 여기에 정렬이 가능하다면 더 좋을 것이다. 'Hearts and Spades' 같은 카드 게임을 생각해 보면 정렬이 필요한 경우를 쉽게 떠올릴 수 있다. JavaScript에서는 〈, 〉, 〉= 등과 같은 연산자를 사용자 정의 형식에 사용하는 연산자 오버로딩을 허용하지 않는데 이와 같은 제약은 Java의 비교기(Comparator)라는 개념을 이용하면 우회할 수 있다. 비교기는 인터페이스로 비교기를 구현하는 두 개체를 매개 변수로 받아 첫 번째 개체와 두 번째 개체의 비교 결과를 음수, 0, 양수로 반환한다. Java라면 함수의 이름이 "compare"여야 할 것 같지만 JavaScript에서 이런 요구사항은 없으며 해당 클래스의 멤버일 필요도 없다. 리스트 4.2는 모양과 기호에 따라 정렬되는 Card 클래스를 대상으로 구현해 본 것이다. equals 메소드에서 살펴본 것처럼 기본 형식들은 자체 비교 메소드가 없다. primitiveCompare는 모든 기본 형식들(Boolean, Number, String)에 대해 동작한다.

리스트 4.2 JavaScript 비교기

```javascript
primitiveCompare = function (s1, s2) {
    if (s1 == s2)
        return 0;
    else if (s1 < s2)
        return -1;
    else return 1;
}
```

```
compare = function (obj, obj2) {
    if (primitiveCompare(obj.getSuit(), obj2.getSuit()) == 0){
        return primitiveCompare(obj.getOrd(), obj2.getOrd());
    } else
        return primitiveCompare(obj.getSuit(), obj2.getSuit())
}
```

이제 모든 컴포넌트가 준비되었으니 우리의 개체를 정렬할 수 있다. 다음 방법으로 배열에 대한 정렬이 가능하다.

```
set.sort(compare)
```

배열을 기반으로 하는 다른 개체를 정렬하려면 sort를 호출하기 위한 메소드를 제공하기만 하면 된다. 대부분의 JavaScript 엔진에서 사용하는 기본 정렬 알고리즘에서 여러분이 필요한 정도의 자료의 처리에는 충분한 성능을 제공할 것이다. 만일 성능 문제가 발생하면 언제라도 정렬 알고리즘을 직접 구현할 수 있다. 다양한 정렬 방법에 대한 많은 정보를 온라인에서 구할 수 있으며, 상황에 가장 적절한 방법을 선택할 수 있다.

연결 리스트를 이용한 개체 그래프 생성

연결 리스트는 개체들을 구성하는 또 하나의 일반적인 자료 구조 형태로 각 개체는 리스트 내에 하나 혹은 그 이상의 개체에 대한 참조를 가진다. 단일 연결 리스트는 부모에서 자식으로의 연결만을 가지는 형태로 원하는 개체를 찾을 때까지 개체("노드"라고 한다)들을 따라서 이동해야 한다. 이와 달리 이중 연결 리스트는 이전과 이후 두 개의 노드에 대한 참조를 가지고 있다. 이와 같은 연결 리스트는 일종의 암시적인 계층 구조를 가진 개체들에 적합하다. 예를 들면, 로봇 팔의 구성 요소들을 연결 리스트로 구현할 수 있다. 어깨에서 팔꿈치까지의 상박은 하박의 부모 노드가 되고 하박은 이어지는 손의 부모가 되는 식이다. 리스트 4.3은 단일 연결 리스트를 생성하는 코드다.

```javascript
var Node = Class.create({
    initialize: function (val) {
        this.value = val;
        this.next = null;
    },
    addChild: function(node) {
        this.next = node;
    }
});

var LinkedList = Class.create({
    initialize: function () {
        this.root = new Node(null);
        this.size = 0;
    },
    add: function (object) {
        obj = this.root
        while (obj.next!= null) {
            obj = obj.next;
        }
        obj.next = new Node(object)
    }
});
```

연결 리스트는 이번 장의 뒷부분에서 좀 더 다룰 예정인 인공지능에서 광범위하게
사용된다. 연결 리스트를 이용해서 게임의 다양한 상태값들을 표현하거나 평가하고
컴퓨터는 값들을 추적할 수 있으며 최적의 해법을 찾아내기 위해 다양한 경로를 시
도할 수도 있다.

≋ SGF API에 대한 이해

앞에서 살펴본 바와 같이 SGF는 Prototype JavaScript 프레임워크를 기반으로
게임 개체를 생성한다. 눈에 띄는 SGF의 또 다른 특징은 브라우저와 데스크톱을 구
분하지 않고 같은 게임 로직과 자원을 사용할 수 있다는 점이다. 이것이 가능한 것은
Rhino 프로그래밍 언어와 Java 플랫폼에서 실행되는 JavaScript, 그리고 HTML
버전을 그대로 옮긴 Java 백엔드 API의 장점을 잘 이용하고 있기 때문으로

JavaScript 엔진만 있다면 어디서든 실행이 가능하다. SGF와 앞으로 보게 될 다른 기술들과의 차이점의 핵심은 SGF는 `Canvas` 태그를 사용하지 않는다는 것이다. 대신 SGF는 `div`와 `img` 요소를 CSS 스타일과 함께 사용해서 게임을 구동시킨다. 이 책이 HTML5에 관한 것이긴 하지만 이전 기술에 대한 호환성은 중요한 고려사항이며 다양한 기술들을 섞어서 사용해야 할 상황도 충분히 발생할 수 있다. 편의를 위해 이번 장의 소스 코드 다운로드에 SGF가 추가되어 있다. 자, 이제 간략하게 API에 대해서 살펴보도록 하자.

Core API

Core API는 모든 마술 같은 일들이 벌어지는 곳이다. 여기서 키보드, 마우스와 게임 사이의 상호작용을 관리하고 게임 프레임을 그리고, 혹은 관찰자 패턴[1]을 이용해서 새로운 이벤트를 추가할 수 있는 인터페이스를 제공하기도 한다. Core API를 구성하는 클래스와 네임스페이스들은 다음과 같다.

- `Game`
- `Input`
- `SGF` (네임스페이스)
- `EventEmitter`
- `Screen`

`Game`과 `Input`은 이 분야에서 가장 많이 사용하게 될 두 개의 클래스다. `Game` 클래스는 모든 게임 개체의 컨테이너 클래스로 개체들의 `render` 및 `update` 함수를 호출하면서 게임 루프를 관리한다. 초당 처리할 프레임 수를 설정해서 게임 상태값을 얼마나 자주 업데이트할지를 지정할 수도 있다. 폰트, JavaScript 파일, 사운드 요소를 로드하기 위한 함수들도 `Game` 클래스에서 제공하고 있다.

---

1 역자주: Observer 패턴이라고도 한다. http://en.wikipedia.org/wiki/Observer_pattern 참고

Input 클래스는 마우스 클릭, 이동, 키 입력을 처리하기 위한 방법을 제공한다. 우리는 isKeyDown 인스턴트 함수에 대해서만 고민하면 되는데, 공교롭게도 이것이 단 하나의 인스턴스 함수다. 일반적인 키 입력에 대해서는 프리셋 클래스 속성들을 사용할 수 있다. 예를 들면 마우스, 방향키, 혹은 키보드의 다른 버튼들에 대한 키 코드 값이다.

SGF 네임스페이스는 단 두 개의 굉장히 중요한 함수들을 제공한다. 첫 번째는 log 함수로 SGF가 지원하는 플랫폼들의 너이티브 로그 함수에 대한 별칭이다. JavaScript의 경우 console.log다. SGF 네임스페이스가 제공하는 두 번째 함수는 require로 응용 프로그램에 필요한 컴포넌트를 포함시킬 수 있는 메소드다. 일반적인 SGF 게임에서 모든 클래스는 기본적으로 숨겨지며 이들을 사용할 수 있게 하려면 require를 사용해야 한다. EventEmitter와 Screen은 이번 장에서 소개할 게임에서 직접적으로 사용하지 않기 때문에 관심 있는 독자들을 위한 연습문제로 남기기로 한다.

Components API

Core API는 개체들의 상호 동작 방법을 제어하며 Components API는 개체들을 어떻게 그릴지에 대해서 정의한다. Components API는 다음 클래스들을 포함한다.

- Component
- Container
- Shape
- Rectangle
- Sprite
- DumbContainer

화면에 보이는 모든 SGF 게임 개체는 Component를 확장한다. Component는 직접 인스턴스화할 수 없으며 개체가 반드시 지켜야 하는 일종의 계약 사항을 대변한다고 볼 수 있다. 또한 Component는 개체의 차원, 방향, 깊이(Z-인덱스)를 지정하기 위한 속성과 자체적인 render 및 update 함수를 포함하고 있다. Container 클래스는 Component 클래스의 구체적 서브 클래스로 Component의 모든 메소드를 구현하고 있고 다른 Component 개체나 그 서브 클래스들을 포함할 수 있다. 이와 같은 Container는 많은 개체를 동시에 애니메이션 시키는 데 이용할 수도 있다. Shape는 Component와 같이 계약 사항만을 제공하는 또 다른 클래스로 자식 클래스에 Component 클래스에서 제공되는 것에 더해 color 속성을 추가로 제공한다. Rectangle은 Shape의 자식 클래스이며, Sprite는 게임 내에서 렌더링되는 한 개의 이미지를 의미한다. 이와 같은 이미지들은 보통 spritesheets 형태로 사용되며 flipbook과 유사하게 하나의 애니메이션을 구성하는 모든 이미지들을 제공한다. Sprite에 대해서는 Chapter 5 "Canvas 태그로 게임 만들기"에서 자세히 다루도록 하자. 그림 4.1은 Components API와 그 파생 클래스들을 나타낸다.

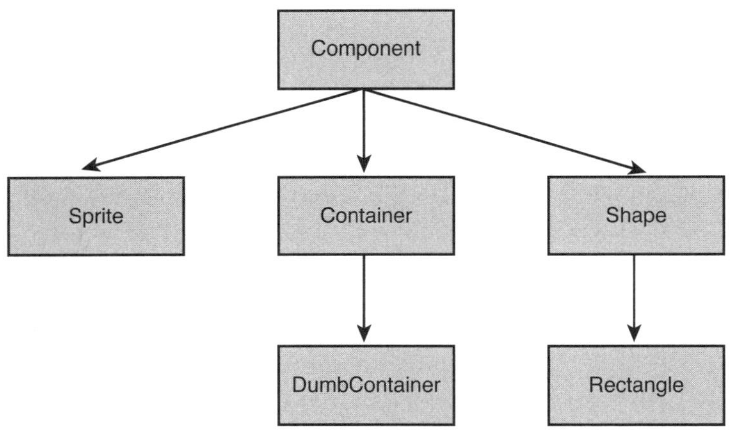

| 그림 4.1 | Components API 클래스 및 파생 클래스

Resources API와 네트워크 관련 API

기본 시스템 폰트와 정적인 색상만 이용해서 개체를 나타낸다면 게임이 지루해 보일 수 있다. SGF의 Resources API는 사용자 지정 폰트와 이미지를 게임에 사용할 수 있게 해 준다. 이 부분에 대해서는 Chapter 5에서 자세하게 다룰 예정이므로 여기서는 이정도로 언급만 하고 넘어가도록 하자.

SGF는 기본적으로 내장된 `Client` 클래스와 `Server` 클래스 혹은 또다른 WebSocket 서버를 통해서 다른 클라이언트나 서버들에 연결할 수 있는 기능을 제공한다. 마찬가지로 이번 장에서 SGF의 네트워킹에 대해서는 다루지 않을 것이다. API 문서에 일부 예제들이 포함되어 있으며 이것과 함께 Socket.IO를 이용해서 멀티 플레이어 게임 서버에 대해서 다루는 Chapter 9 "멀티 플레이어 게임 서버 구축하기"의 내용을 살펴보는 것도 네트워킹을 지원하는 SGF을 만들기 위해 좋은 공부가 될 것이다.

⩓ SGF로 Pong 게임 만들기

Pong은 게임 프로그래밍 버전의 "Hello World!"라고 해도 과언이 아닌 2차원 형태의 탁구 게임이다. 비디오 게임 산업을 일으키는 데 일조했던 이 게임은 다소 복고적인 모습 뒤에 복잡성이 숨어 있다. 우리는 Pong을 개발하기 위해 게임 상태를 관리하고 점수와 게임 구성 요소를 추적하고, 또 충돌 확인과 반응을 처리해야 한다.

응용 프로그램 설정

리스트 4.4는 우리가 만들 응용 프로그램을 웹 페이지에 포함시키기 위해 필요한 뼈대 역할을 하는 HTML 코드를 보여준다. 리스트 4.5에서 보여주는 스타일시트 지정은 매우 중요하다. SGF는 HTML `div` 요소를 이용해서 그래픽 요소를 그리며 이 요소는 태생적으로 최소의 공간을 차지한다. 스타일시트는 브라우저가 실제 사용 여부와 무관하게 게임에 필요한 공간을 할당하도록 요구한다. 추가로 알아두어야 할 중요한 코드는 다음 `script` 태그에 있는 다음 코드다.

```
data-screen = "screen"
```

이 코드는 SGF에게 어떤 `div`가 게임을 포함할 것인지를 알려준다. 이 코드를 생략하면 게임은 페이지의 본문에 포함된다.

  Pong HTML 호스트 페이지 코드

```html
<!DOCTYPE HTML>
<html>
    <head>
        <title>Pong</title>
        <meta http-equiv="Content-Type" content="text/html; charset=UTF-8">
        <!-- For IE. Force the browser to the most current rendering mode. -->
        <meta http-equiv="X-UA-Compatible" content="IE=edge" >
        <!-- A few basic styles. These are NOT mandatory for SGF... -->
        <link href="styles.css" type="text/css" rel="stylesheet" />

        <script type="text/javascript" src="js/SGF.js"
            data-debug="true"
            data-prototype="lib/prototype.js"
            data-swfobject="lib/swfobject.js"
            data-screen="screen"
            data-game="Pong"></script>
    </head>
    <body>
        <div id="screen"></div>
    </body>
</html>
```

리스트 4.5 Pong CSS 코드

```css
body {
    margin:0 0 0 0;
    width:100%;
    height:100%;
    text-align:center;
}
#screen {
    width:400px;
    height:400px;
    border:Solid 1px #000000;
    margin:0 auto;
}
```

리스트 4.6은 드디어 우리의 게임이 시작되는 부분이다. 모든 SGF 게임은 main.js 파일을 필요로 하는데, main.js는 게임을 실행하는 가장 바깥쪽 로직을 포함하고 있다. 예제를 보면 SGF 네임스페이스에서 몇 가지 개체를 얻어 내고 높이, 너비, 입력 인스턴스 등의 게임 속성들을 설정한다. 마지막으로 Paddle 클래스를 위한 스크

립트를 가져와서 스크린 상의 (0,150)에 라켓을 그린다. 이 코드를 우선 이해한 다음
게임의 나머지 부분들에 대한 구현을 진행하는 것이 좋다.

리스트 4.6　Pong main.js

```javascript
// 필요한 클래스 포함
var Game = SGF.require("Game");
var Input = SGF.require("Input");
var Rectangle = SGF.require("Rectangle");
var Label = SGF.require("Label");
// 게임 인스턴스에 대한 참조를 얻는다.
var myGame = Game.getInstance();
// 게임의 입력 인스턴스에 대한 참조를 얻는다.
var myInput = myGame.input;
var game_height = 400;
var game_width = 400;
myGame.getScript("Paddle.js", function() {
        // 좌측 라켓
        myGame.leftPaddle = new Paddle();
        myGame.leftPaddle.setPosition(0, 150);
        myGame.addComponent(myGame.leftPaddle);
});
```

게임 요소 그리기

그려야 할 게임 요소들 가운데 가장 쉬운 것은 라켓이다. `Rectangle` 클래스에서
시작해서 메소드 몇 가지를 이용해서 이것을 확장한다. 생성자(`initialize`)에서는
너비, 높이, 색상을 설정한다. 위치를 얻고 설정하는 데 이용할 수 있는 편리한 함수
들이 있지만 가장 중요한 함수는 `checkInput`과 `update`다. `checkInput` 함수는 키보
드의 위/아래 화살표 키가 눌러졌는지를 확인하고, 키가 눌러졌음이 감지되면 라켓
의 y 위치를 위쪽 혹은 아래쪽으로 10 픽셀 조정한다. 물론 라켓이 게임 경계선을 벗
어나지 않도록 하는 조건들이 포함된다. 마지막으로 `update` 함수는 사용자 입력이
있었는지 여부를 확인하기 위해 일초에도 수없이 호출된다. Pong은 2인용 게임이므
로 라켓을 움직이는 키는 위/아래 화살표 키 또는 A/Z 키를 사용할 수 있도록 했다.
전체 `Paddle` 클래스는 리스트 4.7과 같다.

```javascript
// Paddle.js
var Paddle = Class.create(Rectangle, {
    initialize: function($super){
        $super();
        this.height = 100;
        this.width = 20;
        this.color = "0011FF";
        this.isPlayerOne = true;
    },
    setPosition: function(x, y){
        this.x = x;
        this.y = y;
    },
    getPosition: function(){
        return {
            'x': this.x,
            'y': this.y
        }
    },
    setIsPlayerOne: function(bool){
        this.isPlayerOne = bool;
    },
    checkInput: function(){
        if (this.isPlayerOne == false) {
            if (myInput.isKeyDown(Input.KEY_UP)) {
                if (this.y > 0) {
                    this.y = this.y - 10;
                }
            }
            else
                if (myInput.isKeyDown(Input.KEY_DOWN)) {
                    // x,y는 좌측 모퉁이 기준
                    if (this.y < game_height - this.height)
                        this.y = this.y + 10;
                }

        }
        else {
            if (myInput.isKeyDown(65)) { // 'A'
                if (this.y > 0) {
                    this.y = this.y - 10;
                }
            }
            else
                if (myInput.isKeyDown(90)) { // 'Z'
```

```
                // x,y는 왼쪽 위가 기준
                if (this.y < game_height - this.height)
                    this.y = this.y + 10;
            }
        }
    },
    update: function(){
        this.checkInput();
    }
});
```

코드를 보면 아래쪽 경계면에 대한 검사 시에는 라켓의 높이만큼 보정을 해 주고
있는데, 이유는 그림 4.2와 같은 화면 좌표계 구성 원리 때문이다.

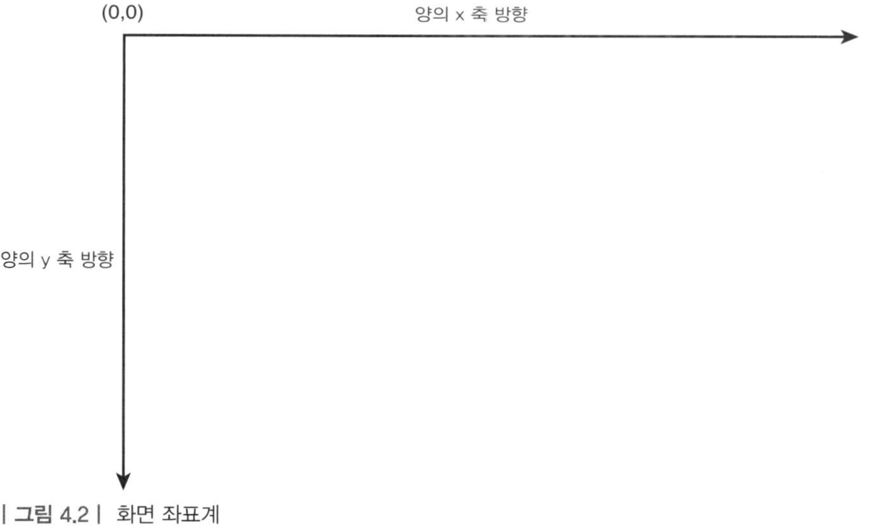

| 그림 4.2 | 화면 좌표계

≫ 충돌 감지와 반응을 이용한 충돌 구현하기

스크린 안에서 튀어 다닐 공 개체를 추가하기 전에 어떻게 이런 동작이 가능하게
할 것인가에 대해서 조금 생각해 보도록 하자. 여러분이 책을 읽고 있는 이 순간에도
여러분 주변에는 수없이 많은 힘들이 작용하고 있다. 골치 아프고 힘 빠지게 만드는

토론을 하자는 것은 아니고 그저 개념을 이해할 정도는 알아두는 것이 좋다고 생각한다. 떨어지는 사과 하나로 많은 것을 깨우치신 아이작 뉴턴(Isaac Newton)은 만유인력과 움직임에 대한 법칙을 설명함으로써 물리적인 세계에서 어떻게 물체들이 상호 작용하는지 이해할 수 있는 근간을 세웠다.

뉴턴의 3 법칙 이해하기

뉴턴의 1 법칙은 관성에 관한 것으로, 균형을 깨는 힘이 가해지지 않는다면 가만히 있는 물체는 계속 가만히 있으려 하고 일정한 속도로 움직이는 물체는 계속해서 속도와 방향을 유지하려 한다는 것이다. Pong 게임에서 이 법칙을 생각해 보면 우리가 사용할 공은 라켓이나 벽과 같은 외부적인 힘을 마주칠 때까지 계속해서 움직이려고 한다는 특성이 여기에 해당한다.

뉴턴의 2 법칙은 운동량에 관한 것이다. 운동량은 개체의 질량과 속도의 곱이다. 다음과 같은 방정식을 본 적이 있는 독자들이 많을 것이다.

$$F = ma$$

즉 힘은 질량에 가속도(시간에 따른 속도의 변화량)를 곱한 것임을 말하며, 다르게 말하면 물체에 힘을 가하면 힘에 비례해서 가속도가 변화한다는 것이다. 축구공이 당신을 향해 빠른 속도로 다가오고 있는 상황이라고 해도 공의 힘을 능가하는 힘을 이용하면 공을 반대편으로 날려버릴 수 있다는 논리가 여기서 나온 것이다.

뉴턴의 3 법칙은 모든 동작에 대해 적용되는데, 이에 따르면 움직임에는 동일한 반력이 존재하며 힘이 한쪽 방향으로만 작용하는 것은 불가능하다는 것이다. 당신이 공을 밀고 있다면 공도 당신을 같은 힘으로 밀고 있다는 뜻인데 공을 쳐 낼 수 있는 것은 2 법칙에서 살펴본 운동량이 서로 다르기 때문이다.

생각 없이 플레이했던 Angry Birds 게임 속에도 온통 이와 같은 물리학의 법칙이 적용되고 있다. 아직 해보지 못한 사람들을 위해서 잠시 설명하자면, Angry Birds는 새총에 몇 가지 종류의 새를 장전하고 쏘아서 목표물을 파괴하는 게임이다. 또한 새를 쏠 때는 적절하게 힘을 조절할 수 있으며, 날아간 새가 목표물에 도달하기 전까지 중력은 일정한 크기로 적용된다. 결국 새총으로 인해 위쪽으로 작용하던 운동량과 가속도는 중력보다 약해지게 되고 새는 아래로 떨어지기 시작한다. 이러한 과정을 거치는 움직임의 경로는 그림 4.3과 같은 포물선 형태를 취하는데, 여러분이 점프를 하는 경우에도 이와 같은 움직임을 따르게 된다.

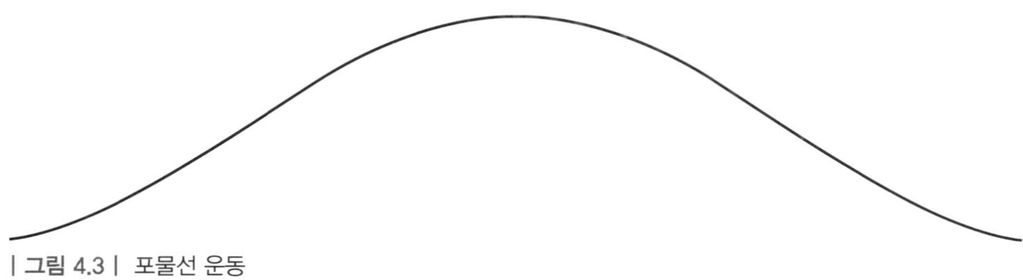

| 그림 4.3 | 포물선 운동

일부 Angry Birds 캐릭터는 조금 독특한 특성을 가지고 있는데, 예를 들면 날아가던 중에 속도를 더 빠르게 할 수 있어서 파괴력을 키울 수 있다. 또 다른 새는 꽤 무거운 알로 무장하고 있어서 알을 떨어트리면 무게가 가벼워져서 새가 하늘로 솟구치기도 한다.

Pong 게임은 최대한 단순화하기 위해 충돌에 사실적인 물리 효과를 적용하지는 않을 것이다. 그렇게 하지 않는다면 앞에서 언급한 모든 법칙들에 더해서 반사의 법칙과 같은 몇 가지를 더 공부해야 한다. 여러분 각자의 생각을 알 수는 없지만, 100% 사실적인 Pong 게임을 만들기보다는 뭔가 굉장히 신나는 아이디어를 찾아서 적용하는 것이 낫지 않을까 생각한다. 그리고 실제 물리 법칙을 적용하지 않는다고 해서 재미없는 게임을 만든다는 뜻은 아니다.

볼 움직이기

사용할 공은 NW(북서쪽), NE(북동쪽), SW(남서쪽), SE(남동쪽) 네 가지 대각선 방향으로만 움직일 수 있도록 제한된다. Direction 클래스는 공이 움직일 수 있는 방향들을 정의하고 있으며, 리스트 4.8과 같이 남쪽/북쪽으로 1 픽셀 이동하고 다시

동쪽/서쪽으로 1 픽셀을 이동한다. 우리가 만들려는 게임은 초당 30회 업데이트가 이루어지므로 넷 중 하나의 방향으로 30 픽셀/초의 속도로 움직인다고 볼 수 있다.

리스트 4.8 공의 이동 방향

```
this.directions = [
    {code:'SE','x':-1,'y':-1},
    {code:'SW','x':1,'y':-1},
    {code:'NE','x':-1,'y':1},
    {code:'NW','x':1,'y':1},
]
```

Ball 클래스는 이렇게 정의된 "속도" 매핑 정보를 이용해서 리스트 4.9와 같이 개체를 화면상에서 이동시킨다. x나 y의 변위에 대한 배수를 적용하면 움직임을 더 빠르게 할 수 있고 볼의 움직임에 다이내믹함을 불어넣을 수 있다.

리스트 4.9 Ball 클래스의 **update** 함수

```
update: function(){
    this.checkCollisions();
    pos = this.getPosition()

    this.setPosition(pos.x - 2 * this.direction.getX(),
        pos.y - 3 * this.direction.getY())
    if (this.x < 0) {
        myGame.ScoreBoard.scoreRight.incrementScore();
        this.resetBall();
    }
    else if (this.x > game_width) {
        myGame.ScoreBoard.scoreLeft.incrementScore()
        this.resetBall();
    }
}
```

공이 벽이나 라켓에 맞아 튕기는 것을 모의하기 위해서 Ball의 x와 y 위치를 공간 내의 다른 개체 좌표와 상대적으로 비교를 수행하고 충돌이 감지되면 적절한 벡터값이 역전된다. 코드를 간단하게 하기 위해 약간의 정확성을 포기했기 때문에, 특정한 조건 하에서는 충돌 감지가 되지 않을 수도 있지만 가능성은 극히 낮다. 리스트 4.10은 충돌을 감지하기 위한 코드다.

```javascript
checkCollisions: function(){
    // 라켓과의 충돌
    // 좌측 확인
    var leftPaddleX = myGame.leftPaddle.getPosition().x;
    var leftPaddleY = myGame.leftPaddle.getPosition().y;
    var rightPaddleX = myGame.rightPaddle.getPosition().x;
    var rightPaddleY = myGame.rightPaddle.getPosition().y;
    if (this.y >= leftPaddleY && this.y <= leftPaddleY +
            myGame.leftPaddle.height)
        if (this.x == leftPaddleX + myGame.leftPaddle.width)
            this.direction.flipEastWest();

    // 우측 확인
    if (this.y >= rightPaddleY && this.y <= rightPaddleY +
            myGame.leftPaddle.height)
        if (this.x == rightPaddleX - myGame.rightPaddle.width)
            this.direction.flipEastWest();

    // 벽과의 충돌
    if (this.y <= 0 || this.y >= game_height - 20)
        this.direction.flipNorthSouth()
}
```

Asteroids로 살펴보는 향상된 충돌 감지 및 입자 시스템

입자 시스템은 시뮬레이션의 일종으로 자연계에서 작용하는 여러 가지 힘을 근간
으로 많은 개체들의 움직임을 모의한다. 폭발, 축포, 샷건에서 발사된 총알 등은 모
두 입자 시스템의 적용 예라고 할 수 있다. 이와 같은 입자 시스템들에도 이번 장의
앞부분에서 이야기했던 자료 구조들의 일부를 활용할 수 있다. 입자 시스템에 작용
하는 힘은 개별 입자에 적용될 수도 있고 하나의 집합에 대해 적용될 수도 있다. 매
일 볼 수 있는 수도꼭지를 예로 들어 입자 시스템에 대해 살펴보도록 하자. 화학 시
간에 배운 기억을 더듬어 보면 물을 구성하는 가장 작은 단위는 두 개의 수소 원자와
하나의 산소 원자의 결합으로 이루어지는 물 분자임을 떠올릴 수 있다. 수도꼭지를
열면 수없이 많은 물 분자들이 압력을 이기지 못하고 싱크대 위로 쏟아져 내린다. 일
단 싱크대에 떨어지면 물 분자들은 싱크대 벽면을 타고 오르거나 바닥면을 따라 퍼
져 나간다. 이러한 수많은 힘들 가운데 어떤 것을 무시하고 어떤 것을 강조할지는 편

리한 대로 선택할 수 있다.

Asteroids는 소행성 지역에서 우주선을 조종하는 아케이드 게임으로, 플레이어는 자신에게 다가오는 소행성을 로켓을 이용해서 부숴야 한다. 이와 같은 상황은 입자 시스템을 만들어 볼 수 있는 좋은 소재를 제공한다. 큰 소행성들은 첫 번째 로켓을 맞으면 세 개의 작은 조각으로 부서지고 이 조각들을 다시 맞추면 가장 작은 두 개의 소행성 조각으로 나눠진다. 가장 작은 소행성을 맞추면 더 이상 쪼개지지 않고 사라지게 된다. 리스트 4.11은 소행성이 로켓을 맞았을 때 이와 같이 더 작은 소행성으로 쪼개지거나 혹은 사라지게 하기 위한 코드다. 코드 재사용성을 높이기 위해 개별 소행성의 생성을 추상화해서 별도의 함수로 만들었다. 여기에 드러나지 않은 코드는 `pickSpeedAndDirection` 함수인데, 이것은 소행성이 생성되어 사라질 때까지 x와 y값을 임의의 값으로 설정하기 위한 기능을 수행한다.

리스트 4.11 <u>소행성의 생성과 파괴</u>

```
explodeOrDestroy: function() {
    if (this.generation == 0) {
        // 현재 소행성을 제거하고 더 작은 세 개의 소행성 만들기
        this.spawnAsteroids(1, 75, 3);
        myGame.removeComponent(this);
    } else if (this.generation == 1) {
        // 현재 소행성을 제거하고 더 작은 두 개의 소행성 만들기
        this.spawnAsteroids(2, 50, 2);
        myGame.removeComponent(this);
    } else myGame.removeComponent(this);
}
spawnAsteroids: function (generation, size, num) {
    for (var i = 0; i<num; i++) {
        var asteroid = new Asteroid();
        asteroid.width = size;
        asteroid.height = size;
        asteroid.x = this.x;
        asteroid.y = this.y
        asteroid.generation = generation;
        asteroid.pickSpeedAndDirection();
        myGame.addComponent(asteroid);
    }
}
```

인공지능을 이용한 상대 플레이어 생성

게임에서 인공지능(AI)이란 응용 프로그램이 코드를 이용해서 주위 환경이나 상대 플레이어들과 상호작용하고 또 분석할 수 있는 지각을 갖도록 모의하는 것을 말한다. 굉장히 오래된 고전 게임에서도 단순한 형태의 인공지능이 사용된 예를 어렵지 않게 찾아볼 수 있다. 예를 들어 수퍼 마리오 시리즈 중 오리지널 수퍼 마리오의 굼바스는 아마도 가장 멍청한 악당일 텐데, 이들은 A지점에서 B지점으로 이동하면서 마리오나 루이지가 아닌 다른 물체와 부딪치면 방향을 반대로 바꿔서 이동한다. 그대로 놔두면 절벽으로 가서 끝없는 심연으로 떨어져 버리기도 한다. 인공지능 먹이 사슬에서 조금 더 위에 있는 것들은 바우저(좀비 쿠파)와 같이 레벨의 끝부분에 등장하는 중간 보스다. 바우저는 플레이어의 위치에 대한 기본적인 추적과 공격이 가능했다. 수퍼 마리오에서 가장 뛰어난 지능을 가진 적으로는 부(Boos)를 들 수 있다. 이들은 유령 같은 존재로 등을 돌리면 따라와서 공격하기도 하고 피하기도 한다.

Pong에 인공지능 추가하기

우리의 간단한 Pong 게임의 레벨별 복잡도를 위한 인공지능 상대 플레이어는 꽤 빨리 만들 수 있다. 이런 구현을 위해서 컴퓨터 플레이어에게 주기적으로 공의 위치를 확인할 수 있도록 해주거나 공의 위치를 포함하는 범위를 전달해 주는 방식으로 공의 위치를 가늠할 수 있게 할 수 있다. 리스트 4.12는 컴퓨터 플레이어가 공의 위치를 인지할 수 있도록 하는 코드를 보여준다. 이 예제에서는 공의 현재 위치를 추출하고 라켓 높이의 절반만큼을 빼서 목표로 하는 y 위치를 계산한다. 이렇게 계산하는 것은 공을 라켓의 중앙에 맞추려는 시도의 일환이다. 좌표계는 좌측 상단에서부터 계산되기 때문에 빗나가지 않도록 하려면 이렇게 계산해야 한다. 컴퓨터 플레이어의 움직임을 부드럽게 하기 위해 위치값의 증분은 3으로 설정한다. 컴퓨터 플레이어는 공의 위치를 초당 30회 제공받기 때문에 어렵지 않게 자신의 영역을 방어할 수 있다.

```
update: function() {
    if (this.isPlayerOne == true) {
        var y = myGame.ball.y;
        var currentY = this.y

        targetY = y - this.height/2

        if (targetY > this.y)
            this.y = this.y + 3;
        else if (targetY < this.y)
            this.y = this.y - 3;
    } else this.checkInput();
}
```

Tic-Tac-Toe와 향상된 컴퓨터 인공지능

Tic-Tac-Toe 게임에서 X/O를 그리는 데 이미지나 예쁜 CSS 효과를 사용할 필요까지는 없으므로 단색을 사용하기로 한다. O는 빨강색(그림에서 좀 더 밝게 보인다), X는 파랑색을 사용하며, 그림 4.4는 게임이 끝난 직후의 화면 예이다.

두 명의 플레이어를 필요로 하는 일부 게임들, 예를 들어 체스, 오셀로와 같은 게임들과 Tic-Tac-Toe 게임이 가지는 공통점은 제로섬 유한 결정성 게임이라는 것이다. 이 어려운 표현은 다음 사항들을 축약해서 멋있게 적은 것이다.

- 플레이어 A에게 이득이 되는 모든 움직임은 플레이어 B에게는 손해로 작용한다.
- 게임에서 가능한 모든 상태를 두 플레이어 모두 알고 있다.
- 게임 상태/결정 사항/움직임의 가능한 경우의 수는 제한적이며 나열 가능하다.
- 게임에 임의성을 부여할 수 있는 변수는 없다.

처리 능력이 따라준다면 컴퓨터는 상대 플레이어가 선택할 수 있는 모든 경우의 수를 계산해 낼 수 있다(체스 그랜드 마스터들을 격파한 Deep Blue라는 체스 두는 컴퓨터의 예를 보면 알 수 있다). 이 방법은 일명 "브루트 포스(Brute Force)"로 알려져 있으며, 마치 사전에 나오는 모든 단어를 시도해서 누군가의 암호를 알아내려고 시도하는 것과 비슷한 방법이다. 매우 효과적이기는 하지만 많은 시간이 소요된다는 단점이 있다.

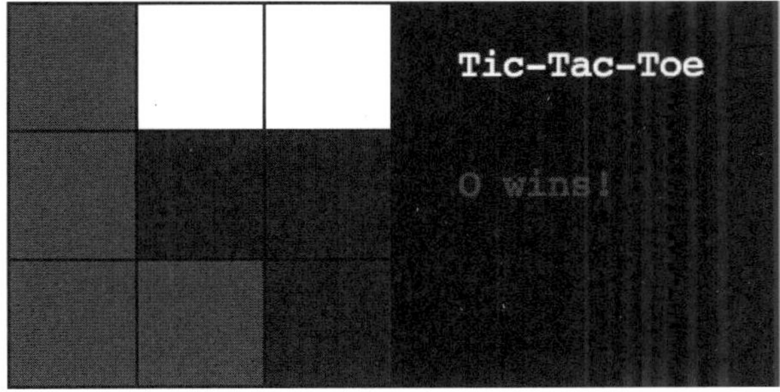

| 그림 4.4 | Tic-Tac-Toe 게임 화면 예

상대방의 다음 수를 안다고 해도 그것을 평가하고 판단할 수 없다면 아무 쓸모가 없다. 이런 형태의 게임에서 사용되는 인공지능 알고리즘은 플레이어나 컴퓨터가 선택할 수 있는 몇 가지에서 많게는 수천가지 움직임의 조합들을 계산해 낸다. 그리고 각 움직임마다 이길 수 있는지 혹은 질 것인지에 대한 평가에 기반을 둔 점수를 매긴다. 또한 상대방의 움직임을 예측할 때는 상대가 최선의 수를 선택할 것이라고 가정한다. 이와 같은 알고리즘은 미니맥스(Minimax)라고 알려져 있다. 제약 조건이 전혀 없는 상태의 미니맥스 알고리즘은 브루트 포스를 시도하려 할 것이며 JavaScript는 이런 방식을 좋아하지 않는다. 움직임이 아주 적은 게임이라 하더라도 모든 경우의 수를 다 파악하려 하면 쉽게 브라우저가 실행을 위해 할당한 공간을 다 써버리기 일쑤다. 이런 상황에 대처하는 방법 중 하나는 분석의 깊이 제한을 설정하는 것이다. 테스트를 좀 해 본 결과 필자는 200 정도의 깊이가 적당하다고 판단했다. 이정도면 이 알고리즘으로 꽤 많은 경우의 수를 평가하고도 럭은 거의 느낄 수 없었다. 하지만 완전한 분석을 수행하지는 못하기 때문에 최적의 안을 선택하지 못하는 경우도 간혹 발생한다.

우리의 `miniMax` 함수는 우선 현재의 보드를 평가해서 점수를 판단할 수 있는지 확인하는 것에서 시작한다. 세 개의 정해진 점수가 있는데 1은 현재 플레이어가 이기는 경우, −1은 상대 플레이어가 이기는 경우, 그리고 0은 최선의 움직임이 아니라고 판단되거나 depthLimit에 도달한 경우다. 만일 점수를 결정할 수 없고 depthLimit에 도달하지 않았다면 게임 보드의 사본을 만들어서 가능한 움직임을 찾는다. 다음으로 찾아낸 움직임의 목록을 반복하면서 miniMax를 다시 재귀적으로 호출하는데, 이번 에는 상대 플레이어의 시점으로 수행한다. 결과로 점수를 얻으면 이것과 최고 점수 를 비교해서 더 높으면 최고 점수를 갱신한다. 함수 실행이 완료되면 컴퓨터 플레이 어는 시도된 모든 경우의 수 가운데 최선으로 선택된 움직임을 취한다. 리스트 4.13 은 미니맥스 알고리즘을 보여준다. 여기서는 메인 코드 파일에 있지만 miniMax 함수 는 Worker로 만들기에 좋은 후보다.

리스트 4.13 미니맥스 알고리즘

```javascript
miniMax: function(board, currentPlayer) {
    if (this.currentDepth == this.depthLimit)
        return 0;
    if (TTT.checkForWin(board) == currentPlayer)
        return 1;
    if (TTT.checkForWin(board) == this.getOtherPlayer(currentPlayer))
        return -1;
    this.currentDepth++;
    var best = -10;
    var bestMove = null;
    var clone = TTT.cloneGameBoard(board);
    var moves = TTT.generateMovesFromBoard(clone, currentPlayer);

    for (var i = 0; i<moves.length; i++) {
        var m = moves[i]
        clone[m[0]][m[1]] = currentPlayer;
        var value = -this.miniMax(clone, this.getOtherPlayer(currentPlayer));
        // 보드 재설정
        clone[m[0]][m[1]] = "";
        if (value > best) {
            best = value;
            bestMove = m;
        }
    }
    if (best == -10)
        return 0
    return bestMove;
}
```

☆ 요약

이번 장에서는 SGF를 이용해서 첫 번째 게임을 만들어 보았고, 또한 게임이 어떻게 해서 돌아가는지와 게임 제작을 계획하는 과정에 대한 기본적인 사항들을 살펴보았다. 이번 장에서 배운 것들은 이 책의 나머지를 진행하는 데 많은 도움이 될 것이다.

연습문제

1. 3차원 게임에 비해 2차원 게임 개발이 쉬운 이유는 무엇인가?
2. Tic-Tac-Toe나 체커 종류의 게임과 포커 게임의 차이점은 무엇인가?
3. 나무에 있는 나뭇잎들은 입자 시스템일까? 그렇거나 그렇지 않은 이유를 설명해 보자.

이번 장에서 사용된 코드와 연습문제 해답은 www.informit.com/title/9780321767363이나 정보문화사(www.infopub.co.kr) 자료실에서 다운로드 받을 수 있다.

Canvas 태그로 게임 만들기

Canvas(canvas 태그)는 많은 사람들이 HTML5와 함께 떠올리는 것 가운데 하나이다. 움직임을 모의하고 게임을 진행시키기 위해 CSS를 활용한 이미지들을 포함하고 있는 수많은 div 요소들을 생성하는 대신 canvas를 사용하면 화면에 물체들을 그리기 위한 하나의 표면을 제공한다. 어떤 방법이 더 쉽거나 더 어렵다고 할 수 없지만 서로 다른 고려할 점들이 있다. Canvas는 내장된 이동, 회전, 크기 조절, 클리핑을 제공하지만 div에서는 변환을 스스로 해결해야만 한다. 그러나 div와 CSS를 이용하는 게임이 가지는 강점 한 가지는 이들이 인터넷 익스플로러 6와 같은 이전 브라우저들도 지원한다는 것이다. 점점 더 많은 브라우저들이 HTML5를 지원하게 되면 이것은 더 이상 큰 걸림돌이 되지 않을 것이다.

≋ Canvas 시작하기

몇몇 다른 기술들과 달리 Canvas를 사용하기 위해서는 추가로 어떠한 라이브러리도 필요치 않다. HTML5를 지원하는 브라우저와 텍스트 편집기만 있으면 된다. 앞서 언급한 것처럼 Canvas는 웹 페이지 상에서 하나의 그리기 영역이라고 할 수 있다. 가장 먼저 해야 할 일은 이 그리기 영역을 만드는 것이다. 이를 위해 canvas 태그를 만들고 높이, 너비, 그리고 선택적으로 ID를 지정해 주면 된다.

```
<canvas id="c" height="400" width="400"></canvas>
```

위 코드는 가로 400, 세로 400 픽셀의 정사각형 Canvas를 그리며 이 Canvas의 ID는 "c"이다. 다음으로 Canvas를 이용해서 뭘 할 수 있을까 생각해 보면 아마도 다음과 비슷한 것이 떠오를 것이다.

```
var canvas = document.getElementById("c");
```

그리고 나서 canvas 개체를 이용해서 그리기를 처리할 것이다. 비슷했지만 정확하지는 않다. Canvas가 직접적으로 사용할 drawing API들의 컨테이너 역할을 한다는 것은 그리 명확하게 첫 눈에 와 닿지 않는다. Chapter 7 "WebGL과 Three.js로 게임 만들기"에서 살펴 볼 WebGL은 같은 HTML 태그를 이용하지만 drawing API는 다르다. 코드 예제로 돌아와서, 2차원 컨텍스트(즉, 그리기를 위한 인터페이스)를 얻기 위해서 우리는 Canvas의 getContext를 호출해야 한다.

```
var context = canvas.getContext("2d");
```

이제 우리는 그래픽 요소를 그릴 수 있다.

그래픽 요소가 모두 사각형들로만 이루어지진 않는다. 아무리 예술적인 자질이 없다고 해도 결국 복잡한 형상을 만들 방법이 필요하게 될 것이다. 경로(Path)는 선과 곡선을 이용해서 형상을 만드는 방법을 말한다. 경로의 개념은 이 책의 몇 가지 다른 기술 분야에서도 언급하고 있다. 잠시 예제를 통해 이 개념에 대해서 살펴보도록 하자.

경로는 직선처럼 단순할 수도 있지만 여러 개의 명령들이 복합적으로 적용되어 최종적으로는 하나의 복잡한 형상을 만들어내기도 한다. 모든 경로는 다음과 같은 세 가지 기본 형식들로 구성된다.

- 선
- 호
- 곡선

현실세계의 개체들을 떠올려 보면 이 세 가지 형식들로 구성된다는 것을 알 수 있다. 이 장을 쓰는 지금 창밖으로 거리의 가로등과 화분 몇 개가 보인다. 이 물체들의 단면도를 생각해 본다면 앞서 언급한 기본 경로 요소들을 발견할 수 있을 것이다. 이런 경로들은 어떤 한 점을 중심으로 회전시키거나 혹은 어떤 경로를 따라 반복적으로 그림으로써 하나의 3차원 형상을 만들어낸다. CAD를 이용하는 엔지니어들은 이들 기본 형식들을 이용해서 여러분이 타고다니는 자동차나 자전거 부품의 원형을 만들어 내기도 한다.

첫 번째 경로 그리기

경로를 그리기 위해 canvas 개체를 생성하고 컨텍스트를 얻은 다음에는 가장 먼저 해야 할 일은 beginPath() 함수를 호출해서 다른 모든 경로에 대한 스택을 비운다. 경로에 대한 명령어들은 누적되는 형태이고 주어진 canvas 태그에 대한 모든 경로들은 같은 컨텍스트를 이용하기 때문에 스택을 비우는 것은 중요하다. 다음으로 할 일은 그리기를 시작할 위치로 이동하는 것이다. moveTo() 함수를 이용하면 원하는 x위치와 y위치로 이동할 수 있다. 이 동작은 다른 모양을 그리기 위해서 펜을 들고 시작점으로 이동하는 것과 같다. 일단 펜을 원하는 위치로 가져가고 나면, lineTo() 함수를 이용해서 주어진 새로운 x와 y위치까지 선을 그린다. 마지막으로 할 일은 그동안 그린 선들을 실제로 겉으로 드러나게 그리는 것이다. 즉, moveTo와 lineTo 명령들은 종이 위로 지나간 자취들을 구성하는 것과 같고 stroke 명령은 처음 위치로 되돌아가서 전체를 종이 위에 실제로 그리는 것과 같다. 이 지식을 이용해서 리스트 5.1과 같이 tic-tac-toe 게임을 위한 게임 보드를 그릴 수 있는데, 이 게임 보드는 두 개의 수직선과 두 개의 수평선으로 구성되고 이 선들을 통해 아홉 개의 공간으로 이루어지는 그리드를 형성한다.

리스트 5.1 Tic-Tac-Toe를 위한 게임 보드 그리기

```javascript
self.drawGameBoard = function() {
    var ctx = self.context;

    ctx.beginPath();

    ctx.moveTo(200,0);
    ctx.lineTo(200,600);

    ctx.moveTo(400,0);
    ctx.lineTo(400,600);

    ctx.moveTo(0,200);
    ctx.lineTo(600,200);

    ctx.moveTo(0,400);
    ctx.lineTo(600,400);

    ctx.stroke();
}
```

Tic-Tac-Toe를 위한 스프라이트 그리기

이제 게임 보드가 준비되었으니 게임 플레이를 위한 스프라이트를 그려야 한다. X 부터 시작해 보도록 하자.

X에 대해서도 경로를 이용할 수 있다. X는 우선 한 점(왼쪽 상단)에서 오른쪽 하단으로 대각선을 그리고 난 다음 오른쪽 상단으로 이동해서 왼쪽 하단으로 두 번째 대각선을 그린다.

우리가 만들려고 하는 게임 스프라이트를 간단하게 하기 위해 게임 보드는 600 × 600 픽셀로 만들었다. 결과적으로 개별 공간의 크기는 한 변이 200 픽셀인 정사각형이다. 스프라이트가 경계선을 침범하지 않도록 하기 위해서 모든 선들은 약간 짧게 그린다. 리스트 5.2는 Canvas에 X를 그리는 코드다.

리스트 5.2　Tic-Tac-Toe에서 사용할 X 그리기

```
ctx.lineWidth = 2;
ctx.beginPath();

ctx.moveTo(10,10);
ctx.lineTo(190,190);
ctx.moveTo(190,10);
ctx.lineTo(10,190);
ctx.stroke();
```

X를 그렸으니 이번에는 O를 그려볼 차례다. O를 그리려면 원호를 사용해야 한다. 가장 단순한 원호의 형태는 우리가 매일 보는 원이다. 원은 중점과 이 점과의 거리(반지름)에 의해 정의되며, 중점에서 주어진 거리를 유지하면서 그려진 선이다. arc 함수는 완전한 원형뿐만 아니라 원의 일부 구간을 그릴 수도 있으며 이처럼 일부 구간을 그리고자 할 때는 시작 각과 끝나는 각 그리고 옵션으로 그리는 방향을 지정해야 한다.

기하학을 배웠다면 약간의 수학 공식을 이용해서 도형의 면적, 원의 둘레길이와 넓이 등을 구할 수 있을 것이다. 전혀 기억이 나지 않는다 해도 걱정은 붙들어 매도 좋을 정도의 기초 지식만 사용하도록 하겠다. 기하학의 중요한 개념 가운데 하나로 각도의 계산을 들 수 있는데, 이 책에서는 각도 표기를 위해 라디안 방식을 사용할 것이다.

따라서 한 점을 기준으로 완전히 한 바퀴를 회전하는 경우 360도가 아니라 2π(π의 두 배)라고 표기한다. Pi(파이)는 원주율을 나타내는 수학적인 상수값이며, 원의 테두리 길이(원주)와 직경 간의 비율이다. Pi 값은 대략 3.14159…이며 십진수로 명확하게 표기할 수 없기 때문에 기호를 이용하는 것이 훨씬 유리하다. [표 5.1]은 자주 사용되는 각도에 대한 일반적인 도(degree) 방식과 라디안 방식의 표기 예다.

| 표 5.1 | 표기법에 따른 자주 사용되는 각도

도(°)	라디안
0°	0
45°	π/4
90°	π/2
180°	π
270°	3π/2
360°	2π

이 표에 소개되지 않은 각도를 이용해야 한다면 다음 식을 이용해서 일반적인 도(°)로 표기된 값을 라디안으로 변환할 수 있다. 그리고 PI는 JavaScript의 `Math.PI`에서 정의하고 있으므로 이것을 이용하면 된다.

```
라디안 값 = (각도(°)) * (pi / 180)
```

다음에 소개할 코드는 O를 그리기 위해 필요한 부분이다. 원은 중점과 반지름을 선택하고 0에서 2π 라디안만큼 그리는 것과 같다. 앞서 정의한 게임 보드와 X의 크기에 맞추기 위해 반지름은 90 픽셀로 하고 따라서 직경은 180 픽셀로 결정된다. 이렇게 하는 것이 190 픽셀로 그리는 것보다 더 보기 좋으며, 이 또한 프로그래밍의 묘미다. 수학적으로 완벽한 것이 항상 가장 올바른 선택이라는 법은 없다.

```
ctx.lineWidth = 2;
ctx.beginPath();
```

```
ctx.arc(100,100, 90, 0, 2*Math.PI);
ctx.stroke();
```

⚎ 변환을 이용해서 Canvas에 그리기

전통적인 Tic–Tac–Toe 게임 보드에서는 X 또는 O를 놓을 수 있는 9개의 위치가 있다. 이처럼 지정된 장소에 명시적으로 개체를 그릴 수 있는 각각의 함수를 만들 수도 있지만, 이것은 좋지 않은 방법이다. 대신 우리는 좌표 이동을 이용해서 전체 그리기 표면을 원점에서 원하는 위치로 옮겨서 개체를 그리고, 다시 그리기 표면을 되돌리는 방법을 적용할 수 있다. 이 방식을 이용하면 3×3 그리드가 아니라 4×4 그리드로 게임을 확장하더라도 같은 코드를 재사용할 수 있다.

행렬은 공간에서 개체의 위치, 크기, 방향을 의미하는 숫자들로 이루어진 행과 열의 컬렉션으로 정의할 수 있다. 좌표 이동을 위해서는 2×2 행렬을 이용해서 변형을 표현할 수 있다. 좀 더 복잡한 예제를 보기 전에 우선 좌표 이동에 대해서 살펴보도록 하자.

(x,y)에 위치하고 있는 개체를 (xr, yr)만큼 상대적으로 이동하고 싶다면 그림 5.1과 같이 2×1 행렬 두 개를 더하면 된다. 그림에서 $(0,5)$에 위치한 점을 왼쪽으로 5만큼, 아래로 5만큼 이동시키는 계산을 수행하고 있다.

$$\begin{bmatrix} 0 \\ 5 \end{bmatrix} + \begin{bmatrix} -5 \\ 5 \end{bmatrix} = \begin{bmatrix} -5 \\ 10 \end{bmatrix}$$

| 그림 5.1 | 개체의 위치 이동

크기나 기울기 변경, 회전 등을 적용하려면 행렬을 곱해야 한다. 마찬가지로 2×2 행렬이 사용되며, 행렬을 구성하는 각 요소의 역할은 그림 5.2와 같다.

$$\begin{bmatrix} \text{크기-x} & \text{기울기-y} \\ \text{기울기-x} & \text{크기-y} \end{bmatrix}$$

| 그림 5.2 | 2×2 행렬 정의

그림 5.3은 가장 기본적인 행렬인 항등 행렬(Identity matrix)이다. 항등 행렬은 어떤 행렬에 곱하더라도 항상 원래 행렬 값이 결과로 얻어진다는 점이 특징이다. 그림을 보면 항등 행렬은 x와 y 크기 요소가 1이고 기울기 값은 0으로 설정된 모습이다.

$$\begin{bmatrix} 1 & 0 \\ 0 & 1 \end{bmatrix}$$

| 그림 5.3 | 항등 행렬

곱셈을 통해서 항등 행렬의 특징을 살펴보자. 2×2 행렬에 2×1 행렬을 곱하는 과정은 그림 5.4와 같다. 여기에 항등 행렬을 대입해 보면, 앞서 언급했던 항등 행렬의 특성이 증명된다.

$$\begin{bmatrix} A & B \\ C & D \end{bmatrix} \begin{bmatrix} E \\ F \end{bmatrix} = \begin{bmatrix} AE + BF \\ CE + DF \end{bmatrix}$$

| 그림 5.4 | 행렬의 곱셈

그림 5.2를 다시 살펴보면 크기와 기울기 값을 어디에 넣으면 될지 쉽게 알아차릴 수 있는 반면, 회전의 경우는 약간 더 복잡하다.

그림 5.5와 그림 5.6은 중점을 기준으로 임의의 점을 가리키는 벡터에 곱함으로써 지정된 각도만큼 회전시키기 위한 행렬들이다.

$$\begin{bmatrix} \cos \theta & \sin \theta \\ -\sin \theta & \cos \theta \end{bmatrix}$$

| 그림 5.5 | 반 시계 방향 회전

$$\begin{bmatrix} \cos \theta & -\sin \theta \\ \sin \theta & \cos \theta \end{bmatrix}$$

| 그림 5.6 | 시계 방향 회전

변형 정렬하기

"태정태세문단세…", "수금지화목토…" 역사나 지구과학을 공부했던 사람들이라면 대다수가 기억하고 있을 법한 앞글자만 따서 순서를 외우는 방법이다. 이와 같이 변형도 정해진 순서에 따라 적용되어야 하며 순서를 어기면 부산행 열차를 탔는데 안드로메다에서 내리는 결과를 초래할 수도 있다. 순서를 지켜야 하는 이유는 이어지는 각 행렬이 앞서 계산된 결과를 기반으로 적용되기 때문인데 일반적으로 크기, 회전, 이동의 순서를 따른다.

예를 들어 (10,10) 위치에 하나의 박스를 그리고 중점을 기준으로 2 라디안만큼 회전시키고자 하는 경우를 생각해 보자. 현재 행렬은 (0,0)에 위치하고 있으며 박스의 중점이기도 하다. 먼저 박스를 원하는 만큼 회전시킨 다음 (10,10)으로 이동시킬 수 있다. 3 라디안만큼 더 움직이고자 한다면 역순으로 박스 개체를 원점으로 이동시키고 회전을 적용한 다음 원하는 위치로 이동시킬 수 있다.

현실 세계에서 어떤 사람이 뒤로 공중제비를 넘는다면 현재 위치에 대해 회전하고 있는 것이라고 볼 수 있다. 게임 속에서 이와 같은 현실을 흉내내려면 먼저 개체를 원점으로 옮기고 회전시킨 다음 원래 있던 곳으로 개체를 다시 옮기는 방식을 이용해야 한다.

Canvas는 `setTransform`과 `transform` 함수를 통해 직접 변형 행렬을 설정할 수 있게 해 준다. `setTransform`은 변형을 설정하기 전에 행렬을 항등 행렬로 만들어주며 `transform`은 현재 행렬과 개발자가 제공한 행렬의 곱을 생성한다. 다행히도 `canvas`는 `translate`, `rotate`, `scale`을 이용해서 이동, 회전, 크기 변경을 훌륭하게 지원하고 있다. `translate`와 `scale`은 x와 y 매개 변수를 입력받고, `rotate`의 경우 회전하고자 하는 각도를 라디안 값으로 입력 받는다.

Canvas 그리기 상태의 저장 및 불러오기

개체를 정확하게 변형하기 위해 마지막으로 필요한 것은 Canvas 상태를 저장하고 복원하는 수단이다. 변형 행렬을 저장하고 복원할 수 있게 됨으로써 우리는 각 개체에 대한 변환을 적절하게 격리시킬 수 있다. `save`와 `restore`를 이용해서 이와 같은

Canvas 태그로 게임 만들기

처리가 가능하며 이들의 조합된 기능은 게임에서 저장 지점을 지나가는 경우와 비슷한데, 저장 지점에서 갈림길을 따라가서 특정 아이템을 획득하고 다시 저장 지점으로 돌아오는 시나리오를 생각해 볼 수 있다.

이 함수들은 현재 변형 행렬뿐만 아니라 클리핑 영역과 몇 가지 속성들을 저장하고 복원하는데, 이런 속성에는 strokeStyle, fillStyle, globalAlpha, lineWidth, lineCap, lineJoin, miterLimit, shadowOffsetX, shadowOffsetY, shadowBlur, shadowColor, font, textAlign, globalCompositeOperation, textBaseline 등이 있다. 리스트 5.3은 O를 그리고 적절한 위치 이동을 처리할 수 있도록 개선된 함수를 보여준다.

리스트 5.3 O 그리기

```javascript
self.drawOSprite = function(x, y) {
var ctx = self.context;

    // canvas 상태를 저장하고 이동하기
    ctx.save();
    ctx.translate(x,y);

    ctx.lineWidth = 2;
    ctx.beginPath();

    ctx.arc(100,100, 90, 0, 2*Math.PI);
    ctx.stroke();

    // canvas 상태 복원
    ctx.restore();
}
```

⟫ Canvas에서 이미지 사용하기

게임에서 이미지를 사용할 때마다 서버는 이미지를 얻기 위해 요청을 처리해야 한다. 기본 HTML에서 img 태그를 사용하는 방법에 대해서는 이미 알고 있으므로 이번 절에서는 응용 프로그램에서 이미지를 사용하는 다른 방법들에 대해서 살펴보도록 하자.

Data URL을 이용해서 이미지 제공하기

　　Data URI는 HTML 코드 내에서 파일에 대한 자료를 포함시킬 수 있는 방법 중 하나다. 이 방식을 이용하면 해당 파일 컨텐츠는 HTML이 다운로드 될 때 추출되므로 서버에 대한 요청을 줄이고 이론적으로 대기 시간드 줄여준다. 일반적인 형식은 다음과 같다.

```
data:[<mime type>][;charset=<charset>][;base64],<encoded data>
```

다음은 이미지 태그에서 사용된 간단한 Data URI의 예다:

```
<img src= "data:image/gif;base64,R0lGODlhDwAOAIAAAP///
    wAAACwAAAAAD wAOAAACGISPCaG9rhhEcppq8dSQO9+AUUCWpoVOBQA" />
```

　　이 URI를 살펴보도록 하자. 원본 파일은 GIF이며 따라서 `mime type`은 `image/gif`다. 예를 들어 PNG 파일인 경우라면 MIME 형식은 `image/png`가 될 것이다. 원본 파일이 텍스트 파일이라면 `charset`은 문자 집합을 나타낸다. 예제와 같이 원본 파일이 텍스트 문서가 아니라면 생략할 수 있다. MIME 형식과 문자 집합이 모두 생략되어 있다면 기본값은 MIME 형식에 대해서는 `text/plain`, 문자 집합에 대해서는 `US-ASCII`이다. 다음 구성 요소인 `;base64`는 자료가 Base64 인코딩되어 있음을 의미한다. Base64는 텍스트 전송에 적합한 경로를 통해 이진 자료를 전송하고자 할 때 사용되며 때로는 웹 서비스에서 기본적인 암호 인코딩 방법으로 사용되기도 한다. Base64 인코딩은 A–Z, a–z, 0–9, 추가적인 두 개의 프린트 가능한 문자(일반적으로 +와 /)를 이용해서 자료를 인코딩한다. 많은 웹 도구들이 이미지 파일을 Data URI로 변환해 준다. www.sveinbjorn.org/dataurlmaker에서는 Data URL을 생성해 주는 웹 기반 응용 프로그램과 데스크톱 응용 프로그램에 대한 링크를 제공한다.

Spritesheets를 이용해서 이미지 제공하기

　　여러 개의 이미지 파일을 로드해야 하는 경우가 발생하면 이미지들의 크기가 작다고 하더라도 서버에 부담을 주며 사용자들의 대기 시간이 엄청나게 늘어날 수 있다. Spritesheets는 많은 파일을 하나로 묶어 줌으로써 이와 같은 문제를 해결하고 있으며, 이런 경우는 일반적으로 작은 크기의 많은 파일을 사용해야 하는 상황이 발생한다. 이미지들은 일정한 크기를 갖도록 조정되며 좌표 계산을 통해서 추출된다. GIMP, ImageMagick, Photoshop과 같은 이미지 편집 프로그램을 이용해서 만들 수 있으며 웹 서비스 형태로 제공되는 경우도 있다. Spritesheets는 data URI와 함께 사용할 수 있다.

Canvas에 이미지 그리기

이미지를 로딩했으니 이제 그릴 때가 됐다. Canvas는 이를 위해 `drawImage`와 몇 가지 변형을 제공하고 있다. 모든 예제에서는 `document.getElementById`를 이용해서 이미지들을 추출하고 `document.images` 컬렉션으로부터 이미지를 가져오거나 JavaScript에서 `Image()`를 이용해서 이미지를 직접 생성하고 `src` URI를 추가한 상태로 가정한다.

가장 간단한 `drawImage`의 변형은 다음과 같다.

```
drawImage(image, x, y)
```

이 함수는 이미지의 좌측 상단을 (x,y)에 위치시키고 현재 크기를 기준으로 전체 이미지를 그린다.

`drawImage`의 또다른 변형은 다음과 같다.

```
drawImage(image, x, y, width, height)
```

이 함수는 먼저 살펴본 것과 비슷하게 전체 이미지를 그리는데, 추가로 주어지는 마지막 두 개의 매개 변수는 Canvas에 그릴 이미지의 크기다.

마지막으로 살펴볼 `drawImage` 변형은 가장 강력하며 매개 변수 또한 가장 많다.

```
drawImage(image, sx, sy, sWidth, sHeight, dx, dy, dWidth, dHeight)
```

이 마지막 변형은 원본 이미지의 일부만을 이용하고 크기를 조정할 수도 있게 해준다. sx와 sy는 잘라낼 이미지의 좌측 상단 구석 좌표다. (sx,sy)와 (sx+sWidth, sy+sHeight) 내에 포함되는 이미지 부분이 그려지며, Canvas 상에서 이 부분 이미지는 (dx,dy)와 (dx+dWidth, dy+dHeight) 영역에 그려진다.

≫ Trident.js를 이용해서 개체 애니메이션하기

Trident.js(https://github.com/kirillcool/trident-js)는 Kirill Grouchnikov가 개발한 동명의 Java 라이브러리를 JavaScript로 변환한 애니메이션 라이브러리다. 이 라이브러리의 핵심은 타임라인인데, 영상 편집 프로그램에서 말하는 그것과 크게 다르지 않다. 타임라인은 키프레임을 이용해서 서로 다른 상태 사이의 전이를 가능하게 한다. Easing 함수들은 개체들의 움직임에 보다 생기를 불어넣어준다. 많은 타임라인이 동시에 혹은 특정한 순서에 따라 하나씩 동작할 수 있다. 이것이 Trident. js를 선택한 가장 중요한 이유다.

현재의 Trident는 `requestAnimationFrame` 대신 `setTimeout`을 사용한다. `requestAnimationFrame`은 브라우저 윈도우의 상태에 따라 개체를 그려야 할지 판단하며, 60Hz로 화면이 갱신된다. `setTimeout`은 전혀 이런 처리를 하지 않는다. `setTimeout`은 프로그램의 렌더링이 끝나지 않은 상태라 해도 가능한 많은 렌더링을 시도한다. Trident는 다목적 애니메이션 라이브러리이다. `setTimeout`은 DOM과 Canvas 기반의 애니메이션 모두에 적용이 가능한 반면 `requestAnimationFrame`은 그렇지 못하다. `setTimeout`의 사용은 Trident를 오히려 깎아 내린다고 생각할 수도 있다. 이 부분을 만회하는 기능이 바로 타임라인을 멈출 수 있다는 점이며 다른 기능들과 더불어 `setTimeout`의 단점을 보완해 주고 있다.

타임라인 만들기

Trident.js에서 가장 기본적인 타임라인은 동작할 기간과 개체, 보간(interpolation)해야 할 속성을 포함한다. 인터폴레이터는 Trident.js가 중간값을 어떻게 보정할 것인지 그 방법과 시작/끝값을 제공한다. 타임라인은 주기적으르 시간이 얼마나 지났는지를 확인하고 적절한 값이 생성될 수 있도록 조정한다.

이와 같은 타임라인의 상태 체크 주기에 대해서는 아무 것도 보장된 것이 없지만 대부분의 응용 프로그램에서 훌륭한 성능을 내기에 충분하다. 이런 특성들은 클라이언트에 얼마만큼의 부하가 걸려 있는지와 각 확인 주기에 무엇이 실행되고 있는지에 따라 영향을 받는다. 리스트 5.4는 타임라인을 생성하는 코드를 보여준다.

리스트 5.4　텍스트 크기를 보간하는 타임라인 생성

```
var rolloverTimeline = new Timeline(myspan.style);
    rolloverTimeline.addPropertiesToInterpolate([
        { property: "font-size", from:16, to: 36,
            interpolator: new IntPropertyInterpolator()}
    ]);
rolloverTimeline.duration = 2000;
```

우선 타임라인 인스턴스를 생성하면서 요소와 변경될 속성을 할당한다. 예제에서는 ID가 "myspan"인 요소의 style 필드가 그 대상이다. 다음으로는 변경될 속성을 추가하는데, 코드에서는 폰트 크기의 범위를 16에서 36까지 변경하는 것으로 지정했고 값은 정수 형태의 보간이 이루어지도록 했다. 마지막으로 애니메이션이 2초 간 동작하도록 기간을 밀리초 단위로 설정한다.

보간값을 끊임없이 확인하게 되면 페이지는 무응답 상태에 빠지게 될 수도 있는데, 이에 반해 Trident.js는 타임라인 펄스를 발생시켜서 상태를 확인하고 필요한 변경을 적용한다.

펄스 발생 주기가 40ms인 Java 버전의 Trident와 달리 Trident.js의 펄스 발생 주기는 시스템 부하와 런타임 환경에 따라 달라진다. 다행히도 브라우저의 JavaScript 엔진은 매번 릴리즈 때마다 성능이 계속 향상되고 있다.

적정한 부하 수준이라면 성능상의 문제를 느끼지는 못할 것이다. 타임라인을 이용해서 게임 루프를 제어할 수도 있는데, 본 장의 뒷부분에 있는 Copy Me 게임 소스 코드에서 확인할 수 있다.

마지막으로 해야 할 것은 애니메이션 시작 방법을 추가하는 것이다. 필자는 리스트 5.5에서 span 요소에 있는 onmouseover 이벤트에서 재생 함수를 호출하도록 하고 onmouseout 이벤트에서 되감기 함수를 호출하도록 했다. 타임라인 펄스 덕분에 onmouseout 이벤트 발생 후 비교적 빠른 시간 내에 되감기 동작이 시작된다. play와 playReverse 뿐만 아니라 다시 재생할 수 있는 함수도 타임라인과 상호 동작하도록 적용이 가능하다.

리스트 5.5 **타임라인 시작 및 되돌리기**

```
<span id="myspan"
    onmouseover="rolloverTimeline.play();"
    onmouseout="rolloverTimeline.playReverse();">Some text</span>
```


앞서 본 예제에서는 정수 값으로 보정토록 지정했지만 부동 소수점 혹은 RGB 색상값의 보정도 가능하다. 그저 알맞은 "from"과 "to" 값, 그리고 인터폴레이터(IntPropertyInterpolator, FloatPropertyInterpolator, 또는 RGBProperty Interpolator)를 사용하기만 하면 된다. 또한 Trident는 HTML 요소에 국한하지 않고 JavaScript 개체의 속성들도 보정할 수 있다.

키프레임을 이용한 애니메이션

보통의 타임라인 전이는 시작점과 끝점 사이에서 어떤 조작과 중간값의 관여 없이 진행된다. 키프레임은 타임라인 상의 주어진 지점에 대해서 값을 지정할 수 있는 방안을 제공한다. goingThrough라는 새로운 필드를 이용해서 키프레임을 설정할 수 있는데, 타임라인의 시작과 끝을 각각 0과 1로 보고 그 사이에 키프레임을 추가할 수 있다. 리스트 5.6은 키프레임의 적용 예다.

```
var keyframeTimeline = new Timeline(keyframespan.style);
  keyframeTimeline.addPropertiesToInterpolate([
    { property: "font-size", from:16, to:36,
      interpolator: new IntPropertyInterpolator()
    },
    { property:"color",
      goingThrough: {
        0: "rgb(0,0,0)",
        0.4:"rgb(0,255,0)",
        1:"rgb(200,140,140)"
      },
      interpolator: new RGBPropertyInterpolator()
    }
  ]);
keyframeTimeline.duration = 3000;
```

Easing을 이용해서 비선형 타임라인 만들기

기본적으로 Trident.js에서 전이는 시작부터 끝까지 동일한 속도로 진행된다. 하지만 이런 동작은 현실 세계와는 동떨어져 있다. 마찰, 관성 및 여러 가지 다른 힘들이 개체에 작용해서 가속하게 하기도 하고 감속하게 하기도 하며 때로는 튕겨나게 하기도 한다. 정교한 물리적 연산은 이번 장에서 다룰 내용이 아니지만 Easing 함수를 이용해서 애니메이션을 조금 더 현실감 있게 만들 수 있다. y축 상에서 위 아래로 움직이는 공이 있다고 생각해 보자. 그림 5.7은 보통의 선형적인 움직임을 보여주며 y축 상의 한 눈금을 움직이는 데 소요되는 시간은 전 구간에서 균등하다. 그림 5.8은 튕김 효과를 보여주는데, y축을 따라서 몇 개의 튕김 구간을 볼 수 있다. 또한 몇 개의 구간에서는 급격한 감소를 보이는데, 이 구간들은 속도가 더 빠르다는 것을 의미한다.

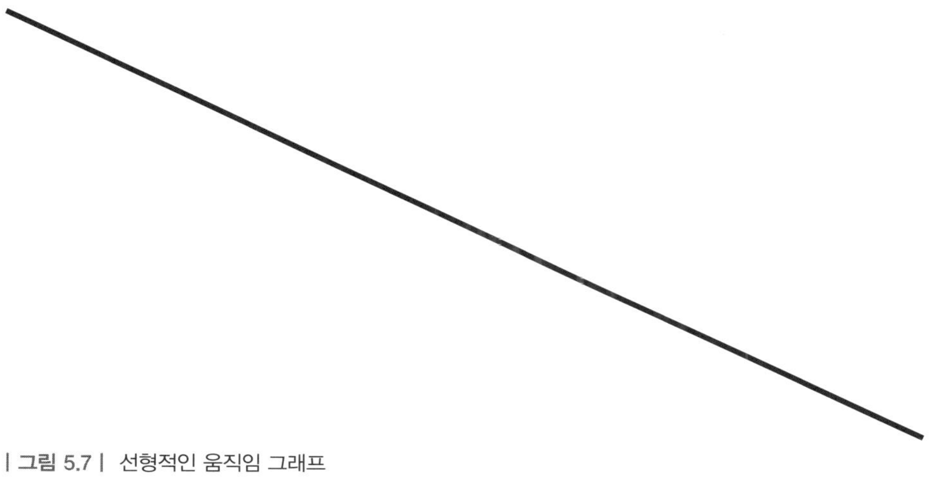

| 그림 5.7 | 선형적인 움직임 그래프

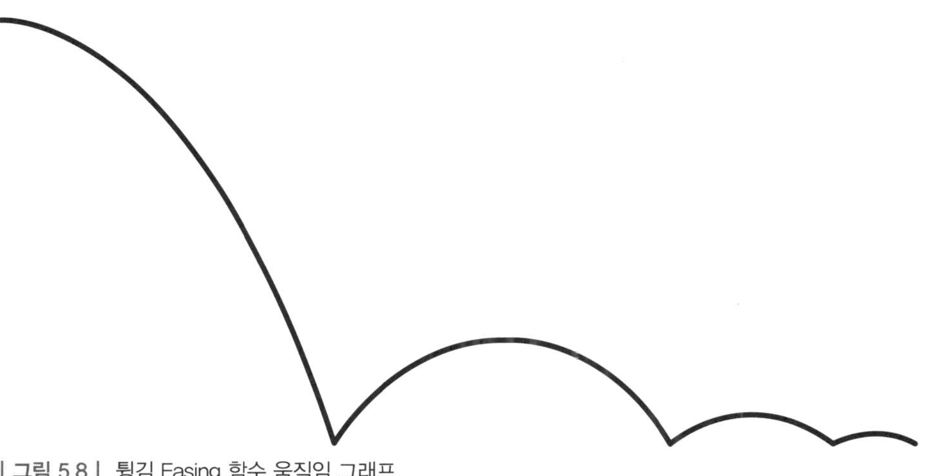

| 그림 5.8 | 튕김 Easing 함수 움직임 그래프

글을 쓰고 있는 시점을 기준으로 Trident.js는 31개의 Easing 함수를 제공하고 있다. 여기에 이들을 모두 나열하기보다는 여러분이 소스 코드를 다운로드 받아서 testBallLoop 페이지를 시험해 보는 것이 좋겠다고 생각한다. Easing 함수에 대해서는 Chapter 6 "SVG와 RaphaëlJS를 이용한 게임 개발"에서 SVG에 대해 논의할 때 다시 살펴보도록 하겠다.

Sprites를 이용한 게임 개체 애니메이션

Canvas에 그리고 싶은 이미지들을 잘라내는 방법을 배우고 나면 Trident.js 타임라인을 이용해서 애니메이션을 만들 수 있다. 이번 데모의 스프라이트는 OpenGameArt(http://opengameart.org)를 참고했다. 이 사이트에서 제공되는 게임 자원들은 자유롭게 사용할 수 있는 것들이 많고 무료로 게임에서 사용할 수 있는 것이 대부분이다. 데모를 위해 필자가 선택한 Spritesheet는 걷고 있는 좀비이고 모든 개별 프레임은 128×128 픽셀 크기이다. 우선 애니메이션을 제어하도록 타임라인을 설정해보자. 리스트 5.7은 타임라인을 설정하는 초기화 함수를 보여준다.

리스트 5.7 애니메이션을 위한 타임라인 설정

```
self.init = function() {
// 예제의 간략화를 위해 앞부분 생략
  var self = this;
  self.current = 0;
  self.spriteTimeline = new Timeline(this);
    self.spriteTimeline.addPropertiesToInterpolate([
      { property: "current", from:0, to: 36,
        interpolator: new IntPropertyInterpolator()}
    ]);

    self.spriteTimeline.duration = 5000;
    self.spriteTimeline.addEventListener("onpulse",
      function (timeline, durationFraction, timelinePosition) {
        self.drawSprite();
    });
    self.spriteTimeline.play();
}
```

이 예제와 이전에 살펴본 예제들과의 차이점은 새로운 타임라인의 매개 변수로 현재 개체를 참조하는 this가 사용됐다는 점이 가장 큰 부분이며, Canvas에 그리는 방법이다. 자동으로 HTML 요소들에 전파되는 CSS 속성과 달리 두 단계로 변경을 적용해야 한다. 먼저 타임라인 위치가 업데이트될 때마다 동작할 리스너를 설정한다. 타임라인이 재생되면 현재 속성을 변경하게 되고 drawSprite 함수는 변경된 속성들을 이용해서 그려야할 이미지를 계산해 낸다. 리스트 5.8은 개별 스프라이트를 그리기 위한 코드다.

리스트 5.8 개별 스프라이트 그리기

```
self.drawSprite = function() {
  var ctx = self.context;
  var row = 3;
  ctx.clearRect(0, 0, 128, 128);
  ctx.drawImage(self.sheet, self.current *128,
    row*128, 128, 128, 0, 0, 128, 128);
}
```

2차원 공간에서 3차원 모의하기

아케이드와 초기 콘솔 게임의 시대에 2차원 평면을 3차원 공간처럼 보이도록 만드는 것은 게임을 한층 흥미진진하게 만들었다. 그 시기에는 물론 진정한 3차원이 불가능했으며 3차원을 흉내(2.5차원이라고 부른다)내는 것이 최선이었다. 한편으로는 많은 것이 변했지만 변하지 않는 것도 있다. 이 책을 쓰고 있는 현재 2차원 Canvas API는 훨씬 더 광범위한 지원이 이루어지고 있는데, WebGL은 실험적인 상태에 머물러 있다. 결과적으로 Canvas를 이용하는 2.5차원 게임이 WebGL을 이용한 경우보다 더 많은 잠재적인 사용자층을 확보하고 있다고 볼 수 있는 상황이다. 2.5차원이 가지는 또 다른 강점은 3차원 게임보다 적은 컴퓨터 연산 능력을 필요로 한다는 점이다. 이번 절에서는 2.5차원 경험을 만들어내기 위한 몇 가지 선택사항들에 대해 살펴보겠다.

원근 투영

원근 투영은 인간의 눈이 물체를 보는 방법을 모의하는 형태라고 볼 수 있다. 즉, 우리의 눈은 3차원 장면을 2차원 형태로 투영한 결과물을 인식하는 과정을 거친다. 우리가 깊이를 느낄 수 있게 하는 몇 가지 처리가 이 과정에서 이루어진다. 예를 들어, 멀리 있는 물체는 가까이 있는 것보다 더 작고 덜 선명하게 보인다. 가장 단순하면서도 2차원 게임에 최적의 형태는 1점 투시도법기다. 이 점을 소실점이라고 하는데, 평행한 선들이 하나로 모이는 점이다. 그림 5.9는 3차원 모델링 프로그램인 Blender를 이용해서 1점 투시도법으로 만든 그래픽 예이다. 정사영은 3차원 물체를

2차원 공간에 표현하는 방법이다. 이미지는 물체의 위, 아래, 좌, 우, 앞, 뒤쪽 이미지로 구성되지만 많은 경우 앞면, 위 그리고 우측 뷰만을 이용해도 물체를 구성해 내는 데 충분하다. 물체 우측의 뷰들은 각각 위와 측면 뷰이며, 투시도법을 적용하면 측면을 구성하는 사각형의 깊이 방향 모서리는 서서히 평행선[1]에 수렴한다. 가까이 있는 물체에 보다 더 선명한 텍스처를 적용함으로써 원근감을 더욱 실감나게 만들 수 있다.

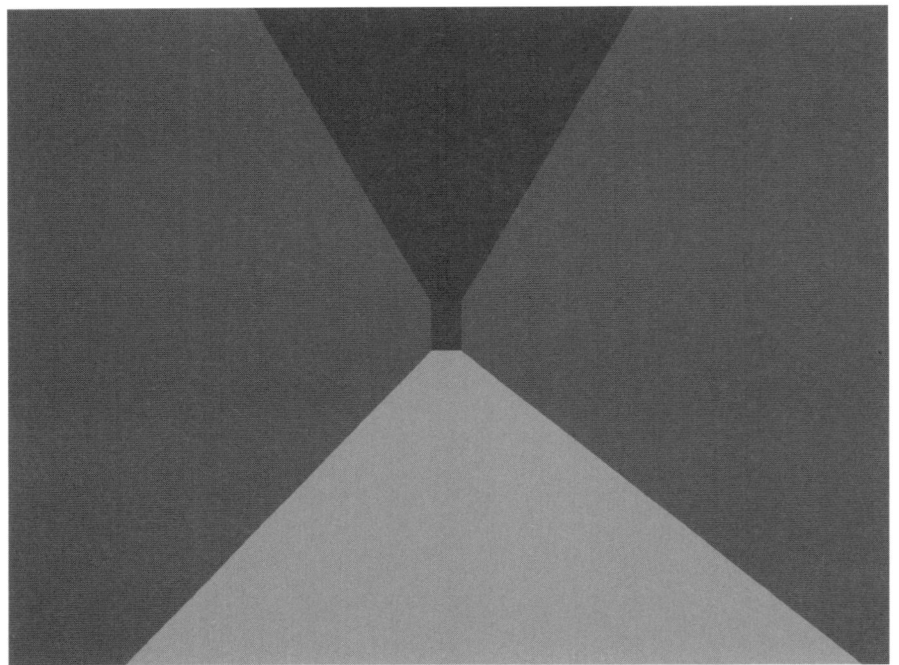

| 그림 5.9 | Blender로 만들어 본 원근 투영 예

시차

수퍼 마리오(Super Mario Brothers)나 소닉(Sonic the Hedgehog)과 같은 측면 스크롤 방식의 게임에서 3차원 공간감을 더욱 실감나게 만드는 기술의 하나가 바로

---

1 소실점 상의 수평선

시차(Parallxing)다. 시차를 구현하기 위해서는 버경을 구성하는 요소를 개별적으로 만들고 서로 다른 속도로 움직일 수 있는 독립된 계층을 구성한다. 자동차를 타고 다리를 건너가면서 차창 밖으로 지나가는 풍경을 바라보는 것과 같다고 생각하면 쉽게 이해될 것이다. 저 멀리 보이는 산이라든가 도시의 스카이라인에 비해 자동차에서 가까운 다리의 기둥들은 훨씬 빠른 속도로 시야를 스쳐 지나간다. 그럼 시차 효과를 직접 만들어 보면서 조금 더 자세히 살펴보도록 하자.

JavaScript로 시차 효과 만들기

이번 데모를 위해 간단한 그래픽 작업을 통해 하늘과 구름이 포함된 하늘 계층, 산을 포함하는 레이어, 땅과 그 밖의 가까운 물체들을 포함하는 그래픽 계층을 만들었다. 이들은 PNG 형식이지만 투명 효과를 지원하는 형식이라면 무엇이든 가능하다. 각각의 계층은 한 장의 종이라고 생각할 수 있으며 종이에는 잘라낸 부분들을 통해 뒤에 깔려 있는 종이를 볼 수 있다. 이와 같은 형태를 z-순서라고 하기도 한다.

단순화를 위해 우리는 애니메이션이 끊임없이 움직이도록 할 것이다. 하지만 실제 게임에서는 플레이어의 키 입력이나 마우스 움직임에 따라 게임 스크롤링을 제어해야 하는 경우가 대부분이다. 맨 뒤쪽 계층은 거의 움직이지 않는 것이 일반적이며 나머지 계층들은 뒤에 있는 계층이 움직이는 속도에 대해 상대적으로 두 배의 속도로 더 빨리 움직이도록 한다. 이를 위해 리스트 5.9와 같이 타임라인을 설정한다. 다양한 이미지 계층을 이용할 것이기 때문에 timelinePosition 값을 이용해서 펄스가 발생할 때마다 계층들을 직접 그리도록 할 것이다.

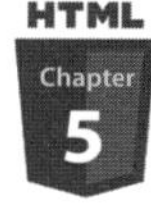

리스트 5.9 시차 타임라인 설정하기

```javascript
self.setupTimeline = function() {
    self.parallaxTimeline = new Timeline(this);

    self.parallaxTimeline.duration = 5000;
    self.parallaxTimeline.addEventListener("onpulse",
        function (timeline, durationFraction, timelinePosition) {
            var ctx = self.context;
            ctx.clearRect(0, 0, 320, 200);
            // 배경 계층은 고정된다 .
```

```
            ctx.drawImage(document.images[0], 0, 0);

            self.drawLayer(timelinePosition, document.images[1]);
            self.drawLayer(timelinePosition, document.images[2]);
            self.drawLayer(timelinePosition, document.images[3]);
        });
    self.parallaxTimeline.playInfiniteLoop(RepeatBehavior.LOOP);
}
```

먼저 Canvas를 지우고 가장 밑에 깔리는 배경을 그린다. 아무런 변환 없이 전체를 그릴 것이므로 가장 간단한 형태의 `drawImage` 함수를 이용할 수 있으며, 그리기 크기는 320×200 픽셀이다. 다른 계층들의 너비는 320 픽셀로 나누어 떨어지는 크기를 가지도록 한다. 이렇게 함으로써 계층의 속도를 계산해야 하는 수고를 덜 수 있다. 첫 번째 계층은 320 픽셀, 두 번째는 640 픽셀, 세 번째는 960 픽셀의 너비를 갖게 함으로써 동일 시간 내에 점점 더 많은 부분을 보여주도록 한다.

아무리 간소화시켜도 수학으로부터 완전히 자유로울 수는 없다. 스크롤링 효과는 공짜가 아니지만, 다행히 최소한의 계산만으로 구현이 가능하다. 리스트 5.10은 타임라인 내에서 주어진 위치에 이미지 계층을 그리는 함수의 구현을 보여준다.

리스트 5.10 이미지 계층 그리기

```
self.drawLayer = function(position, image) {
    var ctx = self.context;
    var startX = position*image.width;
    var pixelsLeft = image.width - startX;
    var pixelsToDraw;
    ctx.drawImage(image, startX, 0, pixelsLeft, 200, 0, 0, pixelsLeft, 200);
    if(pixelsLeft < 320) {
        pixelsToDraw = image.width - pixelsLeft;
        ctx.drawImage(image, 0, 0, pixelsToDraw, 200,
            pixelsLeft-1, 0, pixelsToDraw, 200);
    }
}
```

예제를 보면 타임라인 위치에 기반해서 원본 이미지에서 그리기를 시작해야 할 위치를 계산해 낸다. 뷰포트를 채울 만큼 충분한 픽셀이 남아 있지 않다면 부족한 부분이 얼마 만큼인지를 계산해서(`pixelsToDraw`) 부족한 만큼을 원본의 시작 부분에서 읽어와서 그리도록 했다. 이 과정에서 앞뒤 사이에 1 픽셀의 빈틈이 발생하는 것을 막기 위한 계산도 적용이 되어 있으며 결과적으로 자연스러운 애니메이션이 이루어진다.

Copy Me 만들기

앞에서 배운 것들에서 한발 더 나아가는 의미로 고전 게임의 하나인 '사이먼 가라사대 나처럼 해봐요(Copy Me)'를 비슷하게 만들어 보겠다. 게임의 이름은 'Simon Says(사이먼 가라사대)'라는 아이들의 놀이에서 따왔는데, 이 게임에서 플레이어들은 사이먼이 시키는 대로 무엇이든 해야 한다. Simon 게임에서 컴퓨터는 플레이어가 따라해야 할 색조의 순서를 만들어낸다. 각 색상 조합이 게임에서 플레이되면 생성된 조합에 따라 색상이 출력된다(빨간색, 녹색, 파랑색, 혹은 노란색). 게임 라운드가 진행되면서 색상 조합은 하나씩 길어지고 플레이어가 실수하기 전까지 이런 패턴이 계속된다.

게임 개체 그리기

전통적인 Simon 게임과 똑같은 형태로 만들지 않고 사각형들과 그림자를 이용할 것이며 이 과정에서 Canvas Path API의 일부 특징을 적절히 활용해 보도록 하겠다. 리스트 5.11은 그 중 하나의 사각형을 생성하는 코드다.

리스트 5.11 __그림자가 있는 사각형 그리기__

```
ctx.save();
ctx.fillStyle = "rgb(150,150,0)";
ctx.shadowOffsetX = yellowOffset.x;
ctx.shadowOffsetY = yellowOffset.y;
ctx.beginPath();
ctx.rect(400,200, 200,200);
ctx.fill();
ctx.restore();
```

rect 함수는 왼쪽 위 (400, 200)의 x, y좌표와 너비 및 높이를 매개 변수로 가진다. 그림자를 만드는 것은 간단하다. 중요한 것은 그림자가 그려지기 전에 컨텍스트에 대한 shadowColor가 설정되어야 한다는 점이다. 그림 5.10은 완성된 게임 보드다.

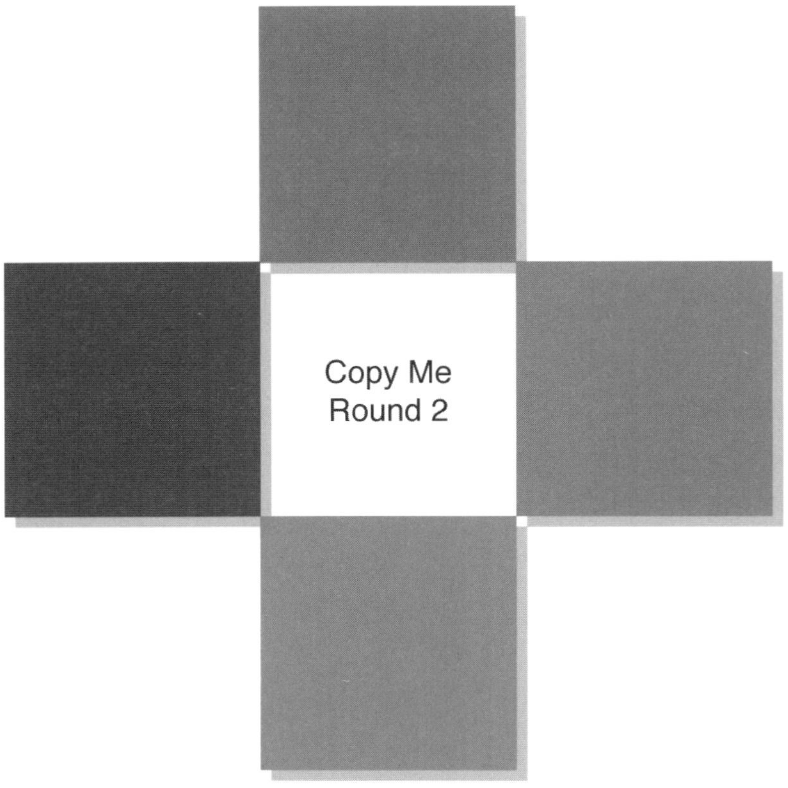

| 그림 5.10 | Copy Me 게임 보드

게임 사운드 만들기

1970년대부터의 게임들을 생각해 볼 때, 바로 떠오르는 것 가운데 하나는 8비트 사운드 카드에서 흘러나오던 전자음이다. 이런 효과를 흉내 내려면 검색을 해 보거나 MIDI를 이용해서 직접 만들어볼 수도 있다. MIDI의 강점은 텍스트 파일을 이용해서 음을 만들 수 있는 소프트웨어 패키지들을 사용할 수 있다는 점이다. MIDI의 또 다른 장점은 유연함이라고 할 수 있다. MIDI는 만들어진 파일을 그대로 사용하거나 클라이언트 컴퓨터에서 사용 가능한 장치의 상황에 따라 WAV나 MP3로 변환해서 사용할 수 있게 함으로써 게임에서 독특한 음색을 경험할 수 있게 한다. 우리는 네 가지 음색 정도만 사용하면 충분한 상황이다. 네 가지 음은 다음과 같은 규칙을 따르도록 한다.

- 빨강 버튼 : A음
- 녹색 버튼 : 빨강 버튼의 경우보다 한 옥타브 높은 A음
- 파랑 버튼 : 녹색 버튼보다 네 음이 높은 D음
- 노랑 버튼 : 파랑 버튼보다 네 음이 높은 G음

GarageBand와 같은 MIDI 파일을 만들 수 있는 몇 가지 프로그램이 있으며 일부는 텍스트 파일로 MIDI를 만들 수도 있다. 필자는 건반에 익숙하지 않기 때문에 텍스트 형태를 선택했다. 텍스트를 MIDI로 만들어주는 유명한 응용 프로그램을 두 가지 정도 더 언급하자면 Lilypond와 ABC notation이 있다. 하지만 이들은 우리가 지금 하려는 네 가지 음색을 표현하는 정도에 사용하기에는 쓸데없이 복잡하다. 그래서 필자가 선택한 것은 JFugue다. JFugue는 MIDI의 복잡함을 피할 수 있는 Java API 프로그래밍 라이브러리다. 열 줄 정도의 코드로 모든 소리가 제대로 표현되는지 판단할 수 있을 정도다. JavaScript는 아니지만 엄청난 간편함 앞에서 모든 것이 용서될 정도다. Java를 이용해서 MIDI 파일을 만들고 나면 GarageBand와 같은 MIDI 편집기/시퀀서를 이용해서 "점수"를 나타내는 각각의 조각으로 나누고 WAV나 MP3로 변환한다.

리스트 5.12는 하프시코드(역자 주: 건반 악기의 일종)로 4번째 옥타브에서 2분 음표 길이의 톤으로 시작하는 코드를 보여준다. 이런 방법을 통해 하나의 MIDI 파일을 쉽게 만들 수 있다.

리스트 5.12 JFugue를 이용해서 MIDI 파일 만들기

```java
import org.jfugue.Player;
public class TestMidi {
    public static void main(String [] args) {
        Player player = new Player();
        String musicString ="I[Harpsichord] A4h A5h D5h G5h";
        player.play(musicString);
        player.saveMidi(musicString,
            new File("/Users/jwill/Desktop/test.mid"));
    }
}
```

브라우저에서 MIDI 파일 재생하기

이제 MIDI 파일들은 만들었지만 어떻게 재생해야 할까. 일부 브라우저는 .mid 파일을 직접 재생할 수 있는 플러그인을 지원하고 있지만 게임을 위해 이것을 프로그램적으로 제어할 수는 없다. 다행히 jasmid(https://github.com/gasman/jasmid) 프로젝트가 이 문제점을 해결해 준다. jsamid는 HTML5 Audio API를 이용해서 MIDI 파일을 분석하고 재생할 수 있다. 런타임에는 .wav 파일이 생성되어 Audio API로 전송된다. 파일을 추출하고 악기를 매핑하는 과정 등의 작업이 진행되며 자세한 부분은 다소 복잡하기 때문에 용기 있는 독자의 몫으로 남겨두기로 한다. 언제가 될지는 모르겠지만 모든 브라우저에서 다른 음악 포맷들처럼 네이티브 MIDI도 지원이 이루어지기를 바란다. 완전한 지원이 이루어지기 전까지는 MIDI를 WAV, MP3, OGG와 같은 형태로 변환하는 노력이 필요한데 이 분야에서 오픈 소스 프로젝트인 Audacity가 어느 정도 좋은 성과를 보여주고 있다.

다중 음향 재생하기

Chapter 1에서 HTML5를 소개하면서 HTML이나 JavaScript에서 사운드를 출력하기 위해 Audio API를 이용하는 방법에 대해 살펴보았다. 하지만 여러 개의 소리를 동시에 출력하는 방법에 대해서는 다루지 않았는데, 이것은 단순히 여러 개의 사운드를 한 개의 Audio 개체에 전달하고 play()를 실행하는 것보다 좀 더 복잡하다.

개별 Audio 개체는 한 번에 하나의 작업만 수행할 수 있다. 즉, 다른 무언가를 재생하고 있는 상태에서 play를 호출하면 요청은 무시된다. 재생이 끝나기를 기다렸다가 다시 요청해야 처리가 가능할 것이다. 여러분의 게임에서 사운드가 때때로 출력이 되지 않는다면 게임의 재미를 떨어뜨리고 사람들은 덜떨어진 게임이라고 생각할 것이다. 이 문제를 해결하기 위해서 우리는 개별 사운드에 대한 Audio 개체를 생성하는 대신 열거할 수 있는 Audio 개체의 풀(pool)을 만들고 유휴 상태의 개체를 찾아내도록 하는 방법을 사용할 것이다. 개체의 상태 확인은 duration과 currentTime을 비교하는 방법으로 이루어진다. 만일 이들이 같다면 해당 사운드의 재생이 끝났고 해당 채널을 이용할 수 있다는 뜻이며, 그렇지 않다면 재생 중이거나 재생하기 위해 대기 중인 상태로 보면 된다. 리스트 5.13을 통해서 구현된 코드를 살펴보자.

리스트 5.13 다중 음향 재생

```javascript
var numChannels = 10;
channels = new Array();
for (var i = 0; i<numChannels; i++) {
    channels[i] = new Audio();
}
var play_multi_channel = function(id) {
for (var i = 0; i<channels.length; i++) {
    if (isNaN(channels[i].duration) ||
        channels[i].duration == channels[i].currentTime) {
            channels[i].src = document.getElementById(id).src;
            channels[i].load();
            channels[i].play();
            console.log("Playing on Channel: "+i);
            break;
        }
    }
}
```

예제 코드는 audio 태그에 포함되어 있다고 가정하고 있지만 단순히 파일에 대한 URL을 넘겨줄 수도 있다.

순서대로 음향 재생하기

앞 절에서 살펴본 방법이 옆으로 스크롤되는 게임에서는 훌륭한 방법이 되겠지만 Copy Me 게임과는 어울리지 않는다. Copy Me에서는 하나의 사운드가 끝나기 전에 다른 사운드가 재생되어서는 안 된다. 이렇게 구현하기 위해서 Audio 개체의 ended 이벤트에 대한 리스너를 등록할 것이다. 그리고 다음 코드에서처럼 self.audios라 는 Audio 개체의 배열과 타임라인이 필요하다.

```javascript
self.audios.push(
{audio: new Audio(self.sounds.red), timeline: self.timelines.red});
```

사운드가 출력될 때 색상 펄스를 모의하기 위해 타임라인 역시 실행될 것이다. 순서상 마지막에 있지 않은 한, 각 Audio 요소에 대해 다음 처리가 필요하다.

```
self.audios[i].audio.addEventListener('ended', self.playNext, false);
```

`self.playNext`는 단순히 카운터를 증가시키고 현재 위치에 해당하는 사운드를 출력하고 적절한 사각형이 깜박일 수 있게 타임라인을 시작시키는 함수로, 리스트 5.14와 같다.

리스트 5.14 다음 사운드 출력

```
self.playNext = function() {
    var j = self.currentPosition++;
    self.audios[j].audio.play();
    self.audios[j].timeline.play();
}
```

게임에 문자열 그리기

Canvas 2차원 컨텍스트는 문자열을 출력할 수 있는 기본적인 함수들을 제공한다. 속이 채워지거나 빈 문자열을 그리거나 폰트 속성을 설정하고 텍스트 정렬을 지정할 수도 있다. 리스트 5.15는 게임에서 문자열을 출력하는 방법을 보여준다. `fillText`와 `strokeText` 함수는 그리고자 하는 문자열과 그릴 위치를 지정하는 x,y 좌표를 매개 변수로 전달받는다. 옵션인 `maxWidth`는 지정된 너비에 맞는 폰트 크기를 사용할 수 있게 해 준다. 사용되는 font 문자열은 지정하고자 하는 속성들로 구성되는데 굵게, 이탤릭체, 폰트 크기, 폰트 이름, 그리고 처리 실패에 대비한 옵션 사항을 포함하고 있다.

리스트 5.15 Copy Me 게임 문자열 그리기

```
var ctx = self.context;
ctx.font="bold 24px Arial, sans-serif";
ctx.fillText("Copy Me", 250,250);
ctx.fillText("Round " + self.currentRound, 250,300);
```

CSS 폰트를 이용한 문자열 스타일 적용

Arial, Georgia, Times New Roman 등의 폰트는 대부분의 운영 체제에서 지원하고 있지만 간혹 클라이언트 기기에서 지원하고 있지 않은 폰트를 사용하고자 하는 경우가 있다. CSS 폰트를 이용하면 게임에 서체를 포함시킬 수 있다. 일반적인 웹 사이트의 경우라면 폰트 로더를 이용해서 웹에서 폰트를 참조할 수 있지만 Canvas가 그려지기 전에 해당 폰트가 로딩되었다는 보장이 없다면 Canvas에서의 폰트 사용에서는 효과적인 방법이 아니다. 별다른 생각 없이 이 방법을 사용하면 문자열이 있어야 할 자리가 비어있거나 기본 폰트로 출력되는 어이없는 상황이 벌어질 수도 있다.

리스트 5.16은 font.css 파일의 예다. 예제를 보면 포함된 트루타입 폰트 파일의 폰트 패밀리, 그리고 폰트 파일의 형식(일반적으로 TrueType 혹은 OpenType이다)을 지정했다. 이 코드는 ReenieBeanie 폰트를 비동기적으로 로드한다. 폰트가 모두 로드되었는지 확인하는 방법은 폰트의 개수에 따라 단순하게 `setTimeout`을 3 내지 5초 정도 설정할 수 있다. 좀 더 자연스러운 방법은 로딩 화면을 보여주면서 사용자 입력이 시작되는 시간을 미루거나 데이터 URI를 이용해서 폰트를 직접 포함시키는 것을 고려해 볼 수 있다.

리스트 5.16 CSS 파일에서 font-face의 사용 예

```
@font-face {
    font-family:'ReenieBeanie';
    src: url('../ttf/ReenieBeanie.ttf') format("TrueType");
}
```

이제 Canvas 태그를 포함하고 있는 HTML 페이지에 이 CSS 파일을 포함시켜야 할 차례다.

```
<link href='css/fonts.css' rel='stylesheet' type='text/css'>
```

모든 준비는 끝났다. ReenieBeanie 폰트는 매우 관대한 라이선스 정책을 적용하

고 있는 폰트들을 제공하는 Google Font Directory(http://code.google.com/
webfonts)에서 다운로드할 수 있다. 게임에 폰트를 사용하기 전에 반드시 해당 폰
트에 대한 라이선스 정책을 확인해야 한다.

⨠ 요약

이번 장에서는 몇 개의 게임과 관련 예제들을 만들어 보면서 Canvas 2차원 컨텍
스트에 대해 자세히 살펴보았다. Canvas에서 이미지를 애니메이션하는 방법과 기
본 도형을 그리거나 문자열을 만드는 방법도 배웠다. 뒷부분의 예제에서는 MIDI 사
운드와 번들 폰트를 게임에 포함시키는 방법에 대해서 알아보았다.

⨠ 연습문제

1. 290도를 라디안 표기법으로 변환해 보자.
2. 게임 레벨에 대한 테마 음악을 재생하면서 동시에 점프나 때리기 등과 같은 플
   레이어 액션에 대응하는 사운드를 서로 영향을 주지 않고 재생하는 방법에 대해
   서 설명해보자.
3. 작은 파일 크기에도 불구하고 MIDI를 직접적으로 게임에 사용하지 않는 이유
   는 무엇인가?

이번 장에서 사용된 코드와 연습문제에 대한 해답은 www.informit.com/title/
9780321767363이나 정보문화사(www.infopub.co.kr) 자료실에서 다운로드 받을
수 있다.

SVG와 RaphaëlJS를 이용한 게임 개발

Canvas를 이용한 게임을 만들면서 살펴본 문제점들 가운데 하나가 렌더링이 끝난 다음 그려진 개체의 위치와 마우스 상호동작을 개별적으로 추적·관리해야 한다는 것이다. Scalable Vector Graphics(SVG)는 위치를 유지하면서 개체를 그릴 수 있고 이벤트를 수신할 수도 있고 변경도 가능하게 하는 수단을 제공함으로써 Canvas에서의 문제점을 극복할 수 있는 대안을 제시한다. 이번 장을 통해서 게임을 만들기 위한 SVG의 필수 사항들에 대해 살펴보자. 또한 그리기 기능 측면에서 Canvas와 SVG를 비교해 보고 대부분의 클라이언트에서 구현하고 있는 SVG 하위 부류에 대해서도 알아볼 것이다.

SVG 소개

HTML5의 다른 요소와 비교해서 SVG는 상대적으로 성숙한 컴포넌트로 2001년에 처음 소개되었고 2008년 12월이 가장 최근 릴리즈다. Canvas와 달리 구성 요소를 그리기 위한 정보를 XML 기반으로 저장하고 있기 때문에 순수하게 SVG로 그려진 개체는 확대해도 품질 저하가 없다. 그림 6.1은 Canvas 방식의 래스터 그래픽 이미지를 4배 확대한 것이다. SVG 이미지라면 흐려지거나 계단 현상이 발생하지 않는다.

Canvas와 SVG는 공통적으로 기본적인 그리기 원형들을 제공하고 있으며, 다음은 그 예다.

- 원과 원호
- 선과 경로
- 폴리곤
- 스트로크
- 텍스트
- 그라데이션
- 이미지 포함
- 클리핑, 마스킹, 합성

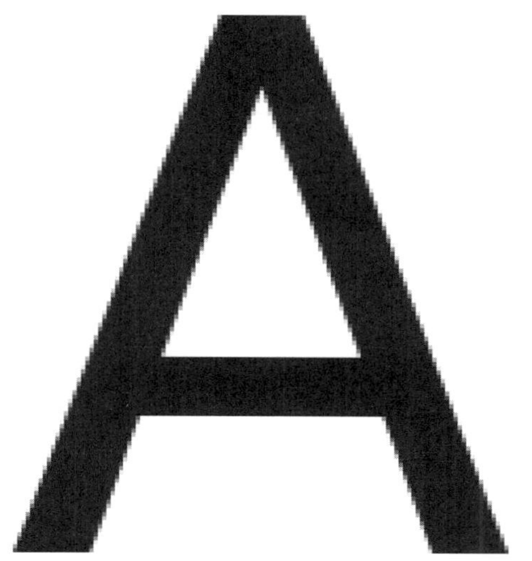

| 그림 6.1 | Canvas를 이용해서 확대한 래스터 이미지

　두 가지 모두 Internet Explorer 9에서는 지원하지만 그 이전 버전에서는 대부분 지원하지 않고 있다. 순수하게 그리는 기능 외에 SVG 개체들은 JavaScript를 이용해서 다음과 같은 이벤트에 대응할 수 있다.

- `click`
- `doubleclick`
- `hover`
- `mouseover`
- `mouseout`
- `mouseup`
- `mousedown`
- `mousemove`

　일부 구현 방식에서는 SVG가 `keystroke`, `mousewheel`, `textinput` 이벤트도 지원한다. 브라우저 측면에서 `keystroke`는 현대 웹 브라우저의 기본적인 기능과 겹치는 부분이라고 할 수 있다. 이와 같은 브라우저들은 Flash의 경우처럼 SVG 개체는 직접 포함하고 이 개체들만 이용해서 완전한 웹 페이지를 표현할 수도 있다.

Chapter 8 "Javascript 없이 게임 만들기"에서는 JavaScript 없이 게임을 만드는 방법에 대해서 살펴볼 것이다. Java 언어를 사용해서 SVG 자원을 생성하는 또 다른 방법을 소개한다. 하지만 이번 장에서는 보다 폭넓게 사용되는 RaphaëlJS와 JavaScript 라이브러리(IE 9 이전 브라우저에 대한 렌더링 기능을 이용해 동적인 자원 생성이 가능하다), Inkscape[1]를 이용해서 SVG 자원을 만드는 방법에 대해서 살펴볼 것이다. Inkscape(http://inkscape.org/)나 비슷한 벡터 그래픽 응용 프로그램을 아직 설치하지 않았다면, 잠시 시간을 내서 설치하도록 하자.

⩘ RaphaëlJS 시작하기

RaphaëlJS(http://raphaeljs.com/)가 과연 무엇인지 알아보기 위해 간단한 카드 맞추기 게임을 만들어보자. 로직이 간단하므로 SVG에 집중할 수 있을 것이다. 이 게임은 게임 보드에 몇 줄의 카드를 표시하고 타이머를 포함하고 있으며 움직인 횟수를 저장하기 위한 카운터를 사용한다. 그림 6.2는 완성된 게임의 모습이다.

---

[1] Adobe 일러스트레이터와 유사한 오픈 소스 벡터 그래픽 응용 프로그램으로 보다 복잡한 정적 자원을 만드는 데 이용한다

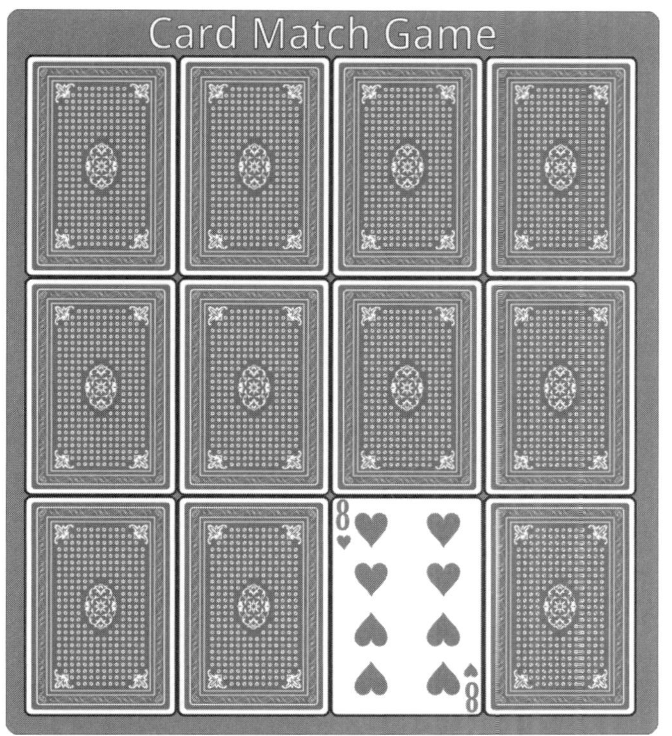

| 그림 6.2 | 카드 맞추기 게임

개발 환경 설정하기

일부 웹 브라우저들은 로컬 컴퓨터의 JavaScript 파일을 참조하도록 하는 부분에 보다 엄격한 규칙을 적용하고 있어서 JavaScript를 호스팅할 서버가 필요할 수도 있다. 이것은 불편하기도 하고 서버의 위치에 따라 지연이 발생할 수 있다.

고맙게도 Java는 Jetty라는 가벼운 서버를 제공하는데 로컬에서 동작하며 하나의 서버인 것처럼 사용할 수 있다. Jetty를 사용하기 위해서 Java 코드는 일체 작성할 필요가 없지만 서버를 실행하기 위해서는 약간의 명령줄 작업이 필요하다. 코드 디렉터리를 보면 webserver라는 디렉터리가 있다[2]. 작업하고 있는 디렉터리(혹은 상

---

[2] 역자 주: https://github.com/jwill/html5-game-book에서만 제공한다

위 디렉터리)로 이것을 복사한다. 그러고 나서 Java가 설치되어 있다면 다음 명령을
실행한다.

```
java -jar webserver/webserver.jar
```

이 명령은 Jetty 서버를 실행시키고 localhost의 8080 포트를 리스닝하도록 설정
한다. Java를 좋아하지 않는다면 Django, Node.js, Rails를 대신 사용해도 문제없
다. 이제 게임을 로컬에서 시험할 수 있게 되었으니 본격적으로 게임을 만들어 보자.

게임 보드 그리기

웹 페이지에서 SVG의 그리기 영역은 종종 "canvas"로 불리는데 HTML5 Canvas
와의 혼란을 피하기 위해서 Raphaël 용어인 "페이퍼(paper)"로 부르도록 하겠다.
먼저 페이퍼를 만들어야 하는데, Raphaël이 제공하는 몇 가지 생성자 가운데
DOMElement 이름, 너비, 높이를 이용하는 생성자를 이용한다. 기본적으로 투명한
영역인 페이퍼를 만들고 나면 게임 보드의 배경인 사각형을 만들어야 한다. 리스트
6.1은 이 과정을 보여준다.

리스트 6.1 게임 보드 초기화하기

```
<script src="raphael.js" type="text/javascript"/>
<script type="text/javascript">
    var paper = Raphael("gameBoard", 800, 600);
    /* 0,0 위치에 800×600 픽셀 크기의 모서리가 둥근 사각형 그리기 */
    var rect = paper.rect(0, 0, 800, 600, 15);
    rect.attr({
        fill:'#090',   /* 녹색으로 채우기 */
        stroke:'#000'  /* 검은색 경계선 그리기 */
    });
</script>
<body>
    <div id="gameBoard"/>
</body>
```

리스트 6.1에서 한 개의 사각형을 지정된 색으로 채우고 테두리를 그린다. 대부분의 개체에 대해 추가로 사용 가능한 속성은 표 6.1을 참고한다.

| 표 6.1 | 그리기 속성들

속성 이름	설명	
cursor	표시할 커서 설정	
fill	닫힌 개체 혹은 경로를 채울 색상	
fill-opacity	채우기 색상의 투명도	
stroke	경로 혹은 닫힌 개체의 외곽선을 그릴 선 색상	
stroke-width	경로 혹은 닫힌 개체의 외곽선을 그릴 선 굵기	
opacity	개체의 전역 투명도	
path	복잡한 개체를 그리기 위한 좌표와 명령어 집합 (이 속성은 이번 장의 뒷부분에서 자세히 다룬다)	

다음은 제목 문자열을 그릴 차례다.

문자열 그리기

Raphaël은 몇 가지 문자열 출력 방법을 제공하고 있으며, 심지어 이들이 그려진 이후에도 색상이나 채우기 관련 속성값들을 변경할 수 있다. 다음과 같은 코드를 이용하면 브라우저의 기본 폰트를 이용해서 흰색으로 채워진 형태의 문자열을 그릴 수 있다. 앞에서부터 두 개의 매개 변수는 x,y 위치이고 마지막 매개 변수는 출력하고자 하는 문자열이다. 문자열에 \n을 삽입하면 줄 바꿈이 가능하다.

```
var text = paper.text(600, 50, "Timer");
```

리스트 6.2처럼 개체의 속성은 JSON 맵 혹은 obj.attr("속성명", "값") 형태로 설정할 수 있다. 대상 개체에 적용 불가능한 속성을 설정하려 하는 경우에는 무시된다. 표 6.2는 문자열에 적용할 수 있는 속성들이다.

속성 이름	설명
font	사용할 폰트 이름
font-family	일반 스타일을 공유하지만 크기와 굵기 및 기타 스타일에 차이가 있는 폰트의 집합
font-size	지정된 폰트의 문자열 크기
font-weight	문자열 스타일(굵게, 보통, 기울임꼴)

≈ 사용자 지정 폰트

때로는 기본 폰트만 가지고는 만족스럽지 않은 경우가 있다. 왜 어느 컴퓨터에서나 똑같이 천편일률적으로 적용된 폰트를 쓰게 해서 여러분의 독창성이나 스타일에 제약을 받아야만 하는가? 이 물음을 가진 독자에게 좋은 소식이 있다. Cufón을 사용하면 더 이상 그럴 필요가 없다는 사실이다.

Cufón은 기존 폰트를 스타일 문자열에서 사용할 수 있는 JavaScript 형식으로 변환해 준다. 때문에 (그럴 리는 없겠지만) 전 세계 디자이너들이 똘똘 뭉쳐서 Comic Sans 서체를 브라우저에서 사용하지 못하게 빼버린다 하더라도 여전히 여러분은 원한다면 여러분의 게임에서 이 서체를 사용할 수 있게 된 것이다. Cufón의 또 다른 강점은 TTF나 OTF와 같은 기본 폰트 형식에 비해서 크기가 작다는 것인데, Cufón에서는 60%~80%까지 크기를 줄였다고 말하고 있다. 이 모든 장점을 모두 취하면서도 Flash처럼 플러그인을 설치할 필요도 없고, 크기가 큰 폰트 파일이 포함되어 속도에 지장을 받는 일도 없다.

Cufón을 이용해서 폰트를 변환하는 작업은 비교적 단순하다. http://cufon.shoqolate.com/generate/에 접속해서 온라인으로 변환하거나 변환 도구를 다운로드 받아서 여러분의 서버에서 변환할 수도 있다. Cufón 생성기는 보통 뿐만 아니라 굵은 글꼴, 기울임 글꼴, 굵고 기울임 글꼴 등에 대한 폰트도 지정할 수 있고, 주어진 font-family 식별자를 바꿀 수도 있다. 그림 6.3은 이와 같은 선택 사항들을 보여준다.

Select the font you'd like to use

Regular typeface
찾아보기...

Bold typeface (optional)
찾아보기...

Italic typeface (optional)
찾아보기...

Bold Italic typeface (optional)
찾아보기...

On Windows, you may first have to copy the font file out of the Fonts folder and paste it elsewhere in order to be able to select it.

Currently only TrueType (TTF), OpenType (OTF), Printer Font Binary (PFB) and PostScript fonts are supported. Files are disposed of immediately after conversion.

Use the following value as the `font-family` of the generated font (optional)

Useful if you're using multiple variants of the same font (bold, italic etc). Sometimes they may have slightly different family names, which may lead to unexpected behavior.

☐ **The EULAs of these fonts allow Web Embedding** (without Adobe Flash)

See Fonts and the Law at fontembedding.com for more information. Fonts produced by the following foundries/vendors/creators are known to be safe: Adobe Systems. The following are known to require separate or extended licenses for Web Embedding: Berthold (separate), FontFont (separate), Fontsmith (separate), Hoefler & Frere-Jones (separate), ITC (separate), Linotype (extended).

| 그림 6.3 | 변환할 폰트 활자체 선택하기

그림 6.4는 출력 폰트에 포함시킬 수 있는 글리프의 조합을 보여주는데, 최종 출력물의 크기를 줄여줄 수 있는 부분이기도 하다. 기본 선택 사항은 Basic Latin으로 대문자/소문자 알파벳과 숫자, 구두점을 포함한다. 그리고 Latin Extended−A/B, Cyrillic, Russian, Greek 등은 해당 폰트의 제공 여부에 의존적이므로 사용하고자 한다면 가능한지 여부를 먼저 확인해 두어야 한다.

Cufón은 폰트를 특정 도메인에 대해 제약하는 등의 방법으로 출력 파일을 더 작게 만들 수도 있다. 하지만 무엇보다 필자의 마음에 쏙 드는 부분은 그림 6.5의 선택 사항이다. 오른쪽에는 자그마한 Raphaël 기흐가 보이는데 이것을 사용하면 Raphaël에서 폰트를 사용할 수 있도록 형식화한다. Raphaël에서 사용해야 하는데 이 심볼을 클릭하는 것을 잊었다거나 사용하고 싶은 폰트가 Cufón 형식인 경우에도 당황할 것은 없다. Cufón 파일에서 Cufón을 찾아서 Raphaël로 바꿔주기만 하면 된다. 이 책에서 훔치지 말라고 말하는 유일한 부분이 바로 이곳이다. 인간과 달리 모든 폰트는 동등하지 않으며, 어떤 것들은 사용상의 제약 사항이 뒤따른다. 사용하고자 하는 폰트의 라이선스 사항을 반드시 확인하기 바란다. 인터넷에서 공짜로 사용 가능한 오픈 소스와 로열티가 없는 폰트만 사용하는 것도 괜찮다.

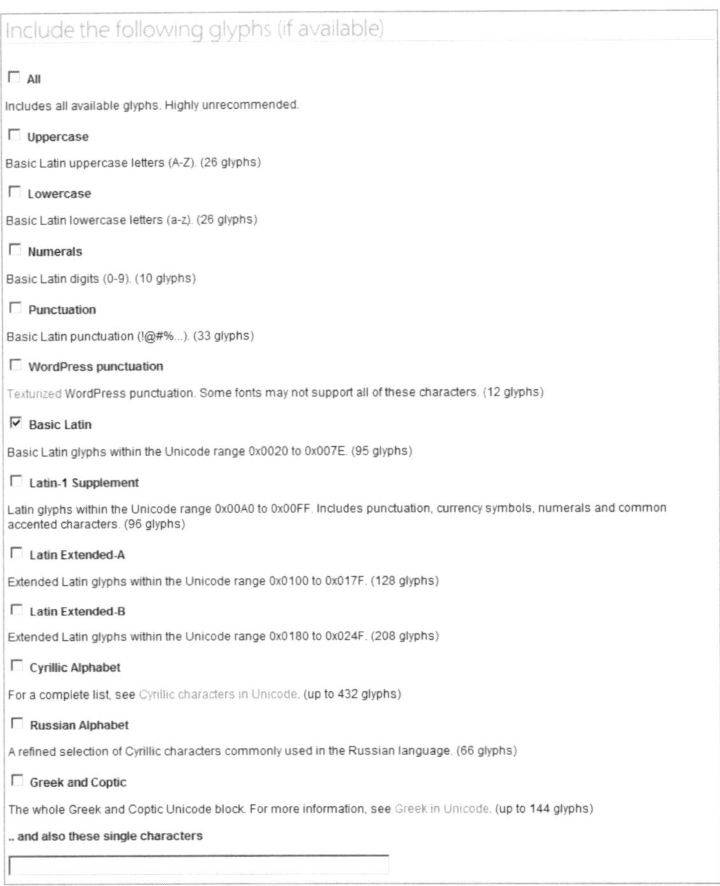

| 그림 6.4 | 변환할 글리프 선택하기

| 그림 6.5 | 폰트 커스터마이즈

Raphaël에는 앞서 살펴 본 text(...) 함수가 아닌 print(...)라는 또 다른 함수가 있는데 문자에 대한 굉장한 제어 기능을 제공한다. text(...)에서 속성이 모든 문자들에 적용되었던 것에 비해 print(...)의 경우에는 각 문자에 개별적으로 적용

할 수 있다. 애니메이션에서도 마찬가지다.

SVG와 Raphaël이 제공하는 속성을 이용하면 웹과 진정한 상호작용이 가능하며 다른 SVG 문서나 웹 페이지에 대한 링크가 허용된다. 고맙게도 검색 엔진 덕분에 이런 링크들은 검색이 가능하다. 리스트 6.2는 서로 다른 웹 사이트로 연결되는 몇 개의 사각형과 원의 예다.

리스트 6.2 **외부 문서에 대한 링크**

```
var paper = Raphael(0, 0, 300, 300);
var circle = paper.circle(50, 50, 40);
circle.attr({fill:'#F00'});
circle.node.onclick = function () {
    document.location = "http://facebook.com";
};
circle.node.onmouseover = function () {
    console.log("over at "+ new Date());
};
var r = paper.rect(200,100, 40, 40);
r.attr("fill", "#00C");
r.click(function () {
    document.location = "http://amazon.com";
});
var rect = paper.rect(150,200, 80, 80);
rect.attr({fill:"#0F0", href:"http://google.com"});
```

리스트 6.2는 몇 가지를 보여주고 있는데, 먼저 눈에 띄는 것은 node 키워드다. node는 해당 DOMElement에 액세스하고 조작하고자 한다는 것을 나타낸다. 자주 사용되는 대표적인 이벤트 형식들은 파란 사각형의 경우처럼 요소에 직접 리스너 함수를 추가할 수 있다. 세 개의 요소 모두 다른 페이지를 가리키고 있지만 기억해야 할 것은 마지막 요소만 전통적인 href 속성을 가지그 있어서 커서가 클릭할 수 있는 손 모양으로 바뀐다. 표 6.3은 SVG 개체에서 문서에 대한 링크를 사용하도록 해주는 다른 속성들이다.

속성 이름	설명
href	연관된 개체를 하이퍼링크로 바꾼다.
target	href의 하위 요소로 연결할 대상을 지정한다.

우리는 대부분의 사용자 기기에 있을 법한 폰트와 크기를 사용할 것이며, 사용하고 자 하는 폰트의 목록을 제공할 것이다. 목록상의 어떤 폰트도 없다면 Raphaël은 san serif 폰트를 사용할 것이다. 리스트 6.3은 문자열에 속성을 적용하는 코드 예다.

리스트 6.3　문자열 블록에 속성 설정하기

```
var attrList = {fill:"#FFF", stroke: 2};
var gameTitle = paper.print(150,30,
    "Card Match Game", paper.getFont("Droid Sans", "bold"), 48
)
gameTitle.attr(attrList)
```

색상 지정

앞에서 살펴본 예제들에서 우리는 색상을 표현하기 위해서 빨강, 녹색, 파랑을 표 현하는 세 자리 16진수를 사용했다. Raphaël은 색상 표현을 위한 다양한 방식을 제 공한다. 간략하게 표현된 RGB 16진수 형식뿐만 아니라 표 6.4와 같은 식별자들을 이용해서 색상을 지정할 수 있다.

| 표 6.4 | 색상 지정 방식

방식	설명
색상 이름	HTML과 CSS에서 정의된 147개의 색상 가운데 하나를 지정하는 문자열 예 : "yellow", "green", "pink"
색상 채널	빨강색, 녹색, 파랑색을 의미하는 값을 0~255 혹은 0%~100%로 지정. 선택적으로 같은 방법을 이용해서 알파 채널을 지정할 수 있다. 예 : rgb(140,200,10), rgba(100%, 5%, 20%, 90%)

16진수	16진수 형태로 색상을 도현. 간략하게 혹은 길게 표현하는 두 가지 방식을 지원한다(#RGB 혹은 #RRGGBB).
색조, 채도, 밝기, (알파)	0.0~1.0 사이의 색조, 채도, 밝기를 나타내는 값을 이용해서 색상을 표현. 퍼센트 형식의 표현도 사용이 가능하며 투명도를 지정할 수 있다.

SVG에서 지원하는 그라데이션을 이용하면 색상 사이에 주어진 간격으로 자연스러운 변화를 표현할 수 있다. 지정하는 방법은 약간 더 복잡하며, 선형과 방사형 두 가지로 구분된다. 선형 그라데이션은 일차원적인 효과를 보여주며 공간으로 뻗어가는 벡터와 투사각을 이용해서 그라데이션을 구현한다. 선형 그라데이션의 일반적인 식은 다음과 같다.

```
angle-color[-color[:offset]]*-color
```

angle은 입사각 혹은 발사각이며 하이픈과 색상이 뒤따른다. 시작 색상 다음에는 선택적인 색상 전이 단계가 임의의 횟수로 지정될 수 있다. 이들은 하이픈, 색상, 콜론, 그리고 선택적인 벡터의 원점으로부터의 오프셋을 백분율로 나타낸 값으로 구분된다. 오프셋이 지정되지 않으면 색상 전이는 일정한 변화량으로 적용된다. 마지막으로 최종 색상이 지정된다. 그라데이션에는 색상을 표현하기 위한 어떠한 방법이라도 사용 가능하다. 따라서 다음과 같은 표현도 유효하다.

```
10-blue-rgb(0%,100%,0)-rgba(255,0,0,255)-hsb(.5, 1.0, 1)
```

색상 변화를 너무 눈에 띄게 마구잡이로 사용하면 가독성에 악영향을 미치므로 주의해야 한다.

방사형 그라데이션은 2차원적인 형태로 적용된다. 그라데이션 효과는 물체 내의 지정된 초점을 중심으로 모든 방향으로 확산 적용된다. 방사형 그라데이션은 원을 포함한 타원형에만 적용 가능하다. 이것이 유일한 호환성 이슈인데, 왜냐하면 SVG는 모든 개체에 방사형 그라데이션을 적용할 수 있기 때문이다.

방사형 그라데이션은 다음 형식을 가진다.

```
r[(fx, fy)]color[-color[:offset]]*-color
```

초점과 함께 선형 그라데이션을 방사형 그라데이션으로 쉽게 변환할 수 있는데, 더 이상 필요 없는 각도는 제거하고 r을 추가하면 된다. 예를 들어, 우리의 불행한 예제를 다음과 같이 바꾸어 볼 수 있다.

```
rblue-rgb(0%,100%,0)-rgba(255,0,0,255)-hsb(0.5, 1.0, 1)
```

방사형 그라데이션의 초점은 0과 1 사이의 두 개의 값으로 구성된다. 기본값은 "0.5, 0.5"이며 동심을 이루는 색상 전이를 생성한다. 초점값을 바꾸면 초점을 사분원 내에서 이동시킬 수 있다.

게임 자원 읽기

카드 게임에 필요한 자원을 직접 그려내는 것도 재미있겠지만, 손쉽게 구할 수 있는 것들을 구현하는 데 시간을 낭비할 필요는 없다. 오픈 소스 프로젝트인 SVG-cards (http://svg-cards.sourceforge.net/)에서 제공하는 카드를 활용할 수 있다. 그림 6.6은 SVG-cards에서 제공하는 기본 카드 디자인이다. 이것이 조금 식상하다면 창의력을 발휘해서 카드 뒷면은 다른 형태로 대체할 수 있다.

| 그림 6.6 | SVG-cards의 카드 앞뒷면 예

Raphaël은 SVG 사양의 부분집합을 저장하는 방식을 이용하므로 아무 SVG 파일이나 가져다가 Raphaël에서 조작할 수는 없다. 이를 위해 원본 SVG 파일에서 Raphaël 코드를 만들어주는 몇 가지 분석기들을 인터넷에서 찾아볼 수 있다. 다른 방법은 복잡한 부분은 비트맵 파일로 그린 다음 이것을 Raphaël에서 보다 단순한 개체의 스킨으로 사용하는 것이다. 이 두 번째 방법이 우리의 경우처럼 단순한 게임에는 가장 적합하다. 카드를 벡터 개체로 그린다면 퀜더러는 킹이나 퀸과 같은 복잡한 그림을 매번 새로 그려야 할 것이고 결과적으로 게임의 반응성이 느려질 수밖에 없다. 다행스럽게도 Inkscape는 SVG 파일을 읽거나 만드는 것뿐만 아니라 PNG, PDF, Postscript 등의 형식으로 변환하는 기능도 제공한다.

SVG 파일을 비트맵으로 변환하기

SVG-cards에서 각 카드는 카드의 이름과 모양을 기준으로 다음과 같은 형식으로 저장된다.

```
{1,2,3,4,5,6,7,8,9,10,jack,queen,king}_{club, diamond, spade, heart}
{red,black}_joker
```

클로버 2를 변환하려 한다고 가정해 보자. 우선, Inkscape 셸을 다음과 같이 실행한다.

```
inkscape -shell
```

인터렉티브 셸을 이용하면 복잡한 과정 없이 몇 가지 명령어를 연속해서 실행할 수 있다. 다만, 다음과 같이 요청에 대한 매개 변수만 지정해 주면 된다.

```
> svg-cards.svg -i 2_club -e 2_club.png
```

이번 장의 샘플 코드 디렉터리에는 변환된 파일들이 포함되어 있다. 이제 카드 앞뒷면 이미지를 원하는 형태로 만들었으니 게임 플레이를 위한 클래스를 만들 차례다.

⩘ 게임 클래스 만들기

우선 Card 클래스와 Deck 클래스를 만들어야 한다. Deck 클래스는 데크(카드 한 세트) 수를 지정하고 섞기도 하고 카드를 나누어 주기도 한다. Card 클래스는 카드의 값 및 수트(모양), 그리고 앞뒷면에 대한 경로를 저장하는 속성들을 포함하고 있다. 이 경로는 카드의 앞면을 나타내는 이미지를 가리키며, 카드의 값과 수트를 이용해서 구성된다. 카드는 페이퍼 개체에서 주어진 위치에 스스로를 그리는 방법도 알고 있다. Deck 클래스는 카드의 컬렉션을 포함하며 섞기와 나누어주기에 대한 논리를 구현하고 있다. 리스트 6.4와 리스트 6.5는 Card와 Deck 클래스의 기본적인 구성을 보여준다.

리스트 6.4   **Card 클래스 소스 코드**

```
/*
    Card 개체를 정의한다.
    @author jwill
*/
function Card(ordinal, suit) {
    if ( !(this instanceof arguments.callee) ) {
        return new arguments.callee(arguments);
    }
    var ord;
    var suit;
    var cardBackPath = "";
    var cardFrontPath = "";
    var self = this;
    self.init = function() {
        var paper = Raphael($("#gameboard")0, 800,600);
        self.ord = ordinal;
        self.suit = suit
    };
    self.createCard = function(ordinal, suit) { };
    self.init();
}
```

리스트 6.5   **Deck 클래스 소스 코드**

```
/*
    Deck 개체를 정의한다.
    @author jwill
```

```javascript
*/
function Deck(numDecks) {
    if ( !(this instanceof arguments.callee) ) {
        return new arguments.callee(arguments);
    }
    var cards;
    var self = this;
    self.init = function() {
        var paper = Raphael($("#gameboard")[0], 800,600);
        self.cards = new Array(52 * numDecks);
        self.initCards();
    }
    self.initCards = function() {
        // 카드 초기화
        var ordinals = ['1','2','3','4','5','6', '7', '8', '9', '10',
'jack','queen', 'king',];
        var suits = ['club', 'spade', 'heart','diamond'];
        // 카드 배열 생성
        for (var k = 0; k<numDecks; k++) {
            for (var j = 0; j < suits.length; j++) {
                for (var i = 0; i < ordinals.length; i++) {
                    var index = (i + (j*13) + (k*52));
                    self.cards[ index ] = new Card(ordinals[i],suits[j]);
                }
            }
        } // 데크 섞기
        self.shuffleDecks();
    } self.init();
}
```

카드 섞기

우리의 데크를 초기화하면 가게에서 금방 사온 것처럼 카드가 정렬된다. 도널드 누스(Donald Knuth)의 무작위화 알고리즘을 이용해서 카드를 섞을 수 있다. 이 알고리즘을 사용하면 배열의 마지막에서부터 앞으로 이동하면서 0과 현재 위치 사이의 임의의 수를 선택한 다음 현재 위치에 있는 카드와 발생된 임의의 수에 해당하는 위치에 있는 카드를 서로 바꾼다. 역방향 이동이 끝날 때까지 카드 전체에 이 교체를 적용한다. 완전히 섞기 위해 이 프로세스를 각 데크마다 한 번씩 적용한다. 리스트 6.6은 카드를 섞는 코드를 보여준다.

```
self.shuffleDecks = function () {
    var rand = function(max) {
        return Math.floor(Math.random()*max);
    }
    var swap = function(i,j) {
        var temp = self.cards[j];
        self.cards[j] = self.cards[i];
        self.cards[i] = temp;
    }
    for(var j = 0; j<numDecks; j++) {
        for(var i = (numDecks * 51); i>=0; i-.) {
            var r = rand(i);
            swap(i,r);
        }
    }
}
```

카드 그리기 및 애니메이션

카드 상태들 간의 전환 처리를 하지 않는다고 해도 문제될 것은 전혀 없다. 하지만 그렇게 하면 게임을 보다 세련되고 재미있게 만들 수 있다. 표 6.5와 표 6.6은 Raphaël에서 일반적으로 사용되는 속성들이며 개체의 위치를 결정하고 변형을 처리할 때 사용한다.

| 표 6.5 | 위치 속성

속성 이름	설명
cx	중점의 x 위치
cy	중점의 y 위치
r	물체의 일정한 반지름
rx	물체의 가로 반지름
ry	물체의 세로 반지름
height	물체의 높이
width	물체의 너비
x	물체의 x 위치
y	물체의 y 위치

속성 이름	설명
rotation	중점에 대해 물체 회전
scale	물체의 크기를 크거나 작게 조정
translation	화면상의 물체 이동

이 게임의 그래픽 효과에 대한 요구사항은 매우 간단한 수준이지만 좀 더 나은 게임 플레이를 위해서는 몇 가지 전환 처리가 필요하다. 이 효과들은 카드를 뒤집거나 일치하는 것을 찾았을 때 사라지게 하고, 또 게임을 시작하고 끝낼 때 필요하다. 우선 카드 애니메이션에서 시작해 보자.

앞서 살펴본 것처럼 카드들도 다른 DOMElement와 같이 버튼 클릭과 같은 이벤트에 응답하도록 할 수 있다. 우리는 2차원 평면에 대해서만 작업하고 있으므로 "뒤집기" 전환은 카드의 한쪽 면을 투명하게 하고 반대쪽 면은 불투명하게 해서 구현할 것이다. 리스트 6.7은 flipCard 함수인데 앞면이 보이는지를 확인해서 값을 반전시키고 전환을 실행한다.

리스트 6.7 카드 뒤집기

```
self.flipCard = function(frontShown) {
    if (self.meta['hidden'] == true)
        return;
    self.frontShown = !self.frontShown;
    if (self.frontShown) {
        self.cardBack.animate({opacity:0.0}, 1000)
        self.cardFront.animate({opacity:1}, 1000)
        game.selectedCards.add(self);
    } else {
        self.cardFront.animate({opacity:0.0}, 1000)
        self.cardBack.animate({opacity:1}, 1000)
        game.selectedCards.remove(self):
    } console.log(game.selectedCards);
}
```

예제에서는 개체의 투명도를 현재의 값으로부터 0.0 혹은 1.0까지 1000 밀리초 동안 애니메이션하고 있다. 하지만 투명도만 사용하라는 법은 없으며, 수치적인 처리가 가능한 이벤트라면 애니메이션이 가능하다. 표 6.7은 투명도 외에 활용할 수 있는 것들을 보여주고 있으며, 앞에서 이미 살펴본 것들도 있다.

| 표 6.7 | 애니메이션에 사용 가능한 다른 속성 예

clip-rect	cx	cy
fill	fill-opacity	font-size
height	opacity	path
r	rotation	rx
ry	scale	stroke
stroke-opacity	stroke-width	translation
width	x	y

Raphaël은 단순히 애니메이션의 처음부터 끝까지를 자연스럽게 전환하는 것에 더해 몇 가지 한정자를 추가로 제공한다. 이징(Easing)은 개발자나 설계자가 애니메이션의 경로를 보다 실감나게 변경할 수 있도록 해준다. 예를 들어, 자동차가 갑자기 멈춰야 하는 키 입력이 있다면 저속에서 갑자기 브레이크를 힘껏 밟은 것처럼 덜컹이게 할 수 있다. 마찬가지로 급가속이나 급감속도 흉내낼 수 있고, 충격 시 반발력이나 탄성에 의해서 횟수를 거듭할수록 점점 낮게 튀어 오르는 물체를 표현할 수도 있다. 이와 같은 이징 함수는 표 6.8에 나열된 것과 같이 미리 정의된 형태를 이용할 수도 있고 직접 함수를 만들 수도 있다.

이번 장에서 살펴볼 내용은 아니지만 예를 들어 애니메이션을 키프레임으로 감싸고 0%~20% 구간에서 매우 천천히 가속하도록 지정할 수도 있다. 플레이어가 일치하는 카드를 발견했을 때, 우리는 이 카드들을 bounce 효과와 함께 투명하게 애니메이션 처리해서 깜박임을 연출할 수 있다. 이것은 다음과 같은 한 줄의 코드로 구현이 가능하다.

```
self.cardFront.animate({opacity:0.0}, 1000, "bounce")
```

| 표 6.8 | 미리 설정된 이징 함수

값	설명
>	단순 감속
<	단순 가속
<>	가속 후 감속
backIn	뒤로 물러났다가 목적지로 이동
backOut	목적지로 이동하고 살짝 지나친 다음 조절한 위치를 찾음
bounce	목적지로 이동하고 살짝 튕김
elastic	backIn, backOut, bounce의 조합

다음 코드는 flipCard의 조건문을 통해 애니메이션이 일어나지 않도록 한다.

```
self.meta['hidden'] = true;
```

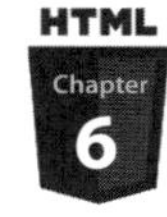

≋ 향상된 애니메이션 만들기

마지막으로 완성해야 할 애니메이션은 게임의 끝을 알리는 애니메이션이다. 우리의 친절한 게임에는 패자란 있을 수 없으므로 "You win!" 메시지는 특별하게 애니메이션을 적용해 보도록 하자. 우선 메시지 애니메이션에 들어가기 전에 잠시 한 걸음 물러서서 아직 SVG에서 다루지 않았던 부분인 경로의 개념에 대해서 살펴보자.

경로

경로(Paths)는 복잡한 모양을 만들기 위한 수단이며 그 자체로는 눈에 보이지 않는다. 그저 그리기를 위한 선들의 추상화된 집합으로 여기에 채울 색상을 지정하면 물체가 그려질 것이고, 스트로크를 추가하면 선들의 집합처럼 보일 것이다. 하나의 모양을 만들고 어떤 경로를 따라 이것을 반복적으로 그려나가면 3차원 효과를 만들어 낼 수도 있다. Raphaël에서는 이와 같은 경로를 이용해서 물체가 어떻게 움직일지를 결정하도록 할 수 있다.

경로는 직선과 곡선을 섞어서 사용할 수 있기 때문에 더욱 유용하며 원, 사각형과 같은 기본 개체들뿐만 아니라 텍스트도 경로 구성 요소로 표현이 가능하다. 경로는 순서대로 이어진 선분, 원호, 곡선이라고 할 수 있다. 경로는 직접 손으로 다 만드는 경우보다는 Inkscape와 같은 벡터 그래픽 응용 프로그램을 이용해서 만든 다음 Raphaël에서 가져와서 사용하는 방식을 주로 사용한다. 그렇다고 하더라도 식별자들을 이해하는 것은 중요하다. Logo 프로그래밍 언어를 위한 Turtle Graphics나 BASIC을 위한 그래픽 패키지를 사용해 봤다면 집에 온 것처럼 편안할 수도 있다.

moveto와 lineto

SVG 어법은 BASIC이나 Logo를 위한 일부 다른 그래픽 라이브러리들과는 달리 명시적인 penup이나 pendown 명령어가 없다. SVG 어법에서 커서를 옮기는 것은 펜을 들고 다른 위치로 이동한 다음 다시 펜을 종이에 닿도록 내리는 것과 같다. 위치는 절대 좌표일 수도 있고 현재 위치에 대해 상대적인 위치를 이용할 수도 있다. 모든 경로 명령어들은 절대 및 상대 위치에 대응하고 있다. moveto 명령은 소문자 m이나 대문자 M, 그리고 데카르트 좌표계 쌍으로 표현된다. 대문자의 경우 절대 좌표, 소문자는 상대 좌표를 이용함을 나타낸다.

선을 그리는 명령어는 lineto, horizontal lineto, vertical lineto 세 가지가 있다. lineto는 moveto와 마찬가지로 대문자 L의 경우 절대 좌표용이고 상대 좌표의 경우 소문자 l로 표현하며, 점 하나만 지정할 수도 있고 여러 개의 점을 지정할 수도 있다. horizontal lineto는 H 또는 h로 표현하고 하나 이상의 x 값을 취한다. vertical lineto는 V 또는 v로 나타내며 horizontal lineto와 같은 방식으로 동작하지만 y 축 방향이라는 점이 다르다. 마지막으로 중요한 것은 이렇게 지정한 선들을 이용해서 모양으로 만들어 낼 수 있는 방법이 필요하다. Z나 z로 표현되는 closepath 명령어가 바로 이 역할을 하는데, 현재 위치와 현재 부분 경로의 시작점을 연결하는 직선을 그려준다. Z와 z는 정확히 같은 동작을 하지만 다른 명령어들과의 수준을 맞추기 위해 두 가지 모두 포함되어 있다.

이제 조금만 더 힘내서 이번 절을 제대로 마칠 수 있는 수준의 약간의 수작업만 참고 해내면 된다. 물론 현업에서 제정신인 개발자라면 이런 수작업을 하지 않는다. 수학 시간에 미분 계산법을 배우는 것에 비유할 수도 있는데, 쉽게 계산하는 방법을 깨우치고 나면 처음에 배웠던 힘든 방식으로는 절대 돌아가지 않는 것과 마찬가지다. 리스트 6.8은 커서를 100,100으로 옮기고 측면의 길이가 40인 사각형을 수직선과 수평선을 이용해서 그린 후 경로를 닫는다. 다음으로 채울 색깔을 흰색으로 지정한다. 그 다음에는 상대 좌표를 이용해서 또 하나의 사각형을 그리고 검은색으로 칠한다.

리스트 6.8 **사각형 경로**

```
var rect = paper.path("M100 100 h40 v40 h-40 v-40 z");
var rect2 = paper.path("M200,200 l40,0 l0,40 l-40,0 l0,-40 z");
rect.attr({fill:"#FFF"})
rect2.attr({fill:"#000"})
```

curveto

직선을 이용한 구간은 배운 정도까지가 전부라고 볼 수 있다. `lineto`를 이용해서 곡선 모양을 흉내낼 수는 있지만 확대해보면 곡선이 아닐 것이다. 그리고 하나의 곡선을 표현하기 위해서 수많은 직선 구간을 구성하는 것은 생각만 해도 끔찍하다. 베지어(Bezier) 곡선을 이용하면 적은 명령을 이용해서 정확한 곡선을 표현할 수 있다. 베지어 곡선은 프랑스의 르노 사에서 근무하던 Pierre Bezier가 자동차 설계에 이용(만들어낸 것은 아니다)하면서 널리 알려졌으며, 오늘날 수많은 공산품과 일부 폰트 설계 등에 널리 사용되고 있다. 이 문자열을 출력하고 있는 폰트도 아마 베지어 곡선을 이용하고 있을 가능성이 높다.

자, 이제 베지어 곡선이 얼마나 매력적이고 실상활에서 유용한지도 알게 되었다. 그렇다면 베지어 곡선은 구체적으로 무엇일까? 베지어 곡선은 시작점과 끝점, 그리고 일련의 제어점들로 구성된다. 곡선은 어떠한 경우에도 제어점들을 넘어설 수 없고 제어점들은 곡선의 경로에 영향을 주는데 마치 자석처럼 곡선을 밀어내기도 하고 당기기도 한다.

SVG는 2차와 3차 베지어 곡선을 제공한다. 두 가지의 차이점은 2차 곡선은 한 개의 제어점을, 3차 베지어 곡선은 이보다 하나 더 많은 두 개의 제어점을 필요로 한다는 것이다. SVG는 이들을 위한 몇 가지 식별자를 제공하는데, C/c와 S/s는 3차 베지어 곡선을 의미하고 Q/q와 T/t는 2차 베지어 곡선을 나타낸다. C/c와 Q/q는 끝점의 앞에 위치하는 제어점에 대해 절대 좌표와 상대 좌표를 사용할 수 있다. S/s와 T/t는 축약된 표현식을 제공한다. 이들은 이전 곡선의 마지막 제어점을 이용해서 그 대칭점을 제어점으로 사용한다. 따라서 2차 베지어 곡선의 경우 새로운 끝점만 지정하면 되며, 3차 베지어 곡선인 경우에는 두 번째 제어점도 추가로 지정해야 한다.

SVG 파일로부터 경로 내보내기

이제 직선과 곡선을 그리는 방법을 열심히 배웠으니 쉬운 방법에 대해서 살펴보자. 우선 선호하는 벡터 그래픽 편집기(Inkscape나 Adobe Illustrator 등)를 실행하고 연필이나 펜 도구를 이용해서 마음 가는 대로 무언가를 그린 다음 SVG로 저장한다. 파일에서 path 태그를 찾고 "d" 혹은 데이터 속성의 내용을 복사하면 된다. 그림 6.7의 SVG-edit을 이용하면 간편하게 웹 페이지 내에서 원본 SVG를 볼 수 있다.

경로를 따라가며 애니메이션하기

경로를 따라 애니메이션을 처리할 수 있는 Raphaël 함수는 두 가지가 제공되는데 animateAlong과 animateAlongBack이다. 이 함수들은 각각 경로의 시작점과 끝점에서부터 시작해서 개체를 애니메이션한다. 또한 이들은 경로 개체 혹은 경로 문자열, 애니메이션을 처리할 밀리초 단위의 시간 범위, 선택적으로 애니메이션 도중에 개체를 회전시킬 것인지를 결정할 불리언 값, 역시 선택적으로 적용 가능한 콜백 함수를 매개 변수로 가진다. 앞서 정의한 사각형 경로를 따라 원을 애니메이션하려면 다음과 같은 코드를 이용하면 된다.

```
circle.animateAlong(rect, 2000, false);
```

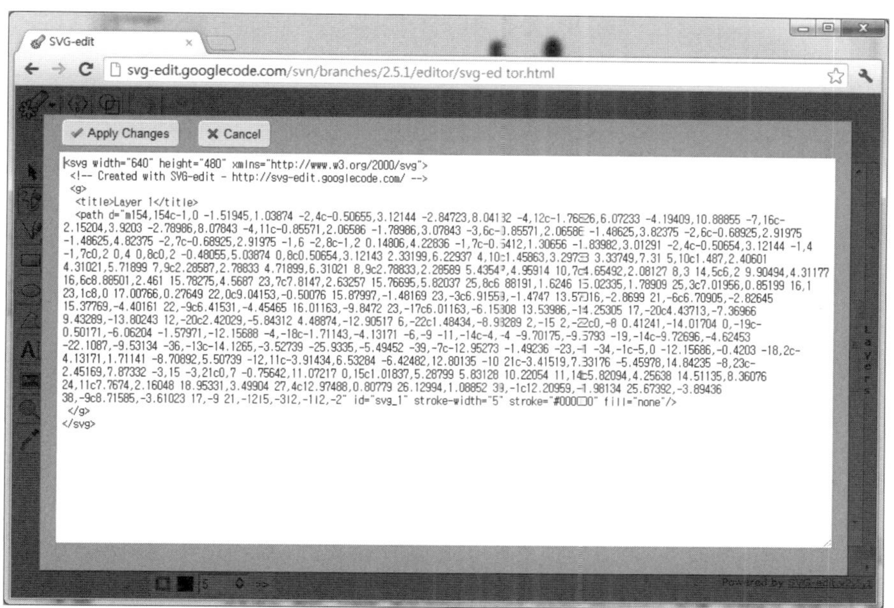

| 그림 6.7 | SVG-edit을 이용한 SVG 코드 보기

animateAlong과 animateAlongBack에 대해서 기억할 점은 움직이고자 하는 개체의 위치가 경로의 위치와 같지 않다면 개체는 현재 자신의 위치에서 경로 정보에 기반을 둔 상대적인 움직임을 보인다는 것이다. 즉 앞에서 살펴본 코드를 실행하면 원은 경로가 어디에 있는지와 무관하게 시작점에서 오른쪽으로 40, 아래로 40, 왼쪽으로 40, 위쪽으로 40만큼 이동한다. 우리 게임의 종료 화면은 "You win!" 메시지에 애니메이션을 적용할 것이다.

≫ 플러그인으로 Raphaël 확장하기

Raphaël은 플러그인을 이용한 확장을 지원한다. 이와 같은 방식을 취하는 이유는 서드 파티 라이브러리에 보다 잘 통합하기 위한 것뿐만 아니라 아직 구현되지 않은 SVG 사양을 노출하고 대응하기 위해서다. Raphaël은 IE 외의 브라우저에서 사용하는 SVG와 IE에서 사용하는 VML의 절충안이라고 볼 수 있다. 어떤 기능이 양쪽 표준 가운데 어느 쪽에도 없다면 버려진 것이다. 플러그인을 사용하면 이런 기능들을 사용할 수 있지만 크로스 플랫폼은 포기해야 한다.

함수 추가

Raphaël에서는 페이퍼나 요소뿐만 아니라 속성에도 함수를 추가할 수 있다. 페이퍼에 추가된 함수와 요소에 추가된 함수의 가장 큰 차이점은 페이퍼 개체들은 반드시 페이퍼가 인스턴스화 되기 전에 생성되어야 한다는 것이다. 요소의 경우, 함수는 언제든지 추가하거나 변경할 수 있다.

페이퍼에 함수를 추가하기 위해서는 `Raphael.fn` 개체를 이용한다. 여러분의 코드를 모듈화하기 위해 네임스페이스를 사용할 수도 있다. gRaphael 차트 라이브러리의 경우가 그러한 예다. 요소 함수는 `Raphael.el` 개체에 의해 노출된다. 이 개체에 함수를 추가하면 모든 Raphaël 개체에 함수가 추가된다.

SVG 필터

SVG 필터는 플러그인이 제대로 힘을 발휘하는 부분이다. SVG 필터는 GIMP나 Adobe Photoshop과 같은 그래픽 편집 응용 프로그램에서 제공하는 필터 기능과 크게 다르지 않다. 필터는 주어진 개체 혹은 개체의 집합이 표현되는 방식을 변경할 수 있게 해준다. 필터는 Raphaël의 핵심적인 부분이 아니므로 대략적인 기능만 살펴보고 나머지는 관심 있는 독자의 몫으로 남기겠다. 표 6.9는 필터의 종류와 간략한 설명이다. 개발자 커뮤니티에서 몇 가지 필터를 지원하는 플러그인을 개발했지만 이 책을 집필하는 시점에는 모든 필터가 구현되지 못했다. 어떤 것이 구현되었는지 알아보려면 Raphaël Google 그룹을 확인해 보기 바란다. 필터의 컨텍스트에서 "image"는 실제 래스터 이미지를 참조할 수 있다.

필터 이름	설명
feBlend	미리 정의된 블렌딩 알고리즘을 이용해서 두 개의 구성 요소 데이터를 결합한다.
feDiffuseLighting	장면에 대한 주변광을 정의한다.
feGaussianBlur	가우스 함수를 이용해서 이미지에 흐림 효과를 적용한다.
feImage	래스터 이미지를 그린다.
feOffset	주어진 거리 정보에 따라 이미지를 띄워서 그린다. (드롭 섀도우 효과 구현 시 이용)
fePointLight	특정 지점에서 빛나는 광원 효과를 정의한다.
feSpotLight	공간상의 한 점에서 특정 영역 내를 비추는 광원을 정의한다.
feTile	대상 개체를 반복된 패턴으로 채운다.
feTurbulence	이미지에 노이즈 효과를 적용한다.

속도 고려사항

훨씬 최신 기술인 HTML5 Canvas(하나의 비트맵 버퍼로 동작)와 비교하면 SVG는 조금 무거운 감이 있다. 예를 들어 5천 개의 원을 canvas에 그리는 코드는 변환 명령을 이용해서 많은 부분 재사용이 가능하다. 반면 SVG에서는 5천 개의 독립적인 개체를 완전한 DOM 표현으로 생성해야 한다. 이것이 SVG를 사용하기 위한 대가다. SVG는 이번 장에서 살펴본 예제와 같이 적은 수의 스프라이트를 사용하는 게임, 혹은 스프라이트가 자주 변경되지 않는 게임에 적합하다. 1인칭 슈팅 게임에 SVG를 사용해서 재미를 보기는 어려울 것이다.

요약

이번 장에서는 SVG와 더불어 RaphaëlJS에 대해서 자세히 살펴보았다. 그 과정에서 여러분은 문자 그리기, 개체 생성, 개체와의 상호 작용, 실행 중 개체의 변경에 대해 배웠다. 또한 개체에 색상을 적용하는 방법, 복잡한 개체를 그리거나 Raphaël을 확장하는 방법, 그리고 마지막으로 게임에서 SVG를 사용할 때 고려해야 할 조건에 대해서도 알아보았다. 사용하고자 하는 도구와 라이브러리의 본질을 이해하는 것은 올바른 결정을 내리고 정확한 목표에 도달할 수 있는 안목을 가질 수 있게 해 준다.

≋ 연습문제

1. RaphaëlJS에서 폰트를 사용할 수 있도록 해 주는 Cufón 라이브러리에 대해서 간략하게 살펴보았다. Google Font Directory(http://code.google.com/webfonts)에서 제공하는 오픈 소스 폰트 한 가지를 선택해서 Raphaël에서 사용할 수 있도록 변환하고 이 폰트를 이용한 문자열을 출력하는 화면을 만들어 보자.

2. 카드 맞추기 게임 코드를 변경해서 카드가 사용자 지정 배경을 사용하도록 해 보자.

3. 카드 맞추기 게임 코드를 변경해서 선택적으로 조커가 데크에 포함될 수 있도록 해보자.

4. 경로를 이용해서 육각형과 팔각형을 그려 보자.

5. 카드를 뒤집기 위해서 애니메이션을 이용했다. 삼각형, 사각형, 원이 서로 바뀌는 전환을 애니메이션으로 구현해 보자.

이번 장에서 사용된 코드와 연습문제에 대한 해답은 www.informit.com/title/9780321767363이나 정보문화사(www.infopub.co.kr) 자료실에서 다운로드 받을 수 있다.

WebGL과 Three.js로 게임 만들기

앞에서는 라이브러리나 프레임워크를 이용해서 편리하게 코딩하는 방법보다는 힘들지만 원론적인 방법을 살펴보았다. WebGL은 괴물 같은 녀석이다. OpenGL ES 2.0을 기반으로 하여 기존의 Open GL API보다 훨씬 단순화했지만 그래도 여전히 거대하다. 누군가 Canvas 2D나 SVG를 프레임워크 없이 사용하겠다고 한다면 그럴 수도 있다는 생각이 든다. 하지만 WebGL의 경우는 상황이 다르다. 여러 가지 이유가 있겠지만 우선 조명, 텍스처링, 필드 심도, 입자 시스템, 충돌 감지와 반력 등을 프레임워크나 라이브러리 없이 구현한다는 것은 마치 그물 보호망 없이 한 가닥의 밧줄 위를 걷는 것과 같다. 이 장에서 사용할 프레임워크는 Three.js이다. Three.js는 현대적인 브라우저들, 즉 앞에서 언급한 Canvas, WebGL, SVG를 표현할 수 있는 브라우저를 위한 3차원 그래픽 라이브러리다. 몇 가지 예외는 있지만 Three.js는 모든 렌더러에서 동일한 코드를 사용해서 WebGL 기능의 사용을 지원한다. 호환성 계층이 광범위한 테스팅에서 우리를 자유롭게 해주지는 않지만, 클라이언트 컴퓨터가 최신이 아닐 경우 적어도 사용 가능한 대비책을 제공한다. Three.js는 재질이나 셰이더를 다루는 부분을 포함한 많은 골치 아픈 것들을 추상화하고 있다. 또한 보다 일반적인 기하학적 형상들에 대해서는 다양한 내장 도우미(역자 주: 흔히 헬퍼(Helper)라고 한다) 기능들을 포함하고 있어서 구, 육면체, 원기둥, 완전한 입자 시스템, 테스처 매핑, 기본적인 충돌 감지 등에 대한 처리를 도와준다. 이번 장에서는 가급적이면 일반 수준으로 설명하려 하지만, 몇 가지 경우는 매우 자세히 파고들 것이다. WebGL의 기반 기술인 OpenGL ES를 설명하면서 이번 장에서 시작해보자.

임베디드 시스템을 위한 OpenGL ES 또는 OpenGL은 모바일 폰, 태블릿, 비디오 게임 콘솔과 같은 기기에서 동작하는 3차원 그래픽 API 사양이다. 대부분의 모바일 기기 플랫폼(Android, iOS, Blackberry/QNX, WebOS)은 이 사양의 일부를 지원한다. 그리고 비디오 게임 개발사는 닌텐도(닌텐도 3DS), 소니(플레이스테이션 3), OpenPandora(Pandora)등이 있다. 서로 이름이 비슷하고 OpenGL ES의 버전이 OpenGL을 따르고 있지만, OpenGL ES는 OpenGL이 아니다. OpenGL ES는 OpenGL의 일부분일 뿐이다. 이 둘의 중요한 차이는 기본 도형을 그리기 위한 `glBegin/glEnd`와 `glVertex*`를 제거했다는 점이다. 또 버텍스 버퍼가 선호되면서

Display List는 제거되었는데, 어차피 Three.js가 이런 것들을 모두 추상화하고 있기 때문에 직접적으로 사용할 일은 없으나 그 차이점을 이해하는 것은 중요하다.

≫ 3차원 세상으로

2차원 Canvas 배경에서 그림을 그릴 때는 멀리/가까이 있는지에 대한 물체의 깊이나 위치를 신경쓸 필요가 없었다. 단지 볼 수 있는 재질이 표현된 사각 창만 있을 뿐이다. WebGL에서는 깊이를 고려해야 하고, 이 깊이는 우리의 변환 연산을 더욱 복잡하게 만들었다. 복잡한 행렬에 대해서 다시 설명하지는 않을 테니 당장은 걱정할 필요 없다. 하지만 아직까지 명확하게 이해하지 못했다면 잠깐 짬을 내어 Chapter 5 "Canvas 태그로 게임 만들기"를 다시 살펴보자. 그림 7.1과 같이 z축을 이용하여 깊이를 조절할 수 있다.

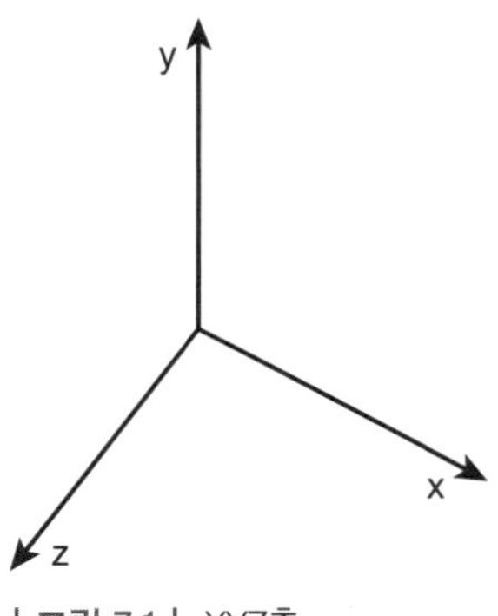

| 그림 7.1 | XYZ축

세 번째 축이 추가됨으로써 버텍스(vertex)라는 공간에서 점을 표현하는 새로운 구조가 생겼다. 다음은 Three.js에서 버텍스를 생성하는 데 필요한 코드이다.

```
new THREE.Vertex(new Vector3(0, 0, 0));
```

두 개의 버텍스를 그리면 선 하나가 생긴다. 3개의 버텍스를 그리면 삼각형을 그릴 수 있다. 선택은 무한하다. 지금 당장 화면에 많은 버텍스를 그릴 수 있어도 이 버텍스들을 볼 수는 없다. 왜냐하면 이 버텍스들 사이에 아무런 관계도 없기 때문이다. 이 상황에서 버텍스는 단순히 공간에 있는 여러 점들의 모음일 뿐이다. 메쉬(mesh)는 객체를 묘사하는 버텍스의 모음이다. 이 버텍스는 3개 이상의 버텍스로 구성된 표면에 정렬된다. 삼각형을 생성하기 위해서는 아래의 작업을 수행해야 한다.

- 버텍스를 저장할 기하 도형 개체 하나를 생성한다.
- 버텍스가 스스로 정렬되도록 표면(face)을 추가한다.
- 기하 도형 개체와 재질로 메쉬 하나를 생성한다.

재질을 어떻게 정의할지는 아직 걱정하지 말자. Chapter 7의 뒷부분에서 재질을 살펴볼 것이다. 그림 7.2는 메쉬의 예이며, 리스트 7.1은 그림 7.2의 메쉬를 만들기 위한 코드다.

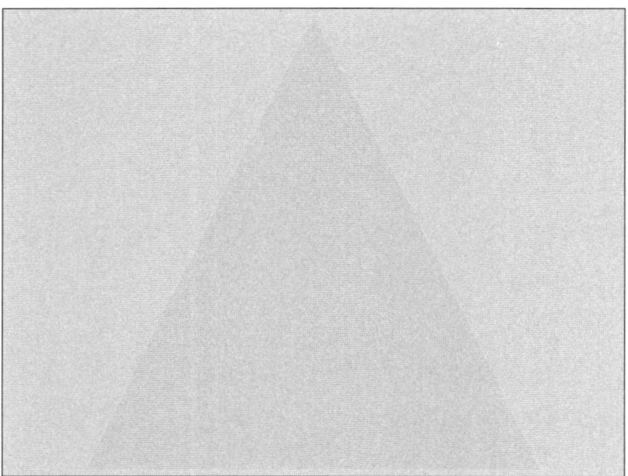

| **그림 7.2** | 삼각형 메쉬

```
geometry = new THREE.Geometry();
geometry.vertices.push(new THREE.Vertex(new THREE.Vector3(0, 10, 0)));
geometry.vertices.push(new THREE.Vertex(new THREE.Vector3(-10, -10, 0)));
geometry.vertices.push(new THREE.Vertex(new THREE.Vector3(10, -10, 0)));
geometry.faces.push(new THREE.Face3(0,1,2));
var triangle = new THREE.Mesh(geometry, geoMaterial);
```

재질과 조명으로 사물을 더욱 돋보이게 만들기

이제 서로 다른 버텍스들이 서로 관계를 괽고 있는 컨텍스트를 가지게 되었는데 여전히 볼 수가 없다. 왜일까? 재질과 조명을 이용해서 이들이 어떻게 보여야 할 것인지에 대해서 살펴보도록 하자.

조명 이해하기

Three.js에서 조명의 역할은 태양이 실세계를 비추는 것과 크게 다르지 않다. Three.js에서 조명 개체는 3가지 종류가 있다.

- **AmbientLight**(주변 광원): 주변 광원은 한 구역에 있는 모든 광원에서 생성되는 모든 빛의 평균을 의미한다. 오직 주변 광원으로 표현된 객체는 2차원으로 나타난다. 왜냐하면 모든 버텍스는 동일한 양의 빛을 받기 때문이다. 이것을 보기 위한 방법 하나는 주변 광원을 에어컨이나 용광로에 있는 온도 조절 장치처럼 되도록 고려하는 것이다. 일반적으로 온도 조절 장치는 각 방을 개별적으로 시원하게/따뜻하게 만들지는 않지만, 전체를 우사한 온도로 유지한다.
- **PointLight**(점 광원): Point lighting은 특정 위치에서 비추는 약한 빛을 의미한다. 빛은 그 지점에서 모든 방향으로 내뿜어지고, 사물을 보다 3차원으로 보이도록 만든다. 사물이 광원으로부터 더 멀리 움직일수록 객체에 영향을 미치는 빛의 양은 더욱 줄어든다. 또한 점 광원은 정반사를 유발하거나 영향을 준다.
- **DirectionalLight**(방향성 광원): 방향성 광원은 동일한 위치의 램프에서 비추

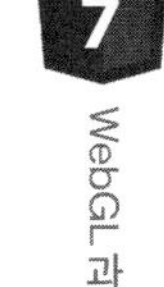

WebGL 과 Three.js 로 게임 만들기

는 것과 비슷하게 보인다. 점 광원은 거리에 따라 약화되지만 방향성 광원은 동일한 빛을 무한대로 비추거나 최대 거리까지 전달한다.

리스트 7.2는 위의 세 가지 조명 종류에 대한 예를 보여준다. AmbientLight는 하나의 매개 변수만을 갖는다. intensity는 광선의 밝기 정도, distance는 광선이 없어지기 전까지의 가장 긴 거리, 즉 빛이 도달하는 거리를 나타낸다. castShadow는 Boolean이며, DirectionalLight에 인해 빛을 받은 사물이 그림자를 드리우는지 여부를 결정한다. 여기에 언급하지는 않았지만, PointLight와 DirectionalLight의 위치를 지정할 수 있으며 대괄호 내의 매개 변수는 선택 사항이다.

리스트 7.2 조명 예제

```
new THREE.AmbientLight(hexColor);
new THREE.PointLight(hexColor, [intensity], [distance]);
new THREE.DirectionalLight(hexColor, [intensity], [distance], [castShadow]);
```

재질(material)과 셰이더 사용하기

재질은 색상과 텍스처를 적용해서 사물을 특별하게 만든다. 조명 다음으로 재질을 살펴볼 텐데 한 장면의 조명은 사용자에게 재질이 어떻게 표시되는지에 큰 영향을 미치기 때문이다. 대기를 구성하는 많은 컴포넌트들은 버텍스나 면의 최종 색상을 결정하기 위해 다음과 같은 사항들을 고려하는데, 이 항목들로 제약되는 것은 아니다.

- 조명(주위 밝기, 점, 방향성)
- 그림자
- 셰이더
- 혼합 모드
- 폐색(Occlusion)

이미 빛에 대해서는 살펴보았고 그림자는 많은 설명이 필요하지 않으므로 셰이더를 살펴보자. 셰이더는 렌더링 효과를 계산하기 위해 일반적으로 GPU의 소프트웨어 명령을 사용하지만 소프트웨어적인 처리도 가능하다. 셰이더에는 일반적으로 3 가지 종류가 있다.

- **버텍스 셰이더**(Vertex shaders): 버텍스 셰이더는 하나의 메쉬에서 각 버텍스를 실행한다. 버텍스 셰이더는 위치, 색상, 법선, 빛, 텍스처 좌표와 같은 속성을 변경할 수 있다.
- **픽셀 또는 단편**(Fragment) 셰이더: 단편(픽셀) 셰이더는 화면에 표현할 때 색상 및 하나의 메쉬에 있는 각 픽셀의 색상이나 다른 속성을 계산한다.
- **기하 구조 셰이더**(Geometry shaders): 기하구조 셰이더는 하나의 메쉬에 있는 버텍스를 추가하거나 제거하는 데 사용한다. 한 예로 한 장면에 LOD(정밀도 수준) 효과를 추가하는 것이다. LOD 효과는 화면에서 사물이 멀어지거나 가까워 짐에 따라 메쉬에 있는 버텍스의 수를 늘리거나 줄이는 것이다.

WebGL과 Three.js는 버텍스 셰이더와 단편 셰이더를 프로그램적으로 처리한다. 기하구조 형상의 LOD 면은 Three.js에서 다루지만, 사물의 제거에 대해서는 이번 장에서 상세히 다루지 않는다. 셰이더와 재질에 대해 살펴보기 전에 일반적으로 알 아야 하는 중요한 개념이 있다. 바로 법선이다. 법선은 표면이나 버텍스와 직각을 이 루는 벡터인데, 벡터는 조명 계산에 사용된다. 벡터는 재질이 표현되는 방법에 영향 을 미치고, 폴리곤 수의 증가 없이 모델을 더욱 세부적으로 생성하는 데 사용된다. Three.js는 여러 가지 셰이딩 알고리즘을 기본적으로 지원하고 있는데 간단한 것부 터 차례대로 살펴보자.

플랫 셰이딩(Flat Shading)

플랫 셰이딩은 메쉬에 있는 각 폴리곤 법선을 기반으로 객체에 색을 넣는다. 사각 형과 같이 일반적인 형상에 대해서는 앞으로 살펴볼 고급 알고리즘과 계산 방법이 크게 다르지 않다. 플랫 셰이딩의 문제는 적당한 양의 폴리곤이 있는 모델이 투박하 게 보일 수 있고 사용자가 폴리곤의 경계를 쉽게 볼 수 있다는 것이다.

주변 셰이딩(Lambertian Shading)

간단히 말해서 주변 셰이딩은 모든 방향에서 동일한 빛을 반사하는 것이다. 이것을 통해 보는 사람은 관점에 상관없이 동일하게 모델을 본다. 처리가 끝나지 않은 목재, 콘트리트, 기타 윤이 없는 표면이 이 특징을 가지고 있다. 주변 셰이딩은 역동성이 없기 때문에 플랫 셰이딩처럼 GPU에서 매우 간단히 수행된다.

구로 셰이딩(Gouraud Shading)

구로 셰이딩은 각 버텍스가 접촉한 폴리곤의 표면 법선의 평균인 법선을 적용한다. 구로 셰이딩은 플랫 셰이딩보다 부드러운 착시를 이용하지만 CPU나 GPU의 부담은 적은 편이다. 이유는 여러 버텍스의 평균이기 때문인데, 몇 개의 버텍스로부터 얻어진 평균값을 이용하기 때문에 실제 법선 값과는 약간의 오차가 존재하며 이것은 특히 반사 하이라이트에서 분명히 나타난다. 그림 7.3은 면 법선이 계산되는 방법에 대한 설명이다.

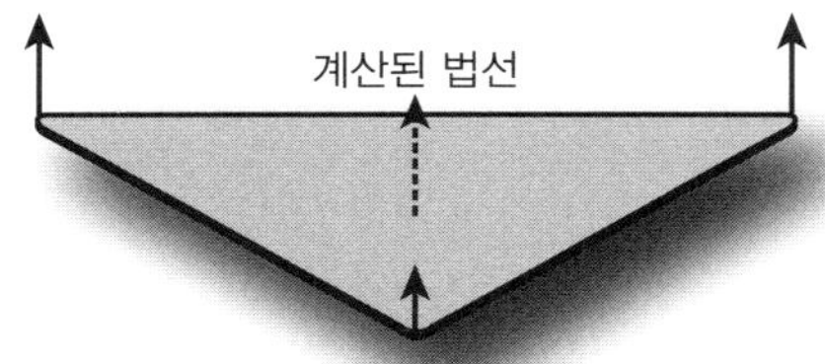

| 그림 7.3 | 구로 셰이딩 법선 계산

퐁 셰이딩(Phong Shading)

퐁 셰이딩은 4가지 셰이딩 중 가장 비용이 많이 드는 방법이다. 픽셀 단위 셰이딩이라고도 불리는 퐁 셰이딩은 버텍스 법선을 가지고 각 픽셀의 중간 법선 값을 계산한다. 이것을 이용해 구로 셰이딩의 결과보다 월등히 개선된 조명 모델을 만들지만 복잡한 연산 과정을 수반한다.

셰이딩 모델은 아니지만 이와 관련된 것으로 퐁 반사라는 것이 있는데, 퐁 반사는 완벽하게 빛나거나 거친 개체는 극히 드물다는 사실에 집중한다. 즉, 사물의 표면을 두 가지 속성(정반사 및 확산 반사)의 결합으로 본다. 다음은 퐁 반사의 컴포넌트다.

- 물체에 고르게 분산되는 빛의 양에 대한 주변광
- 모든 방향으로 흩어지는 확산광
- 광원에 의해 발생하는 하이라이트에 대한 정반사광

또한 반짝임이나 투명도를 지정할 수도 있다. 최종 재질을 만들기 위한 이러한 작업은 동시에 일어난다. 예를 들면, 전체적으로 빛나지 않는 재질은 반사값을 고려하지 않을 것이다.

≋ 첫 Three.js 장면 만들기

필자가 온라인 학습으로 OpenGL에서 그리는 것을 처음 배웠을 때 했던 것이 눈사람이다. 눈사람은 태양을 제외하고 싫어하는 사람이 없으며, 그리기에 간단한 좋은 예제이다. 그리고 내장 3차원 형상을 논의할 수 있는 기회이기도 하다.

뷰 설정하기

시작하기 전에 눈사람을 그리기 위한 환경을 조성해야 한다. 주요 내용만 포함한 `init` 함수에서는 렌더러와 장면을 생성한다. 앞서 언급한 것처럼 Three.js는 여러 다른 환경에서 렌더링할 수 있는데, 예를 들어 렌더러를 `CanvasRenderer`에서 `SVGRenderer`로 바꾸면 렌더링 대상 환경이 바뀐다. 그리고 렌더러의 차원도 설정해 줘야 한다. Three.js는 결정된 렌더러로 장면을 렌더링할 때 최선의 방법을 시도한다. 많은 효과와 재질을 렌더러의 종류와 두관하게 사용할 수 있게 되어 있지만, 일부는 WebGL에서만 사용 가능하다. `init` 함수 아래에는 애니메이션과 렌더링을 다루는 2개의 함수가 있다. `requestAnimationFrame`은 모니터의 새로 고침 빈도와 최대한 비슷한 수준으로 그리기를 수행하며, 윈도우가 가려지면 그리기를 멈춘다. 이에 대한 코드는 리스트 7.3과 같다.

리스트 7.3 환경 구성하기

```
function init() {
        // ...
        // 렌더러와 장면 생성하기
        renderer = new THREE.WebGLRenderer();
        renderer.setSize (WIDTH, HEIGHT);
        // 추가적인 코드
        }
function animate() {
        requestAnimationFrame (animate);
        render();
}


function render() {
        renderer.render(scene, camera);
}
```

Chapter 7에서는 "장면(scene)"과 "장면 그래프(scene graph)"의 사용에 주의해야 한다. 장면은 환경 내의 모든 사물을 기술한다. 장면 그래프는 사물과 다른 사물과의 관계 구조를 기술하며 트리 구조로 배치되는 노드의 컬렉션이다. 각 노드는 자식 노드를 가지고 있다. Three.js는 하나의 장면 그래프이기 때문에 변경하고자 하는 개체만 추적·관리하면 된다는 점이 중요하다. 변경할 필요가 없다면 그저 장면 그래프에 개체를 추가하고 render 함수만 호출해 주면 그만이다.

한 번도 눈사람이나 눈을 보지 못한 독자가 있다면 그림 7.4를 살펴보자. 눈사람의 몸통은 사람보다 더 동그랗고 막대기로 된 팔과 당근으로 된 코를 가지고 있다.

꽤 벅차 보이는가? 구, 원기둥, 평면의 3개 형상만 가지고 이 완전한 장면을 그릴 수 있다. 눈사람을 만들기 위해 서로 다른 크기의 형상과 변형을 이용했다. 그림 7.5에서 보는 것과 같이 구는 중심에서 원을 회전시켜서 만든 완전히 둥근 형상이다. 농구공, 야구공, 지구 등이 구의 형상을 하고 있다.

| 그림 7.4 | 눈사람

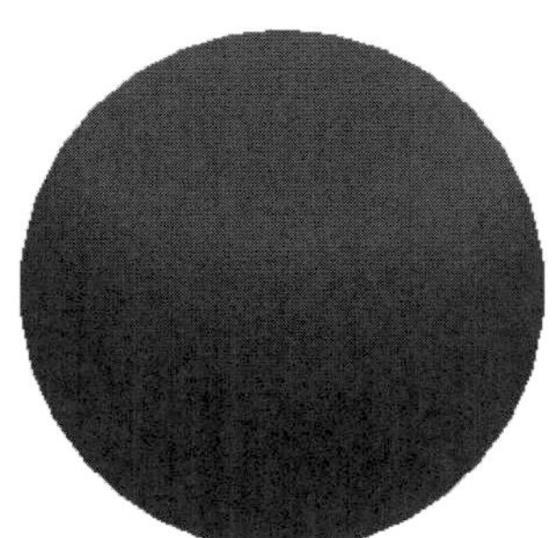

| 그림 7.5 | 구

리스트 7.4는 눈사람 몸통의 눈 부분을 그리기 위한 코드다. 흰색 재질 인스턴스를 만드는 것으로 시작하고 크기가 점점 작아지는 세 거의 구를 그린다. Sphere 생성자의 첫 번째 매개 변수는 반지름이며 높이와 너비를 몇 번의 단계로 나누어 그릴지를 지정하는 매개 변수가 뒤따른다. 매개 변수값을 더 크게 하면 더욱 동그란 구를 그릴 수 있지만 그만큼 그려야 할 버텍스도 늘어난다. 반면 매개 변수값을 줄이면 더 빠르게 객체를 그릴 수 있지만 조명 효과가 나빠진다. 마지막으로 구를 이동하기 위해 THREE.Mesh 형식의 개체에 변형 함수를 사용하고 이것들을 장면 그래프에 추가하면서 마무리한다.

```
var topSegment, middleSegment, bottomSegment;
var whiteMaterial;

whiteMaterial = new THREE.MeshLambertMaterial({
        color:0xFFFFFF
})
bottomSegment = new THREE.Mesh(
        new THREE.Sphere(8, 16, 16), whiteMaterial
);
middleSegment = new THREE.Mesh(
        new THREE.Sphere(6, 16, 16), whiteMaterial
);
middleSegment.translateY(10);
topSegment = new THREE.Mesh(
        new THREE.Sphere(5, 16, 16), whiteMaterial
);
topSegment.translateY(19);

scene.addChild(topSegment);
scene.addChild(middleSegment);
scene.addChild(bottomSegment);
```

이 장면에서 사용할 두 번째 형상은 그림 7.6과 같은 원기둥이다. 원기둥은 원이 직선을 따라 평행 이동하며 만들어 내는 형태이다. 음료수 캔이나 컵 등이 원기둥 모양이다.

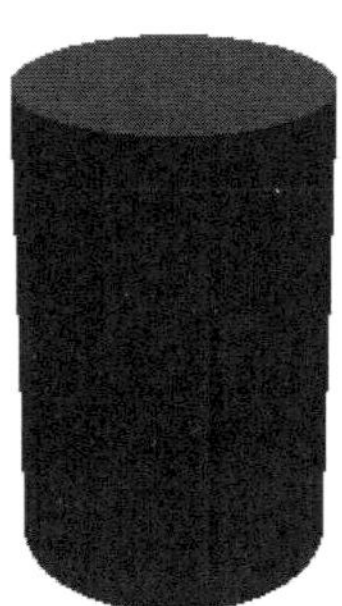

| 그림 7.6 | 원기둥

리스트 7.5는 눈사람의 막대기 모양 팔을 그리는 코드이다. 먼저 갈색 재질을 선언
하는 것으로 시작하고, 다음에는 팔을 생성한다. 매개 변수 목록은 얼마나 많은 단계
를 사용할지로 시작하여 시작 반지름, 끝 반지름, 원기둥의 길이로 이루어진다. 그
리고 이 원기둥을 옮기기 위해 몇 가지 작업을 더 해야 한다.

리스트 7.5 팔 추가하기

```
var arm, arm2, armMaterial;

armMaterial = new THREE.MeshLambertMaterial({
        color: 0x8B5A00
});

arm = new THREE.Mesh(
        new THREE.Cylinder(20, 0.3, 0.3, 10),
        armMaterial
);
arm2 = new THREE.Mesh(
        new THREE.Cylinder(20, 0.3, 0.3, 10),
        armMaterial
);

arm.rotation.x = 30;
arm.rotation.y = 10;
arm.translateX(8);
arm.translateZ(1);
arm.translateY(15);

arm2.rotation.x = -30;
arm2.rotation.y = 10;
arm2.translateX(-7);
arm2.translateZ(1);
arm2.translateY(15);

scene.addChild(arm);
scene.addChild(arm2);
```

그림 7.7은 장면에 깊이를 더해주는 평면으로, 큰 종이나 양탄자라고 생각해보자.

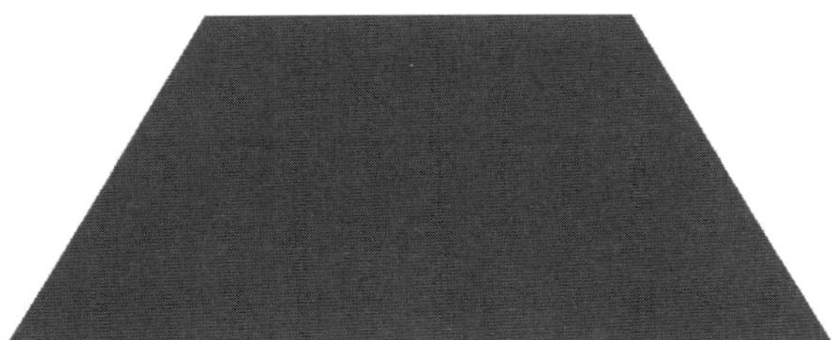

| 그림 7.7 | 평면

앞서 살펴본 구나 원기둥처럼 평면도 메쉬를 세세하게 조정할 수 있다. 넓이와 높이를 정의하고 나면 각각의 단계값을 설정할 수 있다. 평면을 그리는 코드는 리스트 7.6과 같다.

리스트 7.6 **평면 그리기**

```
plane = new THREE.Mesh(
        new THREE.Plane(500,500, 20, 20),
        planeMaterial
);
```

앞서 주요 3개 형상을 그렸지만 눈사람의 코는 원통과 그림 7.8의 새로운 형태인 원뿔, 두 가지로 생각해볼 수 있다. 일부 그래픽 라이브러리는 이 둘을 구분하기도 하지만 이 둘의 관계는 직사각형과 정사각형의 관계와 유사하다. 즉, 모든 원뿔은 원기둥이지만 모든 원기둥이 원뿔은 아니다. 둘 모두 평행 이동을 하지만 원뿔은 계속 그 반지름이 0에 이를 때까지 작아진다.

| 그림 7.8 | 원뿔

리스트 7.7에서는 원뿔과 원기둥의 차이즘을 볼 수 있는데, 반지름 하나가 0에 가깝다는 것이다.

리스트 7.7 코 그리기

```
nose = new THREE.Mesh(
        new THREE.Cylinder(20, 0.8, 0.01. 3),
        noseMaterial
);
```

세계 보기

지금까지 작성한 코드를 실행하면 페이지에 보이는 것이 아무 것도 없어서 무엇인가 잘못되지 않았나 의심할 것이다. 아무것도 볼 수 없는 이유는 Three.js에 우리가 어디 있고 무엇을 보려고 하는지 알려주지 않았기 때문이다. 장면에 카메라(Camera)가 위치해야 형상을 볼 수 있다. 사람의 눈을 기초로 하기 때문에 카메라는 무엇을 볼 수 있고 또는 볼 수 없는지를 결정하는 속성을 포함하고 있다. Camera 객체 특징은 다음과 같다.

```
var cam = new THREE.Camera( fov, aspect, near, far, [target - optional])
```

가장 중요한 매개 변수이자 가장 처음에 있는 개개 변수는 fov, 즉 시야(FOV: field of view)다. FOV는 한 번에 볼 수 있는 세계의 크기를 정하는데 종종 각도로 말하기도 한다. FOV는 삼각대에 카메라를 올려놓고(조금 끔찍하지만 원한다면 사람의 눈이라고 생각해도 된다) 물체와의 거리를 알려줌으로써 계산할 수 있다. 뷰 파인더를 보면서 카메라를 움직이지 않고 가장 오른쪽에 있는 물체를 보고 현재 위치부터 그 물체까지 선을 그리자. 그리고 제일 왼쪽의 물체에도 똑같이 선을 그리자. 그리고 두 물체 간에 선을 그리자. 이제 FOV를 찾는 데 사용할 수 있는 삼각형이 생겼다. 그림 7.9는 이렇게 그려본 삼각형의 예다. 다행스럽게도 이런 계산은 컴퓨터가 모두 알아서 해주기 때문에 직접 계산할 일은 없다.

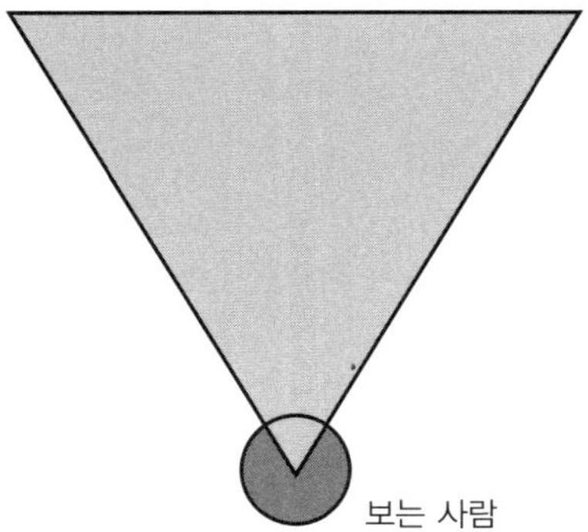

| **그림 7.9** | 시야(FOV) 계산하기

다음 매개 변수는 `aspect`, 즉 종횡비다. 이 용어는 모니터나 TV의 사양에서 볼 수 있다. 종횡비는 여러분이 보는 가장 긴 길이와 짧은 길이의 비율이다. 대부분의 화면은 4:3(표준) 또는 16:9(와이드 화면)를 사용한다. 종횡비는 FOV와 함께 화면에서 세계를 얼마나 잘라낼지 결정할 때 사용한다.

다음 2개의 매개 변수는 `near`와 `far`로 세계의 잘려진 평면을 표현한다. 한 번에 수천 개의 물체와 글자를 한 장면에 그려야 한다면 이 모든 것을 시도하고 보여주느라 CPU와 GPU는 매우 힘들 것이다. 더 나쁜 점은 보이지도 않는 것들을 그리느라 자원을 낭비하고 있다는 것이다. 근거리 플리핑 평면은 보통 사용자와 상대적으로 가깝고, 원거리 클리핑 평면은 보다 거리가 떨어져 있다. 물체가 원거리 클리핑 평면을 통과하면 물체는 자연스럽게 보이거나 사라질 것이다. 일부 게임에서는 물체를 더 실제처럼 보이고 사라지게 하는 데 안개를 사용하기도 한다. `target`은 필요에 따라 사용하는 매개 변수로, 바라볼 사물을 지정하는 데 사용한다. 그림 7.10은 시야 절두체를 만들기 위해 처음 4개의 매개 변수가 조합되는 방법을 보여준다.

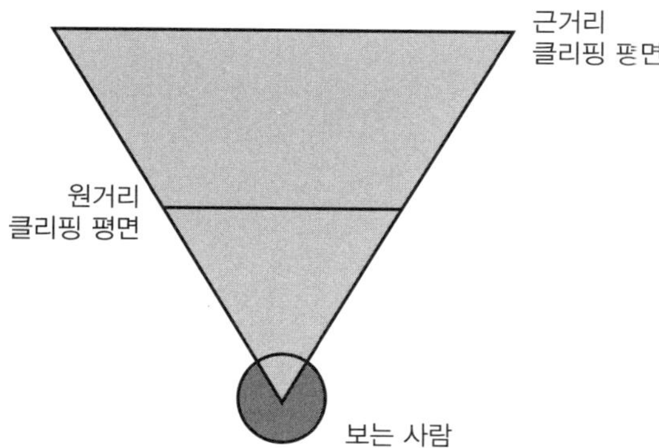

| **그림 7.10** | 시야 절두체

그렇다면 왜 2차원 Canvas에서 그릴 때는 이런 부분을 처리하지 않아도 됐던 것일까? 간단히 답하면 Canvas가 장면 뒤에서 알아서 처리하고 있기 때문이다. 2차원 장면의 경우 카메라를 만들 때 절두체는 near와 far 값을 동일하게 하며, 이 값은 모든 사물의 z 값이기도 하다. 결과적으로 이 카메라는 세계의 특정 부분만을 보게 된다.

⪢ Three.js로 3차원 모델 로딩하기

코딩을 통해서 모든 것을 생성한다면 매우 피곤한 작업이 될 수 있다. Three.js는 이런 피곤함을 한 방에 날려버릴 수 있도록 JSON 형식의 3차원 모델을 로드하고 Autodesk 3ds Max나 Blender로 파일을 내보낼 수 있는 기능을 제공한다.

Autodesk 3ds Max(보통 3D Studio MAX나 그냥 MAX라고 함)는 3차원 모델을 생성하고, 애니메이션으로 만들고, 렌더링하는 산업계 표준으로 널리 인식되고 있다. 그리고 게임 아티스트뿐만 아니라 TV나 영화에서도 많이 사용된다. 제품에 내장된 것은 MAXScript라는 스크립트 언어이며 이것을 이용하면 클라이언트 측 플러그인을 만들 수 있다.

Blender(www.blender.org)는 다양한 플랫폼에 적용 가능한 고급 3D 모델링 응용 프로그램으로 무료 오픈 소스이다. Blender는 UV 래핑(UV wrapping), 텍스처, 본(bone)과 리깅(rigging), 기타 시스템 효과 등 상용 3D 모델링 소프트웨어에서 지원하는 복잡한 효과를 만들 수 있다. 또한 비선형 편집기와 응용 프로그램 내장 스크립팅을 위한 Python API를 포함하고 있다. Blender는 비영리 단체인 Blender Foundation이 관리하고 의장은 Blender의 개발자인 Ton Roosendaal이 맡고 있으며 Blender 커뮤니티[1]에서 개발하고 있다. 또한 커뮤니티 잡지도 있다.

Blender Foundation이 하는 지원 활동에는 Blender 컨퍼런스(매년 암스테르담에서 개최), Suzanne Awards(애니메이터 시상식), 그리고 몇몇 단편 영화 제작이 포함되어 있다. 상업적으로는 TV 광고, 일부 History Channel 프로그램, 〈스파이더맨 2〉의 사전 제작 등에 사용되었다.

이 두 응용 프로그램을 위한 내보내기 스크립트는 Three.js의 utils/exporters 디렉터리에 있다. 플러그인을 설치하는 방법과 요구 버전 등에 대해서는 적절한 벤더의 웹 사이트를 확인하자. 요구 버전보다 최신 버전을 사용할 경우 제대로 동작하지 않을 수 있다.

리스트 7.8은 JSON 모델을 비동기 로드하고 장면 그래프에 추가하는 코드이다. 리스트 7.9에서 보겠지만 JSON 모델 파일은 수정하거나 사용할 수 있는 재질을 포함할 수 있다. 마지막 줄의 `createScene1`은 어려워 보이지만 그렇지 않다. 이름에서 알 수 있는 첫 2개 매개 변수를 제외하고 사물의 전역 스케일, x/y/z 위치, x/y/z 축의 회전, 사용할 재질이 매개 변수로 사용된다.

리스트 7.8 모델 파일 로딩하기

```
function drawCube() {
        var loader = new THREE.JSONLoader();
        loader.load( {model: "cube.js", callback: createScene1 });
}

function createScene1(geometry) {
        geometry.materials[0][0].shading = THREE.FlatShading;
        mesh = THREE.SceneUtils.addMesh( scene, geometry,
            250, 400, 0, 0, 0, 0, 0, geometry.materials[0] );
}
```

---

1 Blender 커뮤니티 www.blenderartists.org/forum
   Blender 커뮤니티 잡지 http://blenderart.org

리스트 7.9에는 핵심적인 부분만 포함하고 일부 생략했지만, Blender 내보내기의
산출물이 무엇인지의 핵심은 이해할 수 있다. 예제에서는 버텍스, 재질, 표면에 대
한 부분을 볼 수 있다. 설명하지 않은 다른 부분은 Chapter 7의 후반부에 설명할 것
이다.

리스트 7.9 <u>Cube.js File (일부 생략)</u>

```
var model = {

    "version" : 2,
    "scale" : 1.00,
    "materials": [ {
        "DbgColor" : 15658734,
        "DbgIndex" : 0,
        "DbgName" : "Material",
        "colorAmbient" : [0.0, 0.0, 0.0],
        "colorDiffuse" : [0.64, 0.64, 0.64],
        "colorSpecular" : [0.5, 0.5, 0.5],
        "shading" : "Lambert",
        "specularCoef" : 50,
        "transparency" : 1.0,
        "vertexColors" : false
        }],

    "vertices": [1.00...],
    "morphTargets": [],
    "normals": [0.577349,..],
    "colors": [],
    "uvs": [[]],
    "faces": [35,...],
    "edges" : []
};

postMessage( model );
close();
```

⪢ 셰이더와 텍스처 프로그래밍하기

Three.js에 내장된 재질 기능을 사용하지 않고 고급 효과를 생성하고 싶다면
WebGL 기능을 자세히 살펴보고 자신만의 버텍스와 단편 셰이더를 생성해야 한다.

Three.js를 이용하는 경우 이번 장의 앞 부분에서 내용 설명을 위해 재질을 하나 생성하고 셰이더를 붙였다. 셰이더 코드를 작성하기 위해서는 OpenGL 셰이더 언어나 GLSL을 조금 더 배워야 한다.

GLSL은 C와 비슷한 문법의 고수준 언어이다. 프로그램처럼 구조화되며 버텍스 셰이더와 단편 셰이더를 조합하는 것과 같은 몇 가지 경우는 프로그램이라고 불리기도 하지만, 셰이더는 컴파일되지 않고 문자열로 취급된다. 셰이더는 몇몇 Three.js의 경우처럼 런타임에 생성될 수 있고 파일이나 웹 페이지의 <div> 태그에서 읽어올 수 있다. 포인터와 같이 위험한 연산자는 GLSL에 없지만, C나 C++의 연산자와 유사한 면이 많고 흐름 제어나 함수 생성/호출하기를 포함하여 여러분이 원하는 것보다 더 많은 것을 할 수 있다. GLSL은 그래픽 처리에 유용한 함수를 일부 포함하고 있다.

리스트 7.10과 리스트 7.11은 모든 점을 하얀색으로 칠하는 GLSL 프로그램의 코드이다. 리스트 7.10은 필요한 빨강, 초록, 파랑 및 알파 값을 표현하기 위해 vec4를 사용하여 색상을 할당한 예제이다.

리스트 7.10   <u>단편 셰이더 예제</u>

```
<script id="shader-fs" type="x-shader/x-fragment">
    #ifdef GL_ES
    precision highp float;
    #endif

    void main(void) {
        gl_FragColor = vec4(1.0, 1.0, 1.0, 1.0);
    }
</script>
```

리스트 7.11은 버텍스 셰이더의 코드이다. 버텍스를 볼 때, 3D 공간에서 그렸더라도 화면에 보여질 때는 2차원 공간에 투영된다. gl_Position은 프로젝션 매트릭스, 모델 뷰 매트릭스, 버텍스의 위치를 곱해서 화면에 있는 버텍스의 최종 위치를 찾아낸다. 뒤에 붙어있는 1.0에 대해서는 걱정하지 말자. 행렬을 곱할 때 차원이 일치해야 해서 필요한 값일 뿐이다. projectionMatrix, modelViewMatrix, position은

Three.js가 넣는다. 다른 플랫폼의 GLSL 프로그램을 적용하려면, 이 변수들이 명시적으로 선언되었는지 프로그램을 확인해야 한다.

리스트 7.11 버텍스 셰이더 예제

```
<script id="shader-vs" type="x-shader/x-vertex">
    #ifdef GL_ES
    precision highp float;
    #endif

    void main(void) {
        gl_Position = projectionMatrix * modelViewMatrix * vec4(position, 1.0);
    }
</script>
```

응용 프로그램에서 셰이더를 사용하려면 사물의 셰이더 재질을 생성해야 한다. 이 객체를 생성하고 나면 다른 재질처럼 이 재질도 사용할 수 있다. 리스트 7.12는 최소의 속성을 이용해서 MeshShaderMaterial을 생성하는 코드이다. 이 코드는 스크립트 태그의 콘텐츠를 얻기 위해 JQuery와 비슷한 라이브러리를 사용했다

리스트 7.12 **MeshShaderMaterial 생성하기**

```
var shaderMaterial = new THREE.MeshShaderMaterial({
                vertexShader: $('#vertexShader').get(0).innerHTML,
                fragmentShader: $('#fragmentShader').get(0).innerHTML
});
```

때로 셰이더가 좀 더 복잡한 연산을 필요로 하거나 GLSL 프로그램에 호스트 응용 프로그램이 데이터를 전달해야 하는 경우가 있는데, 이런 경우 셰이더 변수를 이용할 수 있다. 셰이더 변수에는 다음과 같은 3가지 기본 형식이 있다.

- Uniform – 이 값은 프레임의 렌더링동안 동일하게 유지되며, 두 셰이더 모두 사용 가능하다.
- Attribute – 버텍스 셰이더에서 사용 가능한 읽기 전용 변수이다.
- Varying – 버텍스 및 단편 셰이더에서 데이터 공유가 가능하다.

리스트 7.11에서 `projectionMatrix`와 `modelViewMatrix`는 untiform 형식이며, `position`은 attribute 형식이다. 자체 변수를 생성할 때, GLSL 프로그램은 JavaScrpit가 아니며 형식의 명시적인 선언이 필요하다는 것을 알고 있어야 한다. C/C++에서 사용 가능한 기본 형식에 추가해서, GLSL만의 형식도 있다. 표 7.1은 사용 가능한 벡터 형식을, 표 7.2와 표 7.3은 각각 행렬 형식과 텍스처 형식을 보여준다.

| 표 7.1 | GLSL 벡터 형식

형식	설명
`vec2, vec3, vec4`	2D, 3D, 4D에 대한 부동소수점 벡터
`ivec2, ivec3, ivec4`	2D, 3D, 4D에 대한 정수 벡터
`bvec2, bvec3, bvec4`	2D, 3D, 4D에 대한 부울 벡터

| 표 7.2 | GLSL 행렬 형식

형식	설명
`mat2`	2×2 행렬
`mat3`	3×3 행렬
`mat4`	4×4 행렬

| 표 7.3 | GLSL 텍스처 타입

형식	설명
`sampler1D, sampler2D, sampler3D`	1D, 2D, 3D 텍스처
`samplerCube`	큐브 맵(cube map) 텍스처

≫ 텍스처 사용하기

텍스처는 형상과 크기를 포함하고 있으며, 적용할 텍스처의 크기와 표면의 관계를 1:1로 항상 매핑할 수는 없다. 이를 보정하기 위해 실제 픽셀 크기와 매핑하는 대신 텍셀(texel)을 이용해서 텍스처와 표면의 관계를 매핑한다. 텍스처 좌표 또는 텍스처 픽셀로도 알려진 텍셀은 x축과 y축의 0.0부터 1.0까지의 범위에 대한 두 값의 쌍이다. 텍스처링할 사물에 있는 각 버텍스는 텍셀로 할당한다. 그림 7.11을 살펴보자.

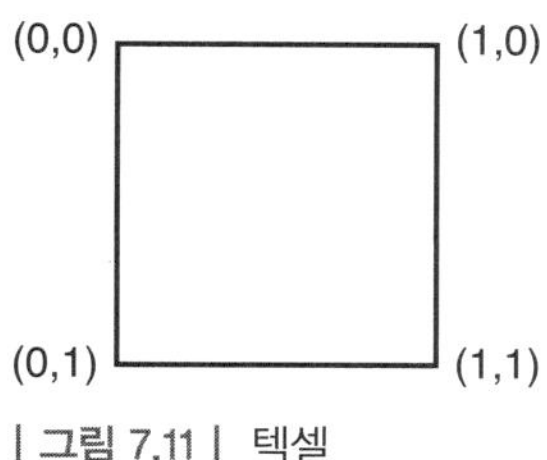

| 그림 7.11 | 텍셀

색상을 입히는 것처럼 복잡한 사물에 텍스처를 한 번에 입히려고 시도하는 대신에, 사물의 개별 표면에 텍스처링을 할 수 있다. 이 방법은 텍스처링 절차를 최적화하고 텍스처 처리된 사물의 외관에 더 많은 제어를 할 수 있게 해 준다. 이와 같은 절차를 "UV 매핑"이라 부른다. 그림 7.12의 큐브 맵을 통해 "UV 매핑"에 대한 간략한 예를 볼 수 있다. 큐브 맵은 6개의 텍스처로 구성되어 있고 위아래에 하나씩, 그리고 옆에 4개의 텍스처가 있다.

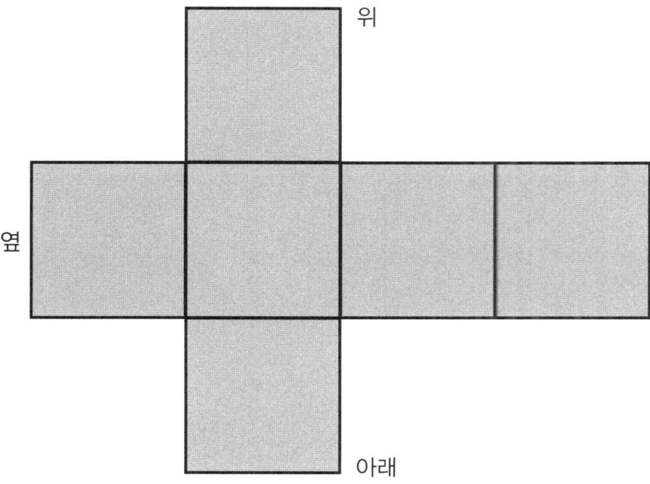

| 그림 7.12 | 큐브 맵

하나의 텍스처만 제공한다면 이 텍스처를 큐브의 모든 면에 반복하면 된다. 텍스처 처리되어야 하는 사물의 표면이 존재하지 않는다면 이 표면의 텍스처 데이터는 폐기된다. 큐브 맵으로 큐브, 구, 원기둥, 기타 다른 사물에 동일한 텍스처 정보를 사용할 수 있다.

UV 매핑을 통해 삼각형들로 나누고 평평하게 나열함으로써 하나의 템플릿이 생성되며, 아티스트들은 이렇게 만들어진 평평한 각각의 면에 색칠 작업을 할 수 있다. 한번 텍스처를 입히면, 사물은 "스킨"을 가지게 된다. 예를 들어 Dead Rising 게임 시리즈에서는 주인공이 옷을 갈아입을 수 있다. 게임 개발자는 여러 UV 맵을 계층화함으로써 이것을 가능하게 한다. 몸과 피부 텍스처에 대한 매핑과 속옷에 대한 매핑, 그리고 겉옷에 대한 매핑이 있을 수 있다.

리스트 7.13은 구에 텍스처를 적용하는 예제이다. 모델을 비추기 위한 추가적인 빛이 필요 없도록 하기 위해 흰색 사물의 주변광은 흰색을 사용한다. Three.js는 우리를 대신해 많은 작업을 처리할 텐데, 우선 map 속성을 이용해서 텍스처를 Three. js에 넘기면 큐브 맵을 구성할 것이다. 그림 7.13은 리스트 7.13의 코드로 생성한 모델이다.

리스트 7.13 **구 텍스처링하기**

```
function drawScene() {
        var texture = THREE.ImageUtils.loadTexture(
            "200407-bluemarble.jpg" );
        var material = new THREE.MeshPhongMaterial( {
            color: 0xFFFFFF, ambient: 0xFFFFFF, map:texture
        } );

    sphere = new THREE.Mesh(new THREE.Sphere(32, 32, 32), material);
    scene.addObject(sphere);
}
```

리스트 7.13에서는 구에 텍스처를 매핑하는 방법을 보여주는데 UV 좌표가 생성됨을 알 수 있다. Three.js JSON 형식은 UV 좌표를 지원하며 포함된 모든 내보내기 플러그인에서도 UV 좌표를 지원한다.

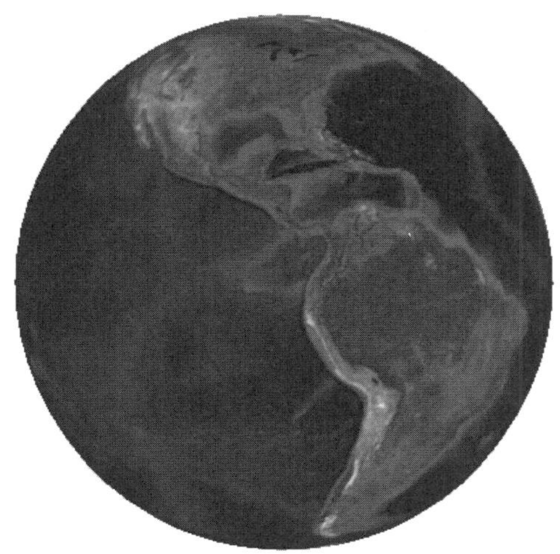

| 그림 7.13 | 텍스처 처리된 구

⨠ Three.js로 게임 생성하기

Conway의 Game of Life는 각각의 세포(우리 버전에서는 구)가 주변 상태에 따라 자신의 상태를 결정하는 규칙을 이용하여 각각의 세포가 살아남는지 확인하는 세포에 대한 자동 시뮬레이션이다. Conway의 Game of Life는 게임 실행에 많은 고민을 할 필요가 없는 훌륭한 프로젝트이지만, 장면 내에서 동시에 많은 개체를 처리해야 한다.

이 게임의 일반 규칙은 다음과 같다.

- 살아있는 이웃이 특정수보다 적으면 살아있는 세포는 죽는다.
- 살아있는 이웃이 특정수보다 많으면 살아있는 세포는 죽는다.
- 살아있는 이웃이 특정수와 같으면 죽은 세포는 살아난다.
- 살아있는 이웃이 특정수와 같으면 살아있는 세포는 계속 유지된다.

원래 이 게임은 2차원 게임으로 주변에 세 개의 이웃이 있으면 세포는 태어나고, 3

개 이상이면 세포는 죽고, 이웃이 2~3개이면 세포는 산다. 우리는 이 게임을 3차원으로 만들 것이고 탄생/죽음에 대한 규칙도 다르기 때문에 이 게임을 "Life-like"라 부르도록 하겠다. 세포가 "이동"할 수 있게 충분히 넓은 공간으로 시뮬레이션했던 원본과는 다르게 우리 시뮬레이션은 지정 가능한 사각형 그리드 내로 제약되고 또 탄생과 죽음에 대한 규칙도 설정이 가능하게 할 것이다. 추가 기능은 Java3D에 있는 기능을 사용하며, 세포의 나이에 따라 세포 색상을 변경하는 기능을 추가한다. 그림 7.14는 실행 중인 게임의 스크린샷이다.

코드는 각 세포에 100번의 생존/죽음 변환을 하나의 주기로 실행한다.

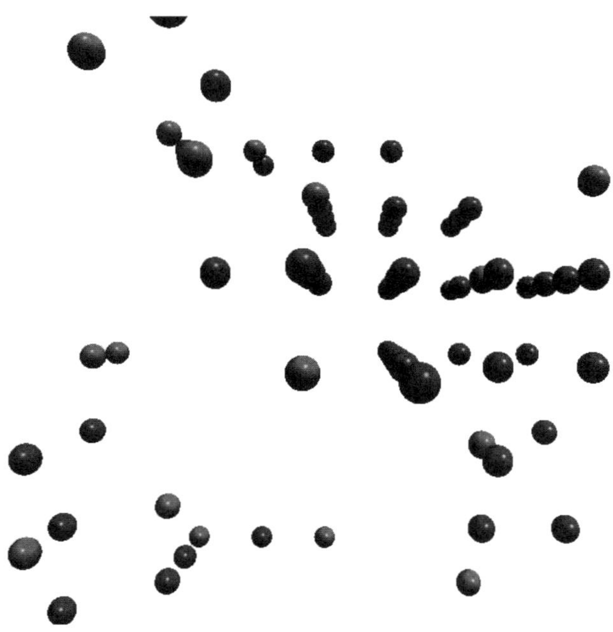

| 그림 7.14 | Life-like 게임 스크린샷

≋ 게임 물리를 이용한 실세계 모의

Chapter 4 "게임의 동작 방법"에서 충돌 감지 및 입자 시스템을 만드는 매우 기본적인 방법을 살펴보았다. Chapter 4에서는 충돌 여부를 확인하는 데 간편하게 경계

박스를 이용했고 충돌의 결과 역시 제한적이었다. 그리고 입자 시스템도 잠시 살펴본 바 있다. 이번 장에서는 정식으로 입자에 물리 속성을 적용해볼 것이다.

인간형 기반의 게임을 현실감 있게 만들고 싶을 때 물리 엔진을 이용하는데, 좀 더 정확히 말하자면 강체 동역학(rigid-body dynamics)의 도움이 필요하다. 강체 동역학에서 강체는 사람의 뼈와 비슷하다고 생각하면 된다. 뼈는 자체가 구부러지지 않지만 관절의 조합이 가능하고 최대 6단계의 자유도(x, y, z 방향의 위치 이동과 회전)를 가질 수 있다. 또한 움직임에 대한 제한을 가할 수도 있는데 이를 통해 모델이 움직일 때 관절이 어긋나거나 탈구되는 것을 방지할 수 있다. 이러한 제약은 벽이나 땅처럼 간단하게 고정되거나 혹은 관절을 이용해서 고정하는 형태일 수 있다. 대부분의 물리 시스템은 경첩(hinge)과 절굿공이(ball-and-socket) 등 두 종류의 관절을 지원한다. 경첩 관절은 하나의 축으로만 움직임을 제한한다. 사람의 몸을 예로 들면 무릎과 손가락이 있다. 반면에 절굿공이 관절은 6단계의 자유도 안에서 자유로운 움직임이 가능하다. 사람의 어깨와 엉덩이 관절이 좋은 예이다.

강체는 질량, 관성, 속도 등의 물리 속성을 갖는다. 사람의 뼈가 몸 전체 질량의 30~40%를 차지하는 반면 강체는 모의하는 사물 질량의 100%가 포함되어 있다. 강체는 반드시 뼈와 동일한 구조를 가지지는 않으며, 벽이나 땅 같은 고정된 사물이나 하나 이상의 움직이는 몸체를 포함할 수도 있다.

물리 엔진은 충돌 감지를 위해 구, 박스, 캡슐, 자유 형태의 메쉬 등 기본 도형의 조합을 사용한다. 원하는 만큼 많이 사용할 수 있는데, 예를 들어 하나의 충돌 도형을 이용해서 오른손에 대한 충돌 여부를 감지하고 정확히 어느 부위에 충돌이 있는지를 확인하기 위해 손가락 수준으로 확인할 수 있다. 기본 도형이 모두 정해지면 물리 엔진의 처리가 시작되고 천천히 충돌을 확인하면서 강체와 개체의 변환 매트릭스를 변경한다. 이 변경은 렌더링 기능에 보고되고 플레이어의 입력과 조합된다. 강체 동역학과 함께 또 하나의 중요한 역학으로 연체동역학(soft-body dynamics)이 있다. 모피, 털, 깃털 등을 포함하는 천 형식은 연체동역학을 사용한다. 연체동역학에 대해서는 이 책에의 범위를 벗어나기 때문에 더 이상 다루지 않겠지만, 그 중요성은 무시할 수 없다.

우리 데모에서 사용할 물리 엔진은 JigLibJS이다. JigLibJS는 유명한 JigLib 라이브러리의 Java 판을 변환한 것이다. JigLib은 www.jiglibjs.org/에서 확인할 수 있다. 원래의 라이브러리는 C++로 작성되었지만, JigLib은 JavaScript 뿐만 아니라 C#과 Actionscript로도 변환되었다. 리스트 7.14는 물리가 적용된 세계를 초기화하는 코드이다. `PhysicsSystem`의 인스턴스를 가져오고 중력 및 사용할 solver(솔버)의 종류를 설정하는 것으로 시작한다. 이 예제에서 `FAST`를 사용했는데, `NORMAL`이나 `ACCUMULATED`도 사용할 수 있다. 약간의 정확성을 포기하고 `FAST`를 선택했지만 눈에 띄는 차이를 발견하기는 어렵다.

리스트 7.14　JigLibJS 설정하기

```javascript
function initJigLib() {
        system = jigLib.PhysicsSystem.getInstance();
        system.setSolverType("FAST");
        system.setGravity( jigLib.Vector3DUtil.create(0, -9.8, 0, 0) );
}
```

물리 시스템을 생성한 후에 땅에 대한 메쉬 및 땅을 표현하는 물리 강체의 생성이 필요하다. 강체를 설정하기 위해 필요한 속성은 대부분 메쉬에 설정한 것과 일치하며, 땅을 움직이지 않게 만들기 위해서 추가적으로 `set_moveable(false)`의 호출이 필요하다.

리스트 7.15　땅 그리기

```javascript
// 땅 생성하기
var plane = new THREE.Mesh(
        new THREE.Plane(75,75,10,10),
        new THREE.MeshLambertMaterial({
            color:0x222222
        })
);
plane.translateY(-10);
plane.rotation.x = -70;
scene.addObject(plane);

var ground = new jigLib.JPlane();
ground.set_y(-10);
```

```
ground.set_rotationX(-70);
ground.set_movable(false);
system.addBody(ground);
plane.rigidBody = ground;
```

다음으로 구를 그리고 이 구에 강체를 할당하는 것이 필요하다. Three.js 구를 생성하는 코드는 매우 간단하므로 리스트 7.16에는 포함하지 않았다. 궁금하다면 소스 코드를 확인해 보도록 하자. 스킨을 null로, 반지름 값을 8로 가지는 JSphere 인스턴스를 생성하는 것으로 시작한다. 이 개체의 질량을 설정한 후에 moveTo 함수와 Vector3DUtil 클래스를 사용해서 3차원 공간상에 위치시킬 수 있다. 그리고 땅 예제에서 했던 것처럼 set_x, set_y, set_z 함수를 이용해서 좌표를 설정하거나 주석 처리된 라인과 같이 값을 나열하는 형식으로 전달할 수 있다. 생성한 다음에 변환할 계획이 있다면 Vector3D 객체를 생성할 수 있다.

리스트 7.16 구 강체 그리기

```
// 강체 생성하기
var body = new jigLib.JSphere(null, 8);
body.set_mass(8);
body.moveTo(jigLib.Vector3DUtil.create(sphere.position.x, sphere.position.y,
sphere.position.z, 0));
//body.moveTo([sphere.position.x, sphere.position.y, sphere.position.z, 0]);

system.addBody(body);
sphere.rigidBody = body;
```

마지막으로 만들어진 개체들을 갱신하기 위한 코드가 필요하다. 리스트 7.17의 updateDynamicsWorld 함수는 이전 실행부터 경과한 시간을 계산하는 것으로 시작한다. 시스템은 경과 시간을 이용해서 힘들을 시스템에 어떻게 적용해야 할지를 판단한 다음 모든 개체들을 순환하면서 강체의 적용 여부를 확인한다. 강체를 가지고 있는 경우 메쉬의 변환을 변경해서 강체와 일치시킨다. 리스트 7.17에서는 이동과 회전에 대해서만 다루고 있는데, 코드의 orientation 변수를 이용하면 완전한 변환 행렬에 액세스할 수 있다.

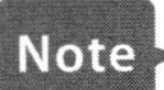

초당 프레임 vs 시간 기반 애니메이션

게임을 초당 프레임만 고려해서 만들면 특정 시스템이나 프로세서에 대해서만 최적화될 수 있고 때에 따라 다르게 동작할 수 있다. 오래된 3.5인치 또는 5.25인치 플로피 디스켓을 사용하던 시절 만들어진 게임이 386 20MHz 컴퓨터를 위해 개발됐다면, 3GHz 컴퓨터에서는 플레이할 수 없을 것이다. 또한 프레임 기반 애니메이션은 다른 응용 프로그램과 프로세서를 공유하지 않는다는 잘못된 가정을 내포한다. CPU는 실행중인 프로세스를 빠르게 바꿔가며 처리하도록 설계되었는데 뒷단에서 음악 플레이어와 같이 프로세서가 필요한 응용 프로그램이 실행되고 있다면 프레임은 급격히 떨어질 것이다.

리스트 7.17 세계 업데이트하기

```javascript
function updateDynamicsWorld() {
        // 지난 갱신 이후 경과 시간을 얻는다.
        var t1 = new Date().getTime()
        var elapsedTime = t1 - t0;
        t0 = t1;

        system.integrate(elapsedTime/1000);
        for (var i = 0; i<scene.objects.length; i++) {
                var mesh = scene.objects[i];
                if (mesh.rigidBody) {
                    var state = mesh.rigidBody.get_currrentState();
                    var position = state.position;
                    var orientation = state.get_orientation().glmatrix;

                    mesh.position.x = position[0];
                    mesh.position.y = position[1];
                    mesh.position.z = position[2];

                    mesh.rotation.x = mesh.rigidBody.get_rotationX();
                    mesh.rotation.y = mesh.rigidBody.get_rotationY();
                    mesh.rotation.z = mesh.rigidBody.get_rotationZ();
                }
        }
}
```

≋ 입자 시스템(Particle System) 다시보기

Three.js의 입자 시스템은 2차원 사물만을 다룬다. 입자 시스템은 빌보딩 (billboarding)이라는 개념을 사용하는데, 스프라이트의 텍스처 처리 면이 항상 카메라 또는 사용자의 뷰 포트를 향하게 하는 방법이다. 빌보딩은 2차원의 형상에 깊이를 더하여 3차원 세상에서 보이게 만든다. 그리고 폴리곤을 절약하며 입자 시스템에만 한정하지는 않는다. 일부 LOD 알고리즘은 개체를 그리지 않을 것인지, 빌보드로 그릴 것인지, 폴리곤 수가 적은 저해상도 모델로 그릴 것인지, 혹은 고해상도 모델로 그릴 것인지 사이의 전환을 이용한다. Three.js에서 입자 시스템을 생성하기 위해서는 먼저 그리려 하는 객체의 버텍스 위치를 유지하기 위해 THREE.Geometry 객체를 생성해야 한다. 그리고 입자들에 사용하기 위해 이 객체를 ParticleSystem 객체에 버텍스 및 ParticleBasicMaterial과 함께 전달한다. 예제의 경우 입자를 위해 PNG 이미지를 로드했고 재질의 크기를 이미지의 크기로 설정했다. 리스트 7.18에서는 개별적인 입자를 객체로 생성하지 않았다. 기하구조가 ParticleSystem에 할당된 다음에는 입자를 추가해도 아무런 효과가 없으나 에러는 발생하지 않는다. 모든 변환은 입자 시스템에 전체적으로 적용할 수 있으며 각 입자 시스템은 전체 입자들에 대해 단 한 개의 텍스처만 가질 수 있다.

리스트 7.18 __입자 시스템__

```javascript
// 텍스처 생성하기
ballTexture = THREE.ImageUtils.loadTexture( "ball.png" );
var material = new THREE.ParticleBasicMaterial(
        { size:52, depthFalse:false,
            transparent:true, map:ballTexture
});

// 버텍스 생성하기
geometry = new THREE.Geometry();
randX = Math.random()*100;
randY = Math.random()*100;
randZ = Math.random()*100;

for (var i = 0; i<numParticles; i++) {
        geometry.vertices.push(v(randX,randY,randZ));
}
particleSystem = new THREE.ParticleSystem(geometry, material)

scene.addObject(particleSystem);
```

⪢ 장면 만들기

단일 모델을 로드하는 것은 잘 되지만 한 번에 전체 장면을 로드하는 것은 어떨까? 이것이 가능할까? 물론 할 수 있다. SceneLoader는 JSON 파일을 이용해서 비동기 적으로 파일에 포함된 자원을 로드하고 ASCII나 바이너리 모델 파일을 적절하게 사용할 수 있게 해 준다.

장면에서 물체 선택하기

"선택(picking)"으로도 부르는, 화면에서 어느 물체가 선택되었는지 알아내는 방법은 2차원보다 3차원이 더 어렵다. 2차원에서는 마우스가 위치한 x와 y 값을 읽어서 물체의 제약 조건과 비교함으로써 쉽게 확인할 수 있다. 3차원 공간에서는 2차원 공간에 비춰진 3차원 세상을 다루기 때문에 작업이 조금 더 많다. 선택의 한 가지 방법은 사물을 서로 다른 색상으로 렌더링하고 마우스가 위치한 픽셀의 색상을 확인하는 것이다. 이 방법은 오직 선택을 위해 화면 밖의 캔버스를 렌더링하는 장면 그래프를 이용해서 할 수 있다. 제공된 폴리곤의 개수가 많지 않거나 오직 2차원 Canvas만 사용한다면 색상 선택은 더 잘 될 것이다. 선택 알고리즘에 정밀도가 낮은 수준의 모델을 이용하면 속도를 더욱 향상시킬 수 있다.

색상 선택의 문제점이 있다면 선택할 사물의 위치를 알려주는 데는 매우 좋지만 선택 지점의 3차원 프로젝션 위치를 알려주는 것은 좋지 않다는 것이다. 개별 물체의 모든 면에 고유의 색상을 사용하는 것은 가능하긴 하겠지만 좋은 방법은 아니다.

더 나은 방법은 표면을 향해 빔을 쏘고 빔과 부딪힌 첫 폴리곤에 대한 반응을 이용해서 교차를 확인하는 방법인 레이 케스팅(ray casting)을 이용하는 것이다. Three.js(https://github.com/mindlapse/three.js)의 변형 가운데 레이 캐스팅을 이용한 선택을 구현하고 있는 것도 있다.

⩘ 모델 애니메이션하기

모델을 사람처럼 움직이게 만드는 것은 게임을 보다 현실적으로 만드는 방법 중 하나다. 이렇게 만드는 방법을 "리깅(rigging)"이라 한다. 버텍스의 메쉬 외에 사물의 뼈대를 감싸는 보강제도 제공하며, 이 각각의 것들은 무게를 이용해 주변에 있는 버텍스에 영향을 미친다. 여러분이 커피 컵을 들 때, 두뇌는 최종적으로 손이 컵을 잡기 위해 움직일 수 있도록 어깨, 상박, 팔득, 손목의 움직이는 방법에 대한 여러 계산을 수행한다. 이러한 움직임을 정방향 운동학(혹은 기구학)이라 한다. 역방향 운동학은 반대로 손의 최종 위치를 기준으로 나머지 관절의 위치를 찾아낸다. 애니메이션을 구성하는 모든 프레임에서 정확한 위치를 계산하는 대신 키프레임들에 대해서만 위치를 계산하고 키프레임 사이에 대해서는 보간하는 방법을 이용한다. 따라서 키프레임은 애니메이션을 올바르게 진행하는 가이드 역할을 한다. 키프레임이 너무 적게 설정된 상태에서 키프레임 사이의 상태 변화가 굉장히 큰 경우, 움직임이 현실감을 잃는 경우가 있다. MAX와 Blender 모두 역방향 운동학과 정방향 운동학을 지원하지만 내보내기 스크립트는 이것을 지원하지 않는다. 이에 대해 우리에게 두 가지 선택이 가능한데 하나는 리깅 정보를 얻기 위한 내보내기 스크립트를 작성하는 것이고, 다른 하나는 3차원 모델링 응용 프로그램에서 물체의 모습을 움직여 가면서 개별 키프레임을 내보내기한 다음 이것을 이어 붙이는 방법이다. MAX와 Blender가 단일 물체를 다룰 때 키프레임은 morph target이란 용어로 사용된다. 키프레임은 물체의 변환이나 물체 버텍스의 개별 위치에 대한 스냅샷일 수 있지만 morph target은 오직 후자만을 의미한다. 두 대상 사이에서 부드러운 애니메이션을 만들기 위해서 morph target 영향도를 사용한다. 하나의 morph target이 애니메이션에서 2초를 보여주고 다음 morph target이 4초를 보여준다고 가정하자. 현재 시간이 2.25초라면 t=2에 있는 대상은 t=4인 대상보다 더 많은 영향을 미칠 것이다. morph target은 Three.js에서 아직은 새토운 기술이며 문서화가 많이 이루어지지 않았다. 보다 자세한 내용을 확인하려면 Three.js에서 제공하는 예제 코드와 자료를 확인하자.

⩕ 3차원 모델 구하기

나무, 기본적인 가구처럼 무생물인 물체를 만드는 것은 어렵지 않지만 사진처럼 정교한 모델이나 텍스처를 만드는 것은 대부분 사람들의 능력 밖이다. Photoshop이나 GIMP를 매우 잘 다루고 Blender, Autodesk 3ds Max, Maya를 잘 알고 있다면 이번 절은 넘어가도 좋다.

공식적으로는 Gamasutra Exchange로 알려진 TurboSquid(www.turbosquid.com)는 2차원/3차원 모델, 텍스처, 재질, 응용 프로그램 플러그인을 위한 온라인 마켓이다. 오픈 소스 및 상용 응용 프로그램을 지원하는 형식으로 다운로드할 수 있는 모델이 20만 개 이상이다. 각 자산에 대한 정보 페이지마다 라이선스에 대해 명확히 기술하고 있다.

모델을 생성하는 데 Google SketchUp(http://sketchup.google.com)을 사용하고 있다면, 3D Warehouse(http://sketchup.google.com/3dwarehouse)에 관심이 있을 것이다. SketchUp을 사용하지 않더라도 3D Warehouse는 실세계의 사물 외에 역사적으로 유명하고 중요한 건물의 모델에 대한 훌륭한 원본이 있으므로 관심을 가져보자. 예를 들어 런던을 배경으로 한 스파이 게임을 만들고 있다면, 3D Warehouse에서 빅벤과 웨스트민스터 성당의 모델을 구할 수 있다. SketchUp의 무료 버전에는 제한된 내보내기 스크립트가 포함된다. 또는 상용 버전($495)으로 업그레이드하거나 인터넷에서 커뮤니티가 제공하는 스크립트를 찾을 수도 있다.

도전 의식이 강한 독자라면 MakeHuman(www.makehuman.org)을 살펴보자. MakeHuman은 Blender 플러그인으로 시작한 오픈 소스 프로젝트로 민족 특징, 성별, 나이, 피부색, 몸무게, 키를 지정해서 원하는 인간 모델을 생성할 수 있다. 이 모델은 조작 및 텍스처 처리가 가능하며 게임에 빠르게 통합할 수 있다. 심지어 얼굴의 표정까지 수정할 수 있고, 모션 캡처 데이터 제공의 산업계 표준인 BVH(BioVision Hierarchy) 파일을 불러와서 모델에 적용할 수 있다. 그림 7.15는 MakeHuman 응용 프로그램의 기본 화면이다.

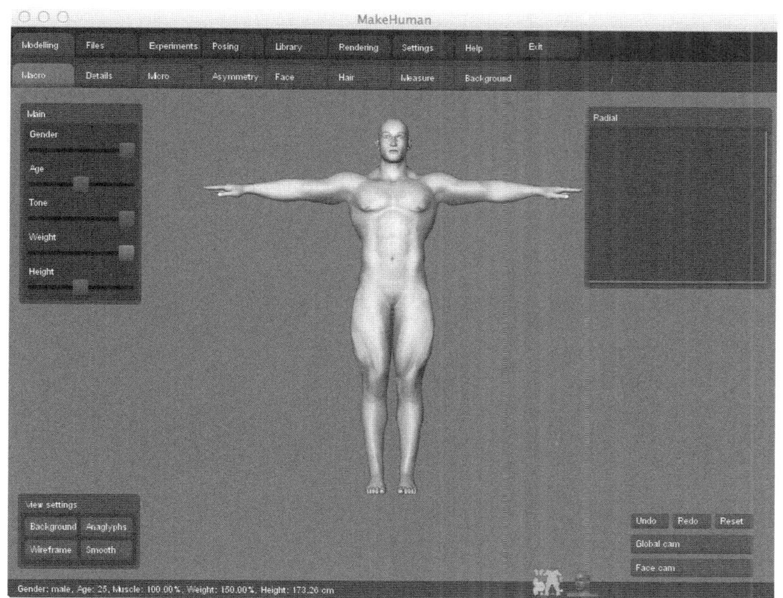

| 그림 7.15 | MakeHuman 홈 화면

⪻ 게임 벤치마크

WebGL로 개발을 하게 되면 처리를 위해 상당한 부하가 발생하기 때문에 언제나 사용할 수 있는 방법은 아니다. 초보자가 하는 실수 중 하나는 너무 많이 그리는 것이다. WebGL을 그대로 사용하든 Three.js를 사용하든, 같은 크기의 100개의 구를 그려야 한다는 것이 모든 개별 구를 위한 새로운 버텍스 집합을 만들어야 한다는 뜻이 아니다. 이것은 쓸데없는 부하를 초래한다. 최적화되지 않은 버전의 Game of Life 데모는 위와 같이 작업했고, 램을 1.4GB나 사용해서 브라우저 탭이 동작하지 않을 지경이 되었다. WebGL은 버텍스의 복사본을 만들어서 다른 변환 행렬을 적용하는 방식으로 물체를 만들어 낼 수 있다. 이제 응용 프로그램을 최적화하고 벤치마킹하는 데 도움이 되는 두 가지 도구를 살펴보자.

Stats.js로 프레임 속도 확인하기

Three.js 소스 코드에는 WebGL 장면의 프레임 속도를 측정하기 위한 작은 라이브러리가 포함되어 있다. 리스트 7.19는 창의 왼쪽 상단 구석에 요소를 위치시키기 위해서 약간의 추가적인 CSS를 이용해 `Stats` 객체를 생성하는 코드이다. `animate` 함수 내에서 `stats.update()`를 호출하면 설정은 완료된다.

리스트 7.19 Stats 요소 생성하기

```
stats = new Stats();
stats.domElement.style.position = 'absolute';
stats.domElement.style.top = '0px';
$("#container").appendChild(stats.domElement);
```

WebGL Inspector 사용하기

Firebug와 Chrome/Safari Developer Tools가 HTML/CSS/JS용이라면 WebGL Inspector(https://github.com/benvanik/WebGL-Inspector)는 WebGL을 위한 것이다. 이 프로젝트는 Chrome 확장 프로그램, Firefox 플러그인에서 사용 가능하고, 직접적으로 응용 프로그램에 포함되어 WebGL이 어떻게 진행되는지 모니터링하는 데 사용할 수 있다. 그리고 개별적인 프레임을 캡처하는 것 외에 모든 참조된 텍스처와 셰이더 프로그램을 볼 수 있다. 심지어 하나씩 개별 프레임을 호출하면서 살펴볼 수도 있다. 그림 7.16은 WebGL Inspector가 브라우저에서 실행되는 화면이다.

| 그림 7.16 | WebGL Inspector

요약

하나의 장에서 WebGL의 모든 것을 다룬다는 것은 불가능한 일이다. 대신 보다 실용적인 접근 방법을 선택했으며, 필요한 경우가 아니면 난해한 부분에 대한 설명은 생략하고 Three.js가 복잡한 처리를 맡아서 하도록 했다. 가공되지 않은 WebGL 코드를 어셈블리 코드로 생각할 수 있다. 많은 사람들이 배우기는 하지만 자주 사용하는 사람은 극히 드물다. 셰이더와 같은 것들에 저수준 API를 사용하는 방법 및 Three.js가 제공하는 재질, 텍스처링, 빛과 균형을 갖추는 방법을 배웠다. 또한 물리학과 3차원 모델을 게임에 통합하는 방법에 대해 살펴보았으며, Three.js로 게임을 만든 후 코드의 최적화 및 벤치마킹을 도와주는 도구에 대해서도 알아보았다.

≫ 연습문제

1. 모델 파일을 로드하고 재질 데이터를 추출해보자.

2. 삼각형을 텍스처 처리할 때 텍스처 좌표를 어떻게 사용하는지 설명해보자.

3. 원기둥을 텍스처 처리하는 코드를 작성해보자.

이번 장에서 사용된 코드와 연습문제에 대한 해답은 www.informit.com/title/ 9780321767363이나 정보문화사(www.infopub.co.kr) 자료실에서 다운로드 받을 수 있다.

## Chapter 08

JavaScript 없이 게임 만들기

LEARNING HTML5 GAME PROGRMMING

필자가 JavaScript를 쓰지 않은 HTML5 게임이라 한 이유는 JavaScript가 이제 어느 정도 만국 공통어 역할을 한다는 통념이 자리잡았기 때문이다. 아마도 JavaScript 없이 할 수 있는 것은 그리 많지 않을 것이다. 그래서 "JavaScript 없이"라는 말이 Flash나 Silverlight와 같은 플러그인을 사용한다는 의미일 수도 있지만, 이 경우에서는 아니다. Chapter 8에서는 서로 다른 언어를 이용하지만 컴파일 단계나 실행 시 JavaScript로 변환하는 몇몇 기술을 소개한다. 이 기술들은 JavaScript를 네이티브 코드처럼 사용할 수 있으며, Java나 C# 컴파일러가 우리가 작성한 코드를 가져다가 사람이 읽기는 어렵지만 코드를 실행하기 위해 최적화하는 방법과 비슷하다.

다음은 JavaScript 응용 프로그램을 구축하는 데 대안 언어를 사용해야 하는 이유이다.

- 네이티브 JavaScript에서는 사용할 수 없는 기능이 존재함
- 개발 속도 향상이 가능함
- 네이티브 JavaScript에 대한 지식이나 응용 프로그램이 부족함

많은 개발자가 바이트코드/중간 코드를 좋아하지 않지만, 우리는 이 두 세계의 장점을 함께 사용할 수는 있다. 컴파일된 결과물을 처리하거나 그 다음 단계인 메타 레이어를 유지할 수 있다. Chapter 8의 제목을 더 자세히 풀어보자면, "JavaScript를 주요 언어로 사용하지 않고, JavaScript를 대상으로 한 대안 기술로 게임 만들기"가 된다.

≫ Google Web Toolkit

GWT로도 알려진 Google Web Toolkit(http://code.google.com/webtoolkit/)은 개발자가 Java를 이용하여 AJAX 응용 프로그램을 만들 수 있는 Java 웹 응용 프로그램 프레임워크이다. 이 컴파일러는 Java 코드를 JavaScript로 변환한다. 응용 프로그램을 개발하는 데 Java 개발 환경이 필요한 반면 GWT에서는 컴파일된 코드의 실행 위치에 아무런 제약이 없다. 개발자는 GWT의 원격 프로시저 호출이 있는

서버와 REST를 통신을 위한 메소드에 사용할 수 있다. Google Wave, AdWords, Orkut 같은 여러 Google 제품은 GWT를 이용해 개발되었다.

GWT는 여러 브라우저가 비슷하게 동작하는 표즌 위젯(widget) 모음을 제공함으로써 브라우저의 차이를 줄이고자 노력하고 있다.

WGT 위젯과 레이아웃 이해하기

네이티브 JavaScript 응용 프로그램 개발에 DCM(Document Object Model)과 직접 통신해왔던 것처럼, GWT에서는 HTML의 GWT 표현인 Java 위젯을 사용할 수 있다.

`RootPanel`은 페이지를 HTML에 고정시키는 위젯이며, Java 코드와 응용 프로그램에 위치한 HTML 페이지 사이에 인터페이스를 제공한다. RootPanel을 다음과 같이 이용하면 특정 요소를 검색할 수 있다.

```
RootPanel.get("buttonDiv")
```

또는 페이지 자체를 검색하는 데 사용할 수 있다.

```
RootPanel.get()
```

페이지에 위젯을 추가하는 `add()`와 삭제하는 `remove()`는 `get()`과 비교하여 많이 사용된다. 리스트 8.1은 웹 페이지의 버튼에 대한 코드다. 이 버튼은 클릭하면 "Hello, World!" 메시지가 출력된다.

리스트 8.1　**GWT Hello World**

```java
import com.google.gwt.core.client.EntryPoint;
import com.google.gwt.event.dom.client.ClickEvent;
import com.google.gwt.event.dom.client.ClickHandler;
import com.google.gwt.user.client.Window;
import com.google.gwt.user.client.ui.*;

public class MyFirstPage implements EntryPoint {
```

```java
    public void onModuleLoad() {
        Button button = new Button("Click Me");

        button.addClickHandler(new ClickHandler() {
            public void onClick(ClickEvent event) {
                Window.alert("Hello, World!");
            }
        });

        RootPanel.get("buttonDiv").add(button);
    }
}
```

예제에서 `addClickHandler`를 호출하는 것은 `onclick` 함수를 호출하는 것과 동일하다. 또한 예제에서 `Window` 클래스는 브라우저 수준의 메소드에 대한 클래스이다. `MyFirstPage` 클래스 스스로는 아무것도 하지 않는다. 이 클래스는 Java 코드와 `.gwt.xml`로 끝나는 XML 파일에서 생성된 HTML 페이지가 필요하고, 컴파일러에 어느 문자를 포함해야 하는지 알려준다. 리스트 8.2는 리스트 8.1에 상응하는 HTML 페이지다.

리스트 8.2 MyFirstPage 클래스를 위한 호스트 페이지

```html
<html>
    <head>
        <title>MyFirstPage Application</title>
        <link rel="stylesheet" href="MyFirstPage.css">
    </head>
    <body>
        <script type="text/javascript"
src="com.test.MyFirstPage.nocache.js"></script>

        <button id="buttonDiv"/>
    </body>
</html>
```

리스트 8.3은 MyFirstPage 응용 프로그램에 대한 모듈 파일이다.

```
<module>
    <inherits name='com.google.gwt.user.User'/>
    <entry-point class='com.test.client.MyFirstPage'/>
</module>
```

Java 클래스와 .gwt.xml 파일은 HTML 관점에서 정의한 모듈이다. 다른 프로젝트에 포함하기 위해 기능을 패키지할 때 HTML 페이지는 선택적으로 생성한다. 모듈에서 상속받아 응용 프로그램에 새로운 기능을 추가할 수도 있다. 리스트 8.3에서 MyFirstPage 모듈은 User 모듈에서 기능을 상속받는다. Chapter 8의 후반부에서 더 많은 예제를 살펴볼 것이다.

JSNI를 이용하여 JavaScript 라이브러리를 GWT로 표현하기

순수하게 JavaScript를 조작하는 방법을 모른다면 GWT는 필요 없다. 위와 같은 경우 GWT의 JSNI(JavaScript Native Interface)를 이용하여 GWT를 확장할 수 있다. JSNI는 컴파일러에 신호를 보낼 때 Java에서 JavaScript를 호출하거나, 그 반대로 호출하는 코드가 포함된 특별한 양식을 사용한다. 리스트 8.4는 콘솔 로그에 출력하는 JSNI 함수의 예를 보여준다.


```
public static native void log(String text) /*-{
    return console.log(text);
}-*/
```

또한 JSNI는 문서와 윈도우가 포함되었음을 나타내는 $doc과 $wnd라는 특별한 식별자를 이용한다. 앞으로 이번 장에서 다룰 RaphaëlGWT, Canvas2D(gwt-g2d), WebGL(gwt-g3d) 모듈은 JavaScript 코드를 Java로 표현하는 데 JSNI를 사용한다.

RaphaëlGWT

Chapter 6 "SVG와 RaphaëlJS를 이용한 게임 개발"에서 RaphaëlJS를 이용하여
카드 맞추기 게임을 만들었다. GWT에는 GWT를 호출하는 Raphaël 함수에 대한
상호 보완적인 모듈이 있다. GWT에서 원이나 경로를 생성할 때 코드를 직접 작성했
다면, 이 코드를 호출하는 동일한 함수를 JSNI를 이용해서도 만들 수 있다.

RaphaëlGWT는 JavaScript와 다른 방식으로 동작한다. 라이브러리를 구조화하
고 Raphaël 클래스를 확장해서 그리기 개체를 만들고 여기에 개체를 추가할 수 있
다. 클릭 리스너나 다른 기능을 그 개체에 추가하고 싶다면 반드시 중첩 클래스를 생
성하고 적절한 GWT 처리기를 구현해야 한다. 리스트 8.5는 클릭 이벤트를 받아들
이는 Image 클래스를 보여준다.

리스트 8.5　Raphaël Image 클래스

```
public class RImage extends Image implements HasClickHandlers {
        public RImage(String src, double x, double y,
            double width, double height) {
                super(src, x, y, width, height);
        }

        public HandlerRegistration addClickHandler(ClickHandler handler) {
            return this.addDomHandler(handler, ClickEvent.getType());
        }
}
```

이 클래스는 범위 요구사항에 따라 확장된 Raphaël 클래스에 계속해서 남아 있을
수도 있다. 굉장히 단순한 게임이 아니라면 이로 인해 금방 불편해진다. 원한다면 직
접 JSNI 계층에 액세스할 수도 있다.

Chapter 8의 소스 코드를 다운로드 받아보면 Java로 구현된 것과 JavaScript 버
전을 비교해볼 수 있다.

RaphaëlGWT를 유용하게 사용하는 분야는 경로를 만들 때이다. 앞서 살펴보았듯
이 경로 문자열은 길고, 다루기 불편하고, 읽기 어렵다. PathBuilder는 매개 변수를
가진 각 명령을 하나씩 호출함으로써 경로를 생성한다. 리스트 8.6은 PathBuilder
로 생성한 경로를 보여준다.

 RaphaëlGWT PathBuilder 예

```
PathBuilder pb = new PathBuilder();
pb.M(cx, cy)
    .m(-60, -20)
    .l(80, 0, 0, -40, 70, 60, -70, 60, 0, -40, -80, 0)
    .z();
```

gwt-html5-media로 사운드 추가하기

gwt-html5-media는 이름에서 알 수 있듯이 HTML5의 오디오와 비디오 기능을 GWT 응용 프로그램에 제공하는 모듈이다. Chapter 1 "HTML5에 대하여"에서는 JavaScript를 이용하여 네이티브 오디오 요소를 생성하는 방법을 살펴보았다. 리스트 8.7은 오디오 파일의 Ogg Vorbis 지원을 확인하는 방법과 Ogg 사용이 안 될 경우 MP3를 기본값으로 지정하는 방법의 예이다.

리스트 8.7   조건부로 오디오 불러오기

```
void loadAudio() {
        if (!Audio.canPlayType("audio/ogg; codecs=vorbis")
            .trim().equals("")) {
                sndFlipCard = new Audio("/Game/sounds/flipcard.ogg");
                sndShuffle = new Audio("/Game/sounds/cardshuffle.ogg");
                sndWin = new Audio("/Game/sounds/fanfare.ogg");
        } else {
                sndFlipCard = new Audio("/Game/sounds/flipcard.mp3");
                sndShuffle = new Audio("/Game/sounds/cardshuffle.mp3");
                sndWin = new Audio("/Game/sounds/fanfare.mp3");
        }
    }
```

GWT로 drawing API에 액세스하기

drawing API가 오직 Raphaël만 있는 것은 아니다. GWT 라이브러리를 구현한 많은 API가 Canvas와 WebGL을 지원한다. 이 절에서는 GWT에서 Canvas를 사용할 수 있는 gwt-g2d를 다룬다. 이 장에서 다루지 않는 gwt-g3d는 WebGL에 유사한 지원을 제공한다.

gwt-g2d에 대한 유일한 의존성은 gwt-g2d.jar 파일(http://code.google.com/p/gwt-g2d/ 에서 찾을 수 있다) 또는 gwt-g3d.jar 파일(http://code.google.com/p/gwt-g3d/)이다. gwt-g3d는 gwt-g2d 모듈을 포함하고 있다. 작성한 프로젝트는 모든 GWT 라이브러리와 함께 gwt-g2d의 빌드 경로를 포함해야 한다. 그리고 .gwt.xml 파일에 대한 내용을 추가해야 한다.

```
<inherits name='gwt.g2d.g2d'/>
```

Surface 클래스는 gwt-g2d 아날로그를 Canvas 컨텍스트로 변화시킨다. 이 클래스는 드로잉에 가장 중요한 클래스이다. Surface는 Canvas에 캐시 없이 바로 접근하는 것을 제공한다. 리스트 8.8은 가로 640, 세로 480 픽셀 표면에 대한 초기화이다. 다음으로 파란색 삼각형과 검은색 글자를 표면에 추가하고, 이 표면을 페이지에 추가한다.

리스트 8.8 Surface 클래스를 사용하는 기본 예제

```java
public class SurfaceExample implements EntryPoint {
    public void onModuleLoad() {
        Surface surface = new Surface(640, 480);
        surface.setFillStyle(KnownColor.BLUE)
            .fillRectangle(100, 175, 40, 40);
        surface.setFillStyle(KnownColor.BLACK)
            .scale(2).fillText("Hello from gwt-g2d", 100, 100);
        RootPanel.get().add(surface);
    }
}
```

또한 명령을 형상에 일괄 처리하기 전까지 내부적으로 명령을 저장하는 ShapeBuilder라는 상위 수준의 API를 이용할 수 있고, 이 API를 이용해서 더 쉽게 다시 그릴 수 있다. 리스트 8.9는 ShapeBulider를 사용한 예를 보여준다. 먼저 100, 100을 중심으로 반지름 25인 호를 2* π 라디안만큼, 즉 완전히 한 바퀴 회전시켜 원을 그린다. 그리고 이 원을 파란색과 노란색으로 채우고 75 픽셀 우측으로 옮긴다.

리스트 8.9 **ShapeBuilder 사용 예**

```java
public class ShapeBuilderExample implements EntryPoint {
    public void onModuleLoad() {
        ShapeBuilder builder = new ShapeBuilder();
        builder.drawArc(new Arc(100,100,25, 0, Math.PI*2));
        Shape shape = builder+r.build();

        Surface surface = new Surface(640,480);
        surface.setFillStyle(KnownColor.GREEN).fillShape(shape);
        surface.setFillStyle(KnownColor.YELLOW).translate(75,0).fillShape(shape);
        RootPanel.get().add(surface);
    }
}
```

⪢ CoffeeScript

CoffeeScript는 Ruby와 Python에 영향을 받은, JavaScript를 위한 언어이다. CoffeeScript는 JavaScript로 컴파일을 하며 JavaScript 라이브러리를 완벽하게 사용할 수 있다. Java를 위한 스크립팅 언어인 Groovy를 사용해봤다면, CoffeeScript가 Groovy와 유사하다고 느낄 것이다. Ruby와 Python을 이용하면 Java나 C#같은 정적인 형식의 언어와 비교해볼 때 개발자가 웹 응용 프로그램을 만들고 더 빠르게 반복할 수 있다. CoffeeScript는 클래스와 상속을 통해 보다 객체 지향적으로 코딩할 수 있다.

Ars Technica(유명한 기술 블로그)와 37Signals(Ruby on Rails 제작자)는 아이폰 응용 프로그램을 CoffeeScript를 이용해서 만들었다. 비공식적인 보고서에서는 CoffeeScript의 라이브러리를 재사용하면 코드 라인수를 거의 반이나 줄일 수 있다고 한다.

CoffeeScript 설치하기

CoffeeScript 컴파일러는 자체 호스팅 및 스스로 컴파일이 가능하며 Node.js 모듈로 실행하는 여러 가지 구현 가운데 하나이다. Node.js는 이벤트 주도 프레임워크로, 네트워크 응용 프로그램 개발에 공통적으로 사용하는 V8 JavaScript 엔진에서 개발

되었다. Node.js와 다른 서버 사이드 JavaScript에 대해서는 Chapter 9 "멀티 플레이어 게임 서버 개발하기"에서 자세히 살펴볼 것이다. 그냥 지금은 CoffeeScript 컴파일을 하는 데 도와주는 무엇인가로 이해하면 된다. Node.js와 CoffeeScript 저장소를 클로닝한 후에는 CoffeeScript 소스 디렉터리에서 다음을 실행해서 컴파일러를 설치할 수 있다.

```
sudo bin/cake install
```

Node.js가 선택사항이 아니거나 설치가 어려운 인스턴스(예를 들어 XCode가 필요한 Windows 또는 Mac OS X)에서는 다음의 방법을 대안으로 사용할 수 있다.

- **Ruby**: `gem install coffee-script`
- **Java**: JCoffeeScript는 Rhino 프로그래밍 언어에서 컴파일하거나 Java 응용 프로그램에 내장하기 위해 사용하는 라이브러리이다.
- **Ubuntu/Cygwin**: Node는 Cygwin(용량과 노하우가 있다면 Ubuntu 가상 이미지를 설치하고 여기에 컴파일한다)를 이용하여 Windows에 설치할 수 있다. CoffeeScript는 Ubuntu 저장소에 있고, 다음을 실행함으로써 필요한 파일과 같이 설치할 수 있다.

```
sudo apt-get install coffee-script
```

이번 장에서는 여러분이 Node.js 설치 방법을 이용하여 Coffee를 사용할 수 있다고 가정한다.

CoffeeScript 파일 컴파일하기

다음을 실행해서 CoffeeScript 컴파일러를 동작시킨다.

```
coffee *.coffee -c
```

이 명령은 현재 디렉터리에 있는 모든 CoffeeScript 파일의 JavaScript 버전을 생성한다. 그리고 다음과 같이 특정 디렉터리를 지정하여 다른 디렉터리에 JavaScript 파일을 생성할 수도 있다.

```
coffee *.coffee -c -o [directory]
```

또 다른 유용한 스위치는 -p인데, 이 스위치는 변환한 결과를 파일 대신 콘솔에 출력한다. 옵션에 대한 전체 목록은 http://jashkenas.github.com/coffee-script/#installationdp의 CoffeeScript 웹 사이트에서 찾을 수 있다.

CoffeeScript 빠르게 살펴보기

이번 절에서는 CoffeeScript를 조금 더 알아보려 한다. 그러나 공식 참고자료라는 의미는 아니며 전통적인 JavaScript와 CoffeeScript의 차이 위주로 살펴본다.

기본

JavaScript와 CoffeeScript의 중요한 차이점 하나는 대부분의 괄호와 세미콜론이 선택적이라는 것이다. 여러 매개 변수를 사용하며 괄호를 사용하는 상황에서도 생략할 수 있다. 세미콜론은 오직 한 라인에 하나 이상의 표현을 작성할 때 사용한다. CoffeeScript에서는 공백도 의미가 있으며, Python의 특징이기도 하다. 나중에 살펴보겠지만 공백은 중괄호를 대체한다. 리스트 8.10은 CoffeeScript로 작성한 "Hello World"의 예이다. console.log의 첫 번째 인스턴스는 함수 console.log()를 참조하려 하는 것이지, 속성을 참조하려는 것이 아니라는 것을 명확히 하려 괄호를 포함하고 있다.

리스트 8.10 CoffeeScript에서의 Hello World

```
console.log()
console.log "Hello World!"
```

CoffeeScript에서는 var 키워드도 선택적이다. JavaScript에서는 var를 생략해 변수를 전역 변수로 만들 수 있지만 CoffeeScript에서는 함수 범위 내의 변수 오버라이딩을 방지하기 위해 var를 삽입한다. 각 스크립트는 후에 전역 네임스페이스에 영향 받지 않도록 하기 위해 익명 함수(anonymous function)에 래핑한다.

함수와 호출

CoffeeScript의 함수는 Groovy와 닮은 간략화된 형식을 따른다. 함수 키워드는 필요하지 않고 하나의 선택적으로 괄호 안에 넣은 매개 변수 목록과, 화살표(->), 함수 몸통 부분만 필요하다. 리스트 8.11은 원의 둘레를 계산하는 CoffeeScript 및 이에 대한 JavaScript를 보여준다.

리스트 8.11 CoffeeScript와 JavaScript로 계산한 원의 둘레

```
#CoffeeScript
circum = (r) -> Math.PI * 2 * r
alert circum 10

// JavaScript
(function() {
    var circum;
    circum = function(r) {
        return Math.PI * 2 * r;
    };
    alert(circum(10));
})();
```

또 하나 추가된 것은 스플랫(Splat: '...' 표시), 또는 가변 함수 인자이다. 스플랫은 함수의 마지막 매개 변수를 점 3개로 표시하여 사용한다. JavaScript와 CoffeeScript 모두 함수 오버로딩을 지원하지 않으며, 따라서 함수가 가변 매개 변수 개수를 허용하는 것을 나타내는 데 스플랫을 사용한다. 리스트 8.12는 스플랫을 사용한 덧셈 함수이다. 또한 이 함수는 마지막 표현을 기본값으로, 함축된 반환값을 나타낸다.

```
#CoffeeScript
sum = (x,y,z...) ->
    result = x + y
    for i in z
        result += I
    result
alert sum 1,2,3,4,5,6

// JavaScript
var sum;
var __slice = Array.prototype.slice;
sum = function(x, y) {
    var _i, _len, _ref, i, result, z;
    z = __slice.call(arguments, 2);
    result = x + y;
    _ref = z;
    for (_i = 0, _len = _ref.length; _i < _len; _i++) {
        i = _ref[_i];
        result += i;
    }
    return result;
};
alert(sum(1, 2, 3, 4, 5, 6));
```

"NaN"이나 "undefined"와 같은 부작용을 예방하고 싶다면 최소한의 매개 변수는 사용해야 한다. 만약 함수가 두 개의 일반 매개 변수와 한 개의 스플랫을 사용했다면 최소한 두 개의 매개 변수를 제공해야 부작용을 피할 수 있다.

별칭, 조건, 반복

==이나 != 같은 일반적인 조건문과 식별자에 대해 CoffeeScript는 보다 더 읽기 쉬운 방법을 제공한다. 표 8.1은 몇 가지 공통적인 별칭과 CoffeeScript의 동일한 값을 보여준다. 괄호는 명확히 표현하려고 사용했으며, 실제 코드는 아니다.

표현	별칭
`==`	`is`
`!=`	`isnt`
`!`	`not`
`if (exp != value)`	`unless (exp is value)`
`true`	`on, yes`
`false`	`off, no`
`this.property`	`@property`
`&&`	`and`
`||`	`or`
`while true`	`loop`
`while not (exp)`	`until exp`

조건문은 실행하려는 표현 전후로 지정될 수 있다. Ruby에서 가져온 `@property`는 클래스 인스턴스 변수와 지역 변수를 구별하는 데 사용한다.

향상된 for 반복과 map

CoffeeScript는 Python 및 Groovy와 매우 비슷한 새로운 형식의 `for` 반복문을 사용한다. 초기값, 마지막 값, 반복 조건을 지정하는 대신 다음과 같이 더 간단한 문법을 사용한다.

```
for item in collection
    doStuff(item)
```

컴퓨터는 이 문장의 순환을 반복하고 색인 x에서 item을 함수 내에서 자유롭게 사용할 수 있는 관련 객체 항목에 넣는다. 색인에 접근해야 할 필요가 있다면 확장 형식을 이용할 수 있다.

```
for item, index in collection
    doStuffWithIndex(index)
    doStuff(item)
```

약간 다르지만 동일한 형식을 이용해서 map을 반복할 수 있다.

```
for key, value in map
    doStuff(key, value)
```

리스트 8.12의 코드를 보면서 예상했겠지만, 생성된 JavaScript 코드는 CoffeeScript 코드보다 훨씬 더 길다.

클래스와 상속

CoffeeScript의 가장 흥미로운 기능은 JavaScript에서 클래스를 생성하는 기능이다. 클래스와 비슷하게 동작하는 객체를 항상 생성할 수 있지만 일반적으로 컴파일하는 언어에서의 클래스와 JavaScript에서의 클래스는 차이가 매우 크다.

CoffeeScript는 중요한 공백, @property, 새로운 함수 형식과 마찬가지로 다른 언어와 유사한 키워드(class)를 사용한다. 리스트 8.13은 Human 클래스의 예제이다.

리스트 8.13 CoffeeScript의 Human 클래스

```
class Human
    constructor: (@name) ->
    setAge: (@age) ->
    getAge: -> @age
    setHeight: (@height) ->
    getHeight: ->
        @height
```

전통적인 JavaScript와의 차이점 하나는 Human(parameters)의 위치에 constructor를 사용했다는 것이다. @name을 사용하여 값을 자동으로 인스턴스 변수에 저장하기 때문에 생성자는 상세 내용이 필요하지 않다. 같은 이유에서 설정자도 함수 본문이 필요하지 않다. 모든 @property는 public이며, 따라서 Human의 객체


```
```

가 h라는 키를 얻으려면 다음을 호출하면 된다.

```
h.height
```

또는

```
h.getHeight()
```

@property 변수의 속성에 대한 변경을 예방하려면 일반적인 속성 이름과 차이를 두어 밑줄을 덧붙이거나 다른 이름을 사용하면 된다. 이 전략은 상속 상태를 유지하는 데 도움이 된다.

상속은 클래스나 자식 클래스가 다른 클래스(부모 클래스)의 속성 및 메소드 정의를 무조건적으로 받아들이는 컴퓨터 과학의 개념이다. 자식 클래스의 구현자(implementer)는 부모 클래스의 메소드를 변경 없이 사용할지 또는 자체 로직을 사용할지 선택할 수 있다. 리스트 8.14는 이 동작에 대한 코드다.

리스트 8.14　Human 클래스 확장하기

```
class Male extends Human
    constructor: (@name) ->
        super @name
        @gender = "male"
    getHeight: ->
        super() + 3
```

Male 클래스의 모든 인스턴스는 Human이다. Male 클래스가 자신의 키를 조작하기 위해서 super()를 호출하여 실제 키를 검색하고 이 값에 3을 더했다. super는 동일한 이름의 부모 함수 및 정해진 매개 변수를 호출한다. 그리고 생성자 함수에서 성별을 선언함으로써 하나 더 변경했다.

⤊ 대안 기술

Google Web Toolkit과 CoffeeScript가 유일한 비 JavaScript의 선택사항은 아니다. 이 절에서 두 개의 대안 기술을 살펴본다.

Cappuccino

2010년 Motorola에 인수된 208 North는 응용 프로그램 개발에 Objective-J 프로그래밍 언어를 사용하고 여러 GNUStep/Mac CS X Cocoa 프레임워크로 포팅된 Cappuccino 웹 프레임워크를 만들었다. Objective-J의 문법은 Objective-C와 매우 비슷하지만 전자는 JavaScript 위에서 실행된다. Objective-J에서 개발자는 프레임워크가 직접 조작하므로 직접적으로 DOM을 다루거나 CSS를 생성할 필요가 없다. Objective-C와의 관계는 iOS 개발자가 응용 프로그램을 빠르게 포팅하는 데 도움이 될 것이다.

Pyjamas

Pyjamas는 Python을 이용하여 Google Web Toolkit를 포팅한 것이다. Pyjamas는 GWT의 기능보다 부족한 것처럼 보이지만, Java보다 동적이고 빠른 개발 환경을 제공한다. Pyjamas는 HTML5 Canvas를 지원하지만 WebGL은 아직 지원하지 않는다. Pyjamas는 JSNI와 유사하게 JavaScript 코드와 상호작용이 가능하므로 개발자가 WebGL을 Pyjamas로 포팅하는 것에 특별한 제한은 없다. Pyjamas Desktop은 응용 프로그램을 수정하지 않아도 데스크톱에서 실행할 수 있는 Pyjamas의 컴포넌트다. 코드를 HTML이나 JavaScript로 컴파일하는 대신 응용 프로그램은 Python 코드로 실행되고 Mozilla, Safari/Chrome, Internet Explorer에 공급된 Gecko, Webkit, Trident 브라우저 엔진의 Python 라이브러리를 사용한다.

≋ 요약

이번 장에서 Web에서 게임을 만드는 여러 가지 언어를 살펴보았다. Google Web Toolkit에서 지원하는 라이브러리와 JavaScript와 CoffeeScript를 통합하는 방법을 알아보았고 GWT에 대한 내용에서는 Chapter 6에 있는 기억 카드 게임을 가져와서 GWT 버전으로 만들고 HTML5 오디오를 추가했다. Chapter 7의 마지막 부분에는 JavaScript를 주 언어로 사용하지 않고 게임을 만드는 방법을 살펴보았다. 이번 장에서는 JavaScript의 전문가 수준의 지식이 없는 것이 HTML5 게임을 만드는데 더 이상 장벽이 되지 않다는 것을 확인했기를 바란다.

≋ 연습문제

1. CoffeeScript에서 true를 대체하는 값은 무엇인가?
2. GWT에서 JavaScript를 호출하는 프로토콜의 이름은 무엇인가?
3. Pyjamas란 무엇인가?

이번 장에서 사용된 코드와 연습문제에 대한 해답은 www.informit.com/title/9780321767363이나 정보문화사(www.infopub.co.kr) 자료실에서 다운로드 받을 수 있다.

## Chapter 09

멀티 플레이어 게임 서버 구축하기

LEARNING **HTML5** GAME PROGRMMING

이번 장에서는 게임의 로직이 위치하고 플레이어에게 공동의 경험을 제공하는 게임 서버를 구축해보자. 지금까지 개발해왔던 게임 정신을 유지하기 위해 백엔드 작업에는 서버 사이드 JavaScript 프레임워크인 Node.js를 사용한다. Node.js는 게임과 서버 사이드 코드 사이에 완전한 통합을 제공하며 소켓 라이브러리인 Socket.IO는 Node.js의 사용에 도움이 될 것이다.

≫ Node.js란?

Node.js는 Google V8 JavaScript 엔진으로 구축된 비동기 서버 사이드 JavaScript 환경이다. C++로 작성된 V8은 Google Chrome 브라우저에서 실행되는 JavaScript 엔진이며, 빠른 엔진 속도로 유명하다. Node는 소켓, HTTP, TCP/UDP, 파일 I/O와 같은 항목을 개체로 취급하며, 이들에 대한 추상화를 일부 제공한다. 리스트 9.1은 "Hello World" 텍스트로 모든 요청에 응답하는 간단한 Node.js 응용 프로그램의 코드다. 이 코드는 응용 프로그램에서 HTTP 패키지 검색을 위한 require 문장으로 시작한다. 이 require 문장은 현재 실행되는 응용 프로그램에서 다른 파일의 콘텐츠를 연결한다는 점에서 Ruby 및 Python에서 사용하는 require 나 import 문장과 유사하다.

리스트 9.1 간단한 Node.js 응용 프로그램

```
http = require 'http'
http.createServer((req, res) ->
    res.writeHead 200, {'Content-Type': 'text/plain'}
    res.end 'Hello World\n'
).listen 8124, "127.0.0.1"
console.log 'Server running at http://127.0.0.1:8124/'
```

require 문장의 사용은 코드를 모듈화하고 신뢰성 및 유지보수성을 쉽게 높일 수 있다.

Node.js는 일반적 목적의 이벤트 주도(event-driven) 프레임워크이지 웹 응용 프로그램의 전부는 아니다. 따라서 모든 경우에 Node.js를 사용하지는 않는다.

개발자는 동일한 언어로 앞단에서 뒷단까지 코딩할 수 있어서 Node를 사용한다. 결과적으로 Node는 웹 서버에서 사용되는 것뿐만 아니라 유틸리티 스크립트, 테스팅 프레임워크, 명령줄(command-line) 응용 프로그램에서도 사용된다. 공식적인 CoffeeScript 컴파일러는 Node로 구현되었다. Chapter 8 "JavaScript를 사용하지 않고 게임 만들기"에서 CoffeeScript로 작업했던 것을 더 발전시키기 위해 이번 장의 모든 예제 및 데모에 CoffeeScript를 사용한다. CoffeeScript가 여러분이 사용하는 주요 언어가 아닐 수 있지만 CoffeeScript 컴파일러는 바로 사용할 수 있는 수준의 JavaScript를 생성한다.

Node Package Manager로 Node 확장하기

Node 자체는 매우 가볍다. 그렇다고 Node만 이용해서 복잡한 응용 프로그램을 만들 수 없다는 이야기가 아니다. Node는 Node Package Manager(또는 줄여서 npm)을 사용하여 확장할 수 있다. npm 함수는 다른 응용 프로그램에 통합되어 하나의 응용 프로그램이 되는, 이른바 모듈의 소프트웨어 앱 스토어라 할 수 있다. npm은 아래 명령을 실행해서 설치한다.

```
curl http://npmjs.org/install.sh | sh
```

이 명령이 실패한다면, http://npmjs.org/에서 다른 많은 정보를 찾아보자. 모듈은 아래의 명령을 이용하여 설치하거나 삭제가 가능하다.

```
npm install <name of module>
```

또는

```
npm uninstall <name of module>
```

여러 Node 버전 관리하기

Node가 안정화되기 전에는 여러 버전이 있었다. 어떤 npm 패키지는 특정 버전에서만 실행되거나 비정상적으로 동작했다. 지금은 버전 관리자를 이용해서 Node를 설치하므로 이런 아픔은 줄일 수 있다.

n(https://github.com/visionmedia/n)은 Node 버전을 관리하는 스크립트 파일이다. n은 현재 있는 버전을 관리하고, 모든 명령의 기본이 되는 Node 버전이나 특정 버전의 명령을 선택하는 것이 가능하다. 이미 다른 버전의 Node를 설치했다면 다음을 실행해서 설치한다.

```
npm install n
```

또는 git 저장소를 클로닝(cloning)했다면 다음의 명령을 실행하자.

```
make install
```

n ls 명령은 설치 가능한 Node 버전을 목록으로 보여주며, n latest(또는 version)와 n rm version은 Node의 특정 버전을 설치·사용하거나 삭제할 수 있다.

≫ ExpressJS로 웹 앱 간단하게 만들기

ExpressJS(http://expressjs.com/)는 Node.js를 위한 빠른 웹 응용 프로그램 개발 프레임워크다. ExpressJS는 일반적인 목적의 Node보다 웹 개발에 초점을 맞추고 있다. Express가 초점을 맞추는 것은 다음과 같다.

- URL 라우팅 DSL
- 미들웨어
- 템플레이팅(templating)과 렌더링 보기

- 쿠키, 세션, 라우팅 등을 관리하기 위해 Node의 미들웨어 계층인 Connect와 강력한 통합

리스트 9.2는 매우 기초적인 ExpressJS 응용 프로그램 코드다. `npm install express`를 실행해서 npm으로 Express를 설치한 후, Express 라이브러리를 사용하기 위해 Node에 알려줘야 한다. 그리고 서버, 루트(앞서 잠깐 설명했다), 서버가 수신할 포트를 생성한다. `sys` 패키지는 상태 메시지를 알려주며, `sys.puts`는 `console.log`와 동일하다.

리스트 9.2 ExpressJS 응용 프로그램의 예

```
xpress = require 'express'
app = express.createServer()
sys = require 'sys'

app.get '/', (req, res) ->
    res.send('Hello World')
sys.puts "Server started on http://localhost:3000"
app.listen(3000);
```

URL 라우팅으로 요청 제공하기

ExpressJS에서는 응용 프로그램이 응답할 수 있는 루트나 URL 끝점이 어디인지 정의해야 한다. 루트는 `GET`, `PUT`, `POST`, `DELETE` 등 어느 항목에도 응답할 수 있다. 리스트 9.3은 base server URL에 응답하고 "Hello World"를 출력하는 루트에 대한 정의를 보여준다.

리스트 9.3 간단한 ExpressJS 루트

```
app.get "/", (req, res) ->
    res.send("Hello, World")
```

그리고 각 HTTP 메소드에 대한 별도의 코드 블록을 만들거나, 동일한 코드 블록에서 모든 항목을 처리할 수도 있다.

ExpressJS의 라우팅 API는 매우 유연해서 리스트 9.3처럼 기본 URL로 라우팅할 수 있고, 리스트 9.4처럼 정적 URL이나 형식 URL로 라우팅할 수도 있다. 종단점 (Endpoint)에 콜론을 사용하는 것은 컴포넌트가 요청 매개 변수 속성으로 표시된다는 것을 의미한다. Fragment의 끝에 있는 물음표는 종단점이 선택적이라는 것을 ExpressJS에 알려준다. /about과 /about/:id를 사용해서 root와 확장된 root를 구분할 수 있고, /profile/:id를 이용해서 조건문으로 이 둘을 결합할 수 있다. 마지막 예제인 /updateProfile는 POST를 사용한다. 이 예제에서는 req.body 객체를 검사해서 변환된 데이터에 접근하는 방법을 보여준다.

리스트 9.4 고급 Routes

```
express = require 'express'
app = express.createServer()
sys = require 'sys'
app.configure ->
    app.use express.logger()
    app.use express.cookieParser()
    app.use express.bodyParser()
    app.use express.static(__dirname + '/public')

app.get '/about', (req, res) ->
    res.send('About Page')

app.get '/about/:id', (req, res) ->
    id = req.params.id
    res.send('About Page for '+id)

app.get '/profile/:id?', (req, res) ->
    id = req.params.id
    if (id is undefined)
        res.send("Profile not found")
    else res.send(id+"'s Profile")

app.post '/updateProfile', (req, res) ->
    newData = req.body
    name = req.body.name
    doStuffWithData(data)
    res.send("Update successful.")

sys.puts "Server started on http://localhost:3000"
app.listen(3000);
```

ExpressJS는 번들로 포함된 Connect(http://www.senchalabs.org/connect/) 라이브러리의 미들웨어 계층이 하나 있다. Connect의 미들웨어 계층은 제한 없는 인증, 로깅, 세션 관리, 쿠키, 요청에 대한 파싱(parsing) 등 응용 프로그램이 공통적으로 필요한 항목의 재사용 가능한 함수를 제공한다. 이미 예제 응용 프로그램에서 몇 가지 중요한 기본적인 미들웨어 함수를 살펴보았다. 리스트 9.4에서는 몇몇 고급 루트를 살펴보고 POST 요청의 내용을 보기 위해 bodyDecoder 미들웨어를 사용했다. 또한 클라이언트 사이드 JavaScript, 이미지, CSS, HTML 등을 제공하기 위해 public으로 호출하는 정적 디렉터리를 작성했다.

세션 관리하기

세션을 사용하기 위해서는 2개의 미들웨어 컴포넌트가 포함되어야 한다. 리스트 9.5는 세션을 사용하는 방법의 예이다. cookieDecoder와 bodyDecoder는 세션 생성 전에 인스턴스화 되어야 한다. 세션의 비밀스런 매개 변수는 미들웨어가 세션 ID를 GUID 암호화하는 데 이용된다. session 객체는 각 화면의 뒤에서 끊김없이 생성되며 session 객체를 수정하거나 제거하는 것뿐만 아니라 객체를 session 객체에 연속적으로 첨부시키기도 한다. 보조 기억 장치를 따로 지정하지 않는다면 메모리에 저장되는 것이 기본값이다. Connect와 ExpressJS에 직접적으로 포함되지는 않았지만 보조 기억 장치는 거의 대부분의 유명 데이터베이스에서 사용할 수 있다.

리스트 9.5 세션 방문 수 기록하기

```
app.configure ->
    app.use(express.cookieParser())
    app.use(express.bodyParser())
    app.use(express.session({secret:'asdf'}))

app.get '/', (req, res) ->
    if req.session.visitCount == undefined
        req.session.visitCount = 1
    else
        req.session.visitCount = req.session.visitCount + 1;
        res.send "Session ID:"+req.session.id+"<br/>"+'You have visited this page '
+ req.session.visitCount + ' times';
```

ExpressJS 응용 프로그램 구조 이해하기

ExpressJS는 응용 프로그램 구조가 매우 자유로워서 아래와 같이 특정 디렉터리 위치를 설정할 수 있다.

```
# 렌더를 위한 보기 디렉터리 설정하기
app.set 'views', __dirname + '/views'
```

그럼에도 불구하고 이번 장의 모든 응용 프로그램은 그림 9.1과 같은 구조를 따를 것이다. 이 방법은 동작을 명확히 구분하고, ExpressJS를 더 쉽게 배울 수 있다. view는 정보가 사용자에게 보이는 방법을 정의한다. 공용 디렉터리에는 응용 프로그램이 사용자에게 제공할 CSS, 이미지, JavaScript 파일과 같은 정적 자산이 있다. 모든 응용 프로그램은 shape나 form에서 테스트되어야 하고, 테스트 디렉터리는 이 테스트를 보관한다. 마지막으로 중요한 것은 app.coffee(또는 app.js) 파일이다. 이 파일은 응용 프로그램의 핵심 로직이 위치한 서버를 초기화하고 루트, 로깅, 미들웨어, 템플레이팅 등을 설정한다. 그리고 빈 디렉터리에서 express 스크립트를 실행하는 것은 view, public, 로그, 테스트 디렉터리와 마찬가지로 예제 app.js 파일을 생성한다는 것에 주의하자.

| 그림 9.1 | ExpressJS 응용 프로그램 구조

CoffeeKup으로 HTML 템플레이팅하기

CoffeeKup은 CoffeeScript를 이용해서 HTML을 생성하는 템플레이팅 엔진이다. Node.js는 이미 설치되었으므로, 다음을 실행해서 CoffeeKup을 설치하자.

```
npm install coffeekup
```

렌더링 엔진으로 CoffeeKup을 지원하는 프레임워크는 실행 시 CoffeeScript 코드를 HTML과 JavaScript로 변환한다. 리스트 9.6은 "Hello World"를 출력하는 간단한 HTML 페이지를 생성하고 div의 콘텐츠를 설정하는 CoffeeKup 코드다. 코드 내에서 변수를 할당하고 사용할 수 있다.

리스트 9.6 간단한 CoffeeKup 페이지

```
@title = "Hello World"
doctype 5
html ->
    head ->
        title @title
    body ->
        div id: 'content', ->

        div id: 'fragment', ->
            @body

        coffeescript ->
            document.getElementById('content').innerText = "Hello World!"
```

리스트 9.7은 ExpressJS가 위의 CoffeeKup 파일로 생성한 HTML 코드다.

리스트 9.7 생성된 HTML 코드

```
<!DOCTYPE html>
<html>
    <head>
        <title>Hello World</title>
    </head>
    <body>
        <div id="content"></div>
        <div id="fragment"></div>
```

```
<script>;(function () {
        return document.getElementById('content').innerText = "Hello World!";
    })();
    </script>
  </body>
</html>
```

지금까지 전체 페이지를 생성한 CoffeeKup을 살펴보았다. ExpressJS에서 템플 레이팅 엔진으로 CoffeeKup을 사용하면 공통 레이아웃 셋을 사용할 때 UI 코드와 렌더링 단편 정보를 모듈화할 수 있다. ExpressJS에 CoffeeKup을 등록하려면 응용 프로그램 파일에 아래 항목을 추가하자.

```
app.register '.coffee', require('coffeekup')
app.set 'view engine', 'coffee'
```

이 코드는 ExpressJS에 CoffeeScript 파일인 view를 사용할 것이고, 이 파일을 참조할 때 파일 확장 사용을 생략할 것임을 알려준다. 전체 파일 이름을 사용하면 Jade, Haml, JQuery, Templates, EJS와 같은 라이브러리를 사용하여 레이아웃을 혼합할 수 있다. Fragment 파일을 참조할 때 시스템은 화면을 표시하기 위해 HTML의 외부 구조에 대한 레이아웃 파일을 찾는다. CoffeeKup의 경우 view 디렉터리에서 `layout.coffee`를 찾고, 찾지 못하는 경우 다른 디렉터리를 찾는다. 리스트 9.6은 레이아웃 파일에서 무엇이 정의될 수 있는지 보여주는 예제이다. 예제에서는 아직 값이 할당되지 않았으며 생성된 HTML에는 포함되지 않을 것처럼 보이는 @body 변수가 있음을 눈치 챘는가? view가 렌더링될 때, ExpressJS는 렌더링 중인 view의 내용을 가져와서 body 변수의 값으로 레이아웃 파일에 넣는다. 따라서 다음의 코드를 포함한 view fragment의 이름은 `index.coffee`가 된다.

```
div ->
    "The time is now #{new Date()}"
```

리스트 9.8처럼 `index.coffee`와 `layout.coffee`의 요소를 반환하는 루트 하나를 `/getTime`에 설정하자.

```
app.get "/getTime", (req, res) ->
    util.log "Client visited /getTime"
    res.render 'getTime'
```

View 변수는 실행 시 전달될 수 있다. `getTime` 퍼이지에 표준 시간대를 전달하고 싶다면 리스트 9.9처럼 `context`에서 원하는 변수를 전달하도록 view를 수정하면 된다.

리스트 9.9 수정된 route

```
app.get "/getTime", (req, res) ->
    util.log "Client visited /getTime"
    res.render 'getTime', context:{timezone: 'America/Los Angeles'}
```

캐시로 데이터 유지하기

대부분의 응용 프로그램에서 데이터 정렬이나 저장을 위한 대체 데이터베이스가 있다. 컴퓨터의 하드 드라이브에서 데이터를 읽는 것은 꽤 빠르다. 다만 데이터를 찾는 것이 오래 걸린다. 캐시는 데이터에 더 빠르게 액세스할 수 있게 한다. 데이터가 한번 액세스되면 앞으로도 액세스할 가능성이 크므로 캐시는 메모리 일부를 최근 접근한 개체 저장을 위해 떼어놓는다. 캐시는 무한한 저장 용량을 가지지 않지만, 만약 용량이 무한해진다면 데이터베이스와 대비되는 장점을 잃는 것이다. 꺼낼 데이터를 선택하는 캐시 전략은 매우 다양하다. 그러나 대부분은 최소 사용 빈도(Least Frequently Used: LFU), 최소 최근 사용(Least Recently Used: LRU), 최다 최근 사용(Most Recently Used: MRU)된 개체를 꺼내는 것을 이용하거나, 이를 변형하거나 조합해서 사용한다. 그 대신 캐시는 웹 사이트 세션 완료처럼 무활동 기간을 바탕으로 제거할 수 있다.

node-cache 프로젝트(https://github.com/ptarjan/node-cache)는 몇 가지 기본적인 기능을 제공한다. node-cache의 API는 표 9.1과 같이 꽤 간단한 6가지 함수를 제공한다.

| 표 9.1 | node-cache API

함수	설명
get(key)	key에 대한 값을 검색한다. 결과가 없다면 null을 반환한다.
put(key,value,duration)	지정된 key로 주어진 value를 저장한다. 시간이 지정되면 key/value 쌍은 그 기간 후에 제거된다. 하지만 제거되기 전까지는 저장된다.
del(key)	key에 해당하는 값을 제거한다.
size()	캐시에 있는 null이 아닌 key/value 쌍의 수를 반환한다.
memsize()	캐시에 있는 key/value 쌍의 수를 반환한다.
debug(bool)	디버깅을 켜거나 끈다.

클라이언트/서버 통신 관리하기

웹 초기, "World Wide"란 이름이 유행하던 시절에는 상호 작용은 꽤 제한적이었다. 링크를 클릭하면 어디론가 이동했으며, 긴 데이터를 다 채우고 "보내기"를 클릭하면 새로운 정적 페이지로 이동했다. 느리긴 했지만 이 정적인 상호작용 방법은 정보를 업데이트하는 데 AJAX를 사용하기 시작하면서 동적으로 변해갔다. 하지만 혁신은 여기에서 멈추지 않았다. 더 나아가서는 롱 폴링(long polling)이라 불리는 서버 사이드 푸시가 나타났고, 결국 웹 브라우저에서 TCP 소켓을 기본적으로 지원하게 되었다. 현재 상호 작용에서 Web Socket은 새로워 보이지만 개념 자체는 새로운 것이 아니다. 초기 Java 애플릿은 서버와 클라이언트 브라우저 사이에서 소켓 이용이 가능했다.

Socket.IO로 통신하기

Socket.IO는 Node.js를 위하여 서로 다른 전송 체계에서 메시지의 도착지나 출발지에 관계 없이 공통 인터페이스를 사용할 수 있는 라이브러리이다.

Socket.IO는 다음의 기술을 이용한 통신을 지원한다.

- Native Web Sockets
- Adobe Flash Sockets
- AJAX long polling
- AJAX multipart streaming
- Forever IFrames
- JSONP polling

이런 전송 방식의 조합은 주요 데스크톱 및 모바일 브라우저 대부분의 버전을 지원한다. 공식적인 Node.js에 대한 구현 외에, Java, Python, Google Go, Rack (Ruby)에 대한 비공식적 서버 구현도 지원한다.

Express로 간단한 Socket.IO 응용 프로그램 설정하기

리스트 9.10과 리스트 9.11은 서버나 클라이언트가 서로에게 보내는 것을 다시 되돌려 보내는 간단한 Socket.IO 응용 프로그램의 서버와 클라이언트 코드다. 서버는 수신을 위해 connection이라는 이벤트를 사용한다. 송신이 시작되면 서버는 콘솔에 새로운 클라이언트가 연결되었음을 출력하고 메시지가 있을 때 실행할 함수를 등록한다. 코드 예제에서는 비어있지만 disconnect 이벤트에 대한 응답도 가능하다.

리스트 9.10 Hello World에 대한 서버 코드

```
# socket.io 설정
socket = io.listen app
socket.on 'connection', (client) ->
    sys.puts "new client connected."
    client.on 'message', (data) ->
        sys.puts data
        client.send data
client.on 'disconnect', ->
```

리스트 9.11은 동일한 클라이언트의 코드를 보여준다. 필요한 JavaScript 파일을 포함한 후에 새로운 소켓의 객체를 생성하그 서버처럼 연결 및 메시지를 위한 함수를 등록한다.

```
doctype 5
html ->
    head ->
        title "#{@title}"
        script src: '/js/socket.js'

    body ->
        coffeescript ->
            socket = new io.Socket 'localhost'
            socket.connect()
            socket.on 'connection', ->
                        console.log 'Connected.'
        socket.on 'message', (data)->
            console.log data
             socket.send "Hello World"
```

NowJS로 Web Socket 간단하게 만들기

Socket.IO는 간단한 통신에는 훌륭하지만 소켓을 이용한 복잡한 대화에는 JSON 처럼 형식화된 메시지, 소켓을 이용한 송신, 각 측면에서의 디코딩/인코딩이 필요하다. 다뤄야 하는 조건의 수가 늘어날수록 언어는 점점 커진다. 클라이언트 도메인에 있는 특정 메소드를 복잡한 메시지 이동 없이 호출할 수 있다면 서버 작업은 매우 쉬워지고 그 반대도 마찬가지다. NowJS를 이용하면 이러한 동작이 가능하다.

NowJS는 클라이언트 및 서버 사이드 JavaScript 라이브러리로, 클라이언트와 서버가 Web Socket 파이프라인을 이용해서 원격 프로시저 호출이 가능하게 한다. NowJS는 통신을 위한 여러 주요 기능을 Socket.IO를 이용해서 확장한다. everyone.now와 now의 2가지 네임스페이스가 있는데 전자는 서버 사이드에서, 후자는 클라이언트의 인터페이스에서 NowJS로 구현된다. 변수나 개체 그래프(object graphs)는 모든 클라이언트와 서버에서 공유되는 everyone.now 네임스페이스에서 설정한다. 서버가 everyone.now 네임스페이스에 있는 함수를 호출하고 클라이언트에 이 함수가 있다면, 이 함수는 클라이언트의 now 네임스페이스에 있는 같은 이름의 함수를 실행하려 시도한다. 예를 하나 들어보자. 게임 서버에서 공통적으로 많이 동작하는 것 하나는 사용자의 데이터의 검색이다. 그리고 클라이언트에 현재 접속

중인 사용자 목록 요청을 위해 NowJS를 이용할 것이다. 서버에는 `everyone.now` 네임스페이스에 있는 `getPlayerList`라는 함수가 있다. 이 함수는 클라이언트에 매개 변수로 코드를 반환하는 회신을 한다. 리스트 9.12는 이에 대한 코드이며, 이 코드는 초기 응용 프로그램 파일에서 변경될 수 있다.

리스트 9.12 NowJS 데모 응용 프로그램 파일

```
nowjs = require("now")

app = express.createServer()
everyone = nowjs.initialize(app)

everyone.now.getPlayerList = (callback) ->
    players = 'Jake','John','Cathy'
    callback(players)
```

또한 서버에서 호출하는 클라이언트 함수를 정의할 수도 있다. 서버가 회신 대신 이 함수를 이용하여 통신할 수 있다. 필요한 now.js 스크립트 파일을 포함한 후 클라이언트 사이드 코드는 서버의 `getPlayerList` 함수를 호출하는 `getPlayers` 함수를 정의하고 결과를 콘솔에 출력한다. 마지막 코드에는 `now.ready`를 호출한다. `ready` 함수는 서버와 성공적으로 연결되면 실행할 코드를 지정할 수 있다. 리스트 9.13은 이에 대한 예제다.

리스트 9.13 NowJS 클라이언트 코드

```
doctype 5
html ->
    head ->
        title "#{@title || 'NowJS Demo'}"
        script src: '/nowjs/now.js'

    body ->
    coffeescript ->
        window.getPlayers = ->
            now.getPlayerList (data) ->
                console.log(data)

        now.ready ->
            console.log('ready')
```

```
div ->
    input type:'button', value:'Get Players', onclick:'getPlayers();
```

Node 응용 프로그램 디버깅하기

모든 비동기 회신 발송에는 효과적인 응용 프로그램 디버깅이 매우 중요하다. 짧은 시간에 단일 객체의 값을 찾아야한다면 (콘솔에 데이터를 출력하는) 콘솔 디버깅을 해야 한다. sys 객체에 inspect라는 함수가 있는데, 이 함수는 객체의 모든 상세 내용을 문자열로 변환한다. 사용을 위해서는 sys.put을 이용해서 다음과 같이 명령줄에 입력한다.

```
sys.put(sys.inspect(obj))
```

흐름 제어를 확인하려 하거나 에러의 수준이 낮아지면, 콘솔 디버깅의 사용이 어려워진다. 숙련자라면 실행중인 응용 프로그램에 많은 조작을 할 수 있는 디버거가 더 유용하다. node-inspector 프로젝트(https://github.com/dannycoates/node-inspector)는 Node 응용 프로그램에 대한 디버깅 기능을 제공한다. 다음의 명령을 실행하면 node-inspector를 설치할 수 있다.

```
npm install node-inspector
```

그리고 아래의 명령을 입력하면 디버거를 시작한다.

```
node-inspector &
```

이제 node-inspector는 응용 프로그램을 모니터링할 준비가 되었다. 마지막 단계는 다음의 두 개 중 하나를 실행해 디버그 모드에서 Node를 시작하는 것이다.

```
node -debug <app file>
```

또는

```
coffee -nodejs <app file>
```

그리고 WebKit 기반 브라우저에서 node-inspector가 제공하는 주소(일반적으로 http://0.0.0.0:8080/debug?port=5858)를 탐색한다. 그러면 응용 프로그램의 상세 내용을 보여주는 Developer Console를 확인할 수 있다. 필요하면 Chapter 1 "HTML5에 대하여"로 돌아가서 다시 한 번 살펴보자. node-inspector의 멋진 기능 중 하나는 [Scripts] 탭에서 CoffeeScrpit 파일을 서버 사이드에서 실행될 JavaScript로 보여주는 것이다.

⩘ 게임 서버 생성하기

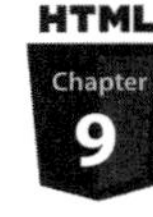

전형적인 다중 플레이어 게임 서버는 플레이어와 상호작용하는 여러 부분이 있는데, 최소한 게임 대기실, 특정 게임방이나 지역, 다른 사람과 채팅할 수 있는 공간이 포함된다. 이번 절에서는 이 내용을 살펴본다.

게임 대기실 만들기

게임 대기실은 플레이어가 응용 프로그램에서 가장 처음 만나는 부분이다. 이 대기실에서 플레이어는 참여 가능한 진행 중인 게임을 볼 수 있고, 다른 사람과 채팅할 수도 있고, 새로운 게임방을 만들 수 있다.

리스트 9.14는 응용 프로그램의 초기 페이지 구현이 필요한 CoffeeKup 코드를 보여준다. 왼쪽에는 Canvas가 위치할 큰 컨테이너가, 오른쪽에는 플레이어가 다른 플레이어와 대화할 수 있는 채팅 윈도우가 위치한다.

리스트 9.14 **응용 프로그램 초기 페이지 코드**

```
@title = 'Game Lobby'
div style:'float:left;height:600px;width:800px', ->
div style:'float:right;',->
    textarea id:'chat', rows:'10', columns:'50', style:'width:200px;height:550px'
    br ->
    input type:'text', columns:'40', id:'message'
    input type:'button', value:'Send',
        onclick:"distributeMessage($('#message').get(]).value)"
```

플레이어가 Send 버튼을 클릭하면 message 텍스트 영역의 콘텐츠는 서버에 있는 동일 이름의 함수를 호출하는 distributeMessage 함수의 일부분이 된다. 클라이언트가 distributeMessage를 호출하면 서버가 receiveMessage를 작동시킨다. 클라이언트 코드는 리스트 9.15에서 확인해보자.

리스트 9.15 **채팅 메시지를 보내고 받기 위한 클라이언트 사이드 코드**

```
window.now.receiveMessage = (name, message) ->
    val = $('#chat').get(0).value
    val += name + ':' + message + '\n'
    $('#chat').get(0).value = val
    console.log('Received message: ' + message + ' from: '+name)

window.distributeMessage = (message) ->
    if now.name is 'Unknown'
now.name = prompt("What is your name?")
    now.distributeMessage(message)
```

리스트 9.16에서 서버는 작동하는 부분만 함수를 구현해야 한다. 이 함수는 receiveMessage가 클라이언트에 있을 것이라는 믿음을 갖고 호출한다.

리스트 9.16 **채팅 메시지를 보내고 받기 위한 서버 사이드 코드**

```
everyone.now.distributeMessage = (message) ->
    console.log("Received message:"+ message + " from: "+this.now.name)
    everyone.now.receiveMessage(this.now.name, message
```

NowJS 그룹으로 게임방 생성하기

대기실에서 플레이어는 참여를 원하는 게임방을 선택하거나 자신만의 게임방을 만들 수 있다. 각 게임방은 이 게임방에서 진행 중인 게임, 최대 참여 가능한 플레이어 수, 게임의 법칙과 같은 속성을 가지고 있다. 게임방에서 모든 참여자가 떠나고 나면 서버는 게임방 보기에서 그 게임방을 제거한다.

NowJS는 사용자 그룹에 따라 사용자를 구분할 수 있다. 그룹은 클라이언트가 서버와 공유하는 자신만의 now 객체 모음을 가지고 있다. 그리고 우리 게임방에 있지 않은 사람이 메시지나 공지를 받지 않도록 이 객체에 대한 모음을 만든다. getGroup은 통과된 매개 변수의 이름으로 현재 그룹에서 검색하거나 하나를 새롭게 생성한다. 리스트 9.17의 게임방을 생성하기 위해 사용했던 코드 일부에서 이러한 내용을 보여준다. 게임방이 생성되고 나면 플레이어의 입장 및 퇴장은 그 게임방에 있는 사람들에게 'connect'와 'disconnect' 이벤트를 통해 전달된다.

리스트 9.17 **게임방 만들기**

```
everyone.now.createRoom = (roomName, callback) ->
console.log("Created room: "+roomName)
    group = nowjs.getGroup(roomName)
    group.on 'connect', (clientId) ->
        group.now.receiveMessage(this.user.clientId +" joined the game room.")
    group.on 'disconnect', (clientId) ->
        group.now.receiveMessage(this.user.clientId + " left the game room.")
    gameRooms.push(group)
    callback(group)
```


게임 참여자와 게임방 사이의 이동 관리하기

이제 게임방이 만들어졌으니 사람들을 게임방어 입장시켜야 한다. 이 말은 게임 참여자가 게임을 진행해야 한다는 의미이다. 게임에는 두 종류의 참여자가 있다. 플레이어와 관찰자다. 플레이어는 게임에 참여하고 게임 로직의 영향을 받는다. 반면 관찰자는 오직 게임 진행을 보는 것만 가능하다. 이 두 종류의 참여자는 게임방에서 서로 메시지를 주고받는 것이 가능하다. 리스트 9.18은 게임방의 사용자를 추가하고 제거하도록 NowJS 객체를 래핑하는 방법을 보여준다.

리스트 9.18 게임방 이동하기

```
everyone.now.joinRoom = (roomName) ->
    group = nowjs.getGroup(roomName)
    group.addUser(this.user.clientId)

everyone.now.leaveRoom = (roomName) ->
    group = nowjs.getGroup(roomName)
    group.removeUser(this.user.clientId)
```

게임 플레이 관리하기

이번 절에서는 게임 서버의 핵심 부분을 다룬다. Chapter 5 "Canvas 태그로 게임 생성하기"에서 코딩한 Tic-Tac-Toe의 게임 로직을 구현한다.

로컬에서 실행되는 게임을 서버에서 실행하도록 하는 것은 웹 응용 프로그램을 전통적인 웹 프레임워크에서 순수한 이벤트 주도 모델로 전환하는 것과 비슷하다. 로컬에서 실행되는 단일 응용 프로그램이 실행-대기를 반복하는 반면, Node와 같은 것들은 한 번에 수백 개 게임의 진행을 유지해야 한다. 따라서 한 번에 많은 게임을 관리하기 위해 데이터베이스와 캐시를 사용할 것이다.

Chapter 5로 돌아가 보면 Tic-Tac-Toe를 구현하는데 Canvas를 사용했고, Chapter 4 "게임의 동작 방법"에서는 인공 지능을 구현했다. 이러한 두 가지 내용을 게임 서버에 함께 넣는다.

게임방이 생성되면 사용자는 새로운 게임을 생성할 수 있다. 이 게임방의 now 객체는 누가 X이고 O인지, 누구의 차례인지 등 게임의 현재 상태를 저장한다. 플레이어가 자신의 차례를 진행하면 이 진행은 서버의 now 객체에 전달되어 검증되고, 만약 올바르다면 이 진행이 적용된다. 또 하나 기존 버전에서 변경된 한 가지는 현재 게임 상태를 저장하는 데 캐시를 사용하는 것이다. 그룹이 now 객체를 가지고 있지만 everyone.now 객체처럼 now 객체에 임의 객체를 첨부할 수는 없다. 캐시는 모든 클라이언트에서 공유되는 now 객체의 모든 문제를 해결한다. 예를 들어 게임의 모든 카드를 now 객체에 저장했다면, 손에 든 카드를 훔쳐보거나 바꾸는 정직하지 못한 플레이어를 걱정할 필요가 없다. 이 코드는 리스트 9.19에서 확인해보자.

```coffeescript
everyone.now.completeTicTacToeMove = (room, x, y, player) ->
    rooms = cache.get("rooms")
    room = rooms[roomName]
    group = nowjs.getGroup(room)
    roomState = cache.get(room)
    board = roomState.board

    otherPlayer = if player is 'X' then 'O' else 'X'
    if board[x][y] is '-'
        board[x][y] = player
        # 이겼는지 확인

        cache.put(this.now.room, rocmState)
    else
        roomState.message = 'Player #{player}, Please try again.'
        cache.put(room, roomState)
        group.now.receiveGameState(roomState)
```

컴퓨터 플레이어의 움직임을 계산하고 서버의 now 객체에 있는 게임 보드를 조정하면 쉽게 게임 컴퓨터 플레이어를 훔쳐볼 수 있다. receiveGameState 함수는 채팅의 receiveMessage 함수와 유사한 방식으로 동작한다. 서버에 있는 상태는 진짜 상태가 된다. 각 활동 후 게임 상태는 모든 클라이언트에 보내지고, 클라이언트는 화면을 다시 그린다. Tic-Tac-Toe에서 사용한 해결책은 게임을 간결하게 표현하도록 했지만 사용자가 늘어난다면 작동이 안 된다.

특히 아레나(arena) 스타일의 1인칭 슈팅 게임과 같은 자유 역할(free-roaming) 게임에서 사용자 규모가 증가할 때 사용할 수 있는 방법은 상호 작용 대부분을 서버로 이동시키는 것이다. Tic-Tac-Toe 게임의 서버 예제에서 사용자가 서버의 정의된 기능을 실행할 때 몇 가지 기본적인 확인을 하더라도, 다른 게임은 부정행위를 방지하는 더욱 강력한 방법이 필요하다. 이를 위한 하나의 방법은 대부분의 로직을 서버에서 실행하고 클라이언트에 변경된 내용을 보내는 것이다. 클라이언트 측면에서 보면, 클라이언트는 더 이상 함수를 실행할 수 없고 오직 사용자가 누른 키가 무엇인지 보내기만 한다. 눌린 키가 어떤 의미인지는 구분하는 것은 서버의 역할이다. RealtimeMultiplayerNodeJS(https://github.com/onedayitwillmake/Realtime

MultiplayerNodeJs)에는 이를 지원하는 많은 기능이 있다. 이 내용을 다루는 것은 이 책의 범위를 벗어나지만, 많은 다중 사용자 게임이나 유사한 기술을 사용하고픈 사람에게 도움이 될 것이다.

≋ 요약

이번 장에서는 서버 사이드 JavaScript 웹 프레임워크와 이를 둘러싼 생태계을 다루었다. ExpressJS를 이용하여 웹 페이지의 루트를 생성하고, 특정 루트가 방문을 받으면 제공하는 HTML 템플레이팅 방법을 살펴보았다. 또한 서버와 클라이언트 간의 실시간 의사소통을 위해 NowJS와 Socket.IO 프로젝트를 이용한 Web Socket 의 사용에 대해서도 배웠다. 그리고 간단한 캐시를 이용한 데이터 유지를 살펴보았고, 마지막으로 게임 서버를 생성하는 기술적 데모를 통해 9장을 마무리했다.

≋ 연습문제

1. NowJS 그룹을 생성하고 누군가 그룹에 가입하면 "Welcome"을 콘솔에 출력하는 코드를 작성해보자.
2. Node.js 버전 0.4.8을 설치하는 n 명령어는 무엇인가?
3. "location"을 응답하는 route를 생성하고 city를 매개 변수로 지정해보자.

이번 장에서 사용된 코드와 연습문제에 대한 해답은 www.informit.com/title/ 9780321767363이나 정보문화사(www.infopub.co.kr) 자료실에서 다운로드 받을 수 있다.

## Chapter 10

모바일 게임 개발

LEARNING **HTML5** GAME PROGRMMING

2007년 아이폰의 출시가 모바일 게임과 웹 콘텐츠의 앱으로의 변환을 가져왔는지는 여전히 논쟁거리이다. 모바일 기기, 태블릿, TV의 판매 수익은 수조 달러에 달한다. 이전에도 모바일 게임이 있었지만, 스마트폰의 등장은 모바일 기기로 웹을 사용할 수 있게 만들었고 콘텐츠의 생산과 소비가 반복된다는 점에서 역사에 한 획을 그었다. Chapter 10에서는 주요 모바일 기기 운영체제의 발전, 운영체제와 개발과의 연계, 운영체제에 대한 몇 가지 프레임워크를 살펴볼 것이다. 플랫폼이 왜, 그리고 어떻게 발전했는지에 대해 알아보기 전에 플랫폼에 대해 간단히 살펴보자.

≫ 모바일 플랫폼 선택하기

이 절에서는 주요 단말 운영체제의 기능과 특성에 대해 간단히 알아본다.

iOS

아이폰의 운영체제로 잘 알려진 iOS는 아이폰, 아이팟 터치, 아이패드, Apple TV를 포함한 대다수 Apple의 휴대용 엔터테인먼트 단말이나 기기에서 동작한다. 모바일 기기만을 두고 봤을 때 가트너 발표자료에 따르면 2012년 3분기 iOS는 13.9%의 시장 점유율을 차지하고 있다. iOS는 BSD 기반 Mac OS X의 변종으로 터치를 이용한 상호작용을 최적화했다. 하지만 iOS는 Apple의 단말에만 사용하도록 엄격히 제한되어 있다. 브라우저를 제공하지 않는 iOS 앱은 보통 Objective-C 언어로 코딩한다. 아이폰, 아이팟 터치, 아이패드는 Wi-Fi를 통해 연결이 가능하며 간혹 블루투스나 CDMA/GSM 핸드폰으로도 연결할 수 있다. KHTML5는 플러그인 방식 기술인 Flash를 사용하지 않는다는 것이 매우 중요하다. 오픈 소스인 KTHML 레이아웃 엔진을 이용한 Webkit은 Apple 단말의 브라우저에 내장되어 있다. Webkit은 iOS 외에도 데스크톱에서 3~4번째로 많이 사용되는 Google Chrome과 Apple Safari의 핵심 엔진이기도 하다. Webkit을 사용하는 브라우저는 HTML5 표준을 따르고 있다.

Android

Android는 Google이 모바일 장치에서 구동시키기 위해 개발한 운영체제다. Android는 다수의 단말 제조사를 보유하였으며, 2012년 3분기 72.4%의 시장 점유율을 보이고 있다. Android는 아이폰보다 약 1년 늦게 출시했다. 특별한 경우를 제외하고 Android와 iOS의 가장 큰 차이점은 Google이 단말 설계를 통제하지 않는다는 것이다. 네이티브 Android 응용 프로그램은 Dalvik 가상 장치로 컴파일하는 JAVA로 만들 수 있다. 통신 관련 선택사항은 단말에 따라 바뀌지만 iOS와 동일하다. Android와 iOS 모두 위치를 바로 확인할 수 있는 자이로스코프(gyroscope)와 동작 감지를 위한 가속도계(accelerators)가 내장되어 있다. Android의 오픈 라이선스 정책 덕에 모바일 기기 제조사는 Google의 허가 없이 단말에 운영체제를 설치하거나 OS 일부를 변경할 수 있다. 바로 이 점이 Android의 시장 점유율이 높은 이유이기도 하다. 지난 3년간 핸드폰과 태블릿이 많이 출시되었고 5가지 운영체제가 새로 출시됐다. 이 때문에 주요 OS의 단편화가 문제되고 있지만, HTML5 게임에는 거의 영향이 없다. Android는 Webkit에서 파생된 Google Chrome 웹 브라우저를 사용한다. 지금도 일부 단말은 비교적 예전 버전인 Éclair(Android 2.0/2.1)나 Froyo(Android2.2)를 사용하지만 대다수의 신규 단말은 Ice Cream Sandwich(Android 4.0)나 Jelly Bean(Android 4.1)을 사용하고 있다. 최신의 Android 단말은 경쟁상대인 iOS와는 다르게 Flash 콘텐츠도 구동할 수 있다. 하지만 운영체제가 오픈 소스이므로 서로 다른 Android 버전을 실행하는 장치가 많아지고 있다. 단편화가 계속 진행되고 있지만 그 어떤 시기에도 단말에서 실행되는 Android 버전의 수는 보통 한두 개이다.

WebOS

WebOS는 최근 HP가 인수한 Palm이 만든 운영체제이다. 2009년 6월에 처음 선보였으며, Palm이 인수되기 전에 Palm Pre, Palm Pixi/Pixi Plus의 2개 단말이 출시되었다. WebOS의 핵심 기능은 Linux를 사용했지만 대다수 사용자 측면의 응용 프로그램은 JavaScript, HTML, AJAX를 사용했다. HP의 인수 후 기능이 추가된 Palm Pre2를 출시했고, HP는 WebOS를 핸드폰, 태블릿, 프린터에 사용할 예정이라고 발표했다. WebOS는 시장에서 희미한 빛으로 취급받았다. 2011년 8월 중순, HP는 하드웨어 사업을 접고 Palm Pre2와 Touchpad의 생산을 중단했다. 결국 HP는 WebOS를 오픈 소스 프로젝트로 만들고, 그램(Gram)이라는 기업을 만들어 분사시켰다. 아직까지 가시화된 성과물은 없지만 HP의 지속적인 지원을 받고 있으므로 조금 더 지켜보자.

Windows Phone 8

가장 최근에 시장에 합류한 것이 Microsoft의 Window Phone 8이다. Window Phone 7의 뒤를 이어 2012년 후반기에 출시되었으며, 시장 점유율은 Window Mobile 단말을 포함해도 가트너 조사 결과 2012년 3분기 2.4%에 불과하다. 그러나 아직 Window Phone 8은 시작도 하지 않은 상태라 할 수 있다. Windows Phone 8은 Windows 8 OS와 핵심 부분을 공유하며, 공통의 네이티브 코드를 사용할 수 있다. 그리고 Internet Explorer 10이 내장되었으며 HTML5를 지원한다.

Nokia, HTC 등이 Windows Phone 8을 탑재한 단말을 출시했으며, 2012년 말 출시한 SDK 8.0에서는 앱 내 과금 API, 음석인식, 새로운 테스팅과 디버깅 도구 등이 포함된다.

≪ 플릭, 탭, 스와이프: 모바일 제스처 가이드

마우스와 키보드를 없애고 터치 스크린만 있어도 시스템과의 소통은 필요하다. 모바일 제스처는 시스템과 소통하는 방법이며 데스크톱의 마우스를 대신한다. Capacitive 스크린(멀티 터치스크린)은 여러 손가락을 한 번에 인식할 수 있다. 이를 이용해 멀티터치 스크린은 마우스로 불가능한 일도 가능하다. 예를 들면 지도를 크게 보기 위해 두 손가락을 이용하여 확대를 하거나 주소록처럼 글자 순서대로 정렬된 곳에서 끌기(drawing)를 할 수 있다. 일반적인 제스처는 탭/더블탭(마치 마우스의 클릭/더블클릭과 유사함), 길게 누르기, 스와이프(swipe), 플리킹(flicking)이 있다. 일부 모바일 운영체제는 이보다 더 많은 제스처를 포함하기도 하고 새로운 기능을 만들 수도 있다.

응용 프로그램과 웹 사이트

웹 사이트에서 게임을 출시하면, 응용 프로그램으로 했을 때보다 다음과 같은 장점이 있다.

- 개발 속도
- 휴대성
- 쉬운 개발

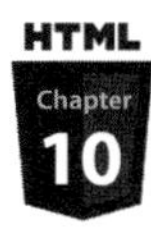

웹 사이트에서 출시한 게임의 활동 중심은 웹 사이트 하나뿐이다. 다른 개발자들은 게임을 다양한 단말에서 테스트해야 하지만 웹 사이트는 그 자체가 개발과 테스트를 하는 핵심 클라이언트이다. 웹 사이트에서만 테스팅하면 새로운 기능을 추가하고 버그를 수정하는 개발 주기를 매우 간소화할 수 있다. 또한 배포 전략도 단순해진다. 한 곳에서만 신규 또는 수정된 기능을 배포하고 버그를 모니터링하면 된다. 모바일 프레임워크를 사용하고 HTML5 호환 브라우저 사이에 공통 기능을 최소로만 유지한다면 많은 테스팅을 하지 않아도 잘 동작하는 제품을 개발할 수 있다. 세 개의 주요 모바일 플랫폼이 특정 형태 혹은 Webkit의 또 다른 형태를 사용한다 해도 각 브라우저는 예상치 못한 동작을 발생시키는 자신만의 특성을 가지고 있다. 예를 들면, Android 2.2 이상이 구동되는 단말과 신형 WebOS폰은 오디오 Flash를 이용할 수 있지만, iOS 단말에서 Flash 구동은 제한이 있다. 즉 일부 단말에서는 웹 사이트에서 Flash 오디오를 이용할 수 없다. 이 문제에 대응하기 위해 게임을 각 개별 플랫폼에 맞춘 응용 프로그램으로 배포할 수 있다. 개별적인 게임 배포는 다음과 장점이 있다.

- 각 플랫폼에 맞춰 특성 조정
- 더 나은 응용 프로그램 출시

반대로, 개별 플랫폼 개발은 다수의 앱을 유지할 수 있고 여러 모바일 플랫폼을 잘 아는 개발자를 찾아야 하므로 개발 비용이 증가된다. 이 장 다음에 패키지 응용 프로그램에 도움이 되는 라이브러리를 더 알아보기로 하고, 여기서는 먼저 다음에 어떤 전개가 이루어지는지 알아보자. 게임이 웹 사이트에서 출시되든 모바일 응용 프로그램으로 출시되든 HTML, JS, CSS등은 공통적인 게임 자산이다. 다만 구동 방법에서 차이가 있다. 모바일 응용 프로그램에서 파일(file)은 포함되거나 로컬에서 실행된다. 가장 기본적인 응용 프로그램 구현은 응용 프로그램을 Java, Object-C, 기타 네이티브 소스 코드와 HTML 콘텐츠를 보여주는 위젯으로 만드는 것이다. 제스처를 해석하는 프레임워크는 사용자와 가까운 가장 바깥층에 있다. 그림 10.1은 Android 응용 프로그램에서 개별 층의 구조를 보여준다.

<table>
<tr><td colspan="2" align="center">HTML/CSS/JS</td></tr>
<tr><td rowspan="2" align="center">응용 프로그램</td><td align="center">웹뷰</td></tr>
<tr><td align="center">Java 코드</td></tr>
<tr><td colspan="2" align="center">운영체제 시스템</td></tr>
</table>

| 그림 10.1 | Android 응용 프로그램 계층

특정한 운영체제만 지원하는 새로운 제스처를 네이티브 코드에서 정의할 수 있다. 특정 OS의 제스처처럼, 카메라나 가속도계(accelerometer) 등은 네이티브 코드를 이용하여 사용할 수 있다. 게임을 응용 프로그램으로 출시하면 얻는 가장 큰 장점은 훌륭한 마케팅 기회가 있다는 것이다. 대부분의 모바일 플랫폼은 해당 단말을 위한 앱 스토어가 있다. 아이폰 앱 스토어나 곧 출시될 Amazon Android 앱 스토어에서는 응용 프로그램이 예상대로 잘 동작하는지 확인하는 검증 절차가 있다. 그 외에 Android 마켓과 같은 스토어는 개발자가 앱 배포를 할 수 있으며, 등록하자마자 구매와 다운로드가 가능하다. 만약 게임이 응용 프로그램으로 패키지되지 않았다면 스토어에서 이 응용 프로그램을 다운로드할 방법은 없다. 이 때문에 게임을 다운받을 잠재적인 사용자를 놓칠 수도 있다. 웹 사이트를 이용한다면 다운로드 결함이나 환

불까지 고려한 지불 시스템을 구축해야 한다. 앱 스토어를 통한 앱 게시는 다른 누군가에게 검증, 지불 시스템 등 힘든 일을 떠넘기는 것이다.

게임을 만드는 데에는 언제나 위험이 있다. 앱은 취약하다. 복사가 될 수도 있고, 해킹당할 수도 있고, 역 컴파일될 수도 있다. 게임을 잘 만들었다면 저작권도 쉽게 침해당할 것이다. 그렇다 해도 더 많은 노출의 기회가 위험보다 더 크다는 것이 필자의 의견이다.

⩘ 모바일 장치에 데이터 저장하기

대부분의 응용 프로그램은 구조화된 데이터를 저장해야 한다. 모바일 장치에서 데이터를 저장하는 일반적인 방법은 SQLite를 사용하는 것이다. Chapter 1 "HTML5에 대하여"에서 SQLite와 관련이 있는 WebSQL을 살펴보았다. 대부분의 모바일 응용 프로그램은 브라우저에서 지원하는 WebSQL보다 운영 체제에서 지원하는 SQLite를 사용한다. WebSQL(브라우저에서 지원하는 SQL)은 IndexedDB 표준처럼 NoSQL의 등장에 밀려 점차 사용하지 않고 있다.

이번 장의 후반에 살펴볼 응용 프로그램 프레임워크(Appcelerator Titanium과 PhoneGap)는 HTML5 응용 프로그램에서 네이티브 OS 데이터베이스를 호출할 수 있다. 데이터베이스를 광범위하게 사용하려고 한다면 모바일 응용 프로그램이나 브라우저에서 하나의 메소드를 사용하는 것은 좋은 방법이 아니다. 그리고 변경하는 코드가 적을수록 좋다. 이를 위해서 Lawnchair를 살펴보자.

접의식 의자(Lawnchair)에서 편하게 쉬기: 데이터를 저장하는 쉬운 방법

Lawnchair는 PhoneGap이 지원하는 저장 API로, 많은 지원 데이터 스토어에서 데이터를 유지하기 위한 단일 API이다. 필자는 Lawnchair를 이용해 간단히 게임 상태를 저장하거나 복잡한 게임 지도를 활용하는 데 사용했다. Lawnchair는 다음의 백엔드를 지원한다.

- DOMStorage (localStorage)
- WebSQL (Webkit과 Gears)
- Window-Name
- BlackBerry
- IE User 데이터
- IndexedDB

MongoDB나 CouchDB와 같은 NoSQL의 키/값 저장에 익숙하다면 Lawnchair 사용도 어렵지 않다(키/값 저장 데이터베이스는 데이터를 속성과 매핑되는 객체 모음에 일반적으로 JSON 객체로 저장한다). 데이터베이스를 생성하면 원하는 동작을 시작할 수 있다. 객체가 어떤 속성이어야 하는지 미리 선언할 필요는 없다. 속성은 시간이 지나면 자연스레 진화한다. 결과적으로 동일한 "타입"의 모든 객체는 동일한 속성을 가지지 않을 수 있다. Lawnchair의 설치 정보는 http://brian.io/lawnchair/에서 살펴보자. 다음으로 Lawnchair.js 파일과 내장 어댑터 중 하나를 선택해야 한다.

Lawnchair 시작하기

가장 먼저 시작해야 하는 것은 Lawnchair 스토어를 생성하는 것이다. 이 스토어는 유사 개체의 모음이라고 생각하자. 원하면 많은 스토어를 가질 수 있는데, 브라우저의 제한(사용자가 권한을 얻기 전까지 보통 5MB)까지 가능하다. 리스트 10.1에는 클래스 스토어를 생성하고 저장 기능을 사용하는 2개의 개체가 있다. 또는 저장을 완료되면 원하는 기능을 실행하도록 할 수도 있다.

리스트 10.1 Lawnchair 스토어 생성하기

```
var classes = new Lawnchair({name:'classes'}, function() {
    this.save({name:'Calculus 101', professor:'Jenkins'});
    this.save({name:'Physics 220', maxClassSize:30});
    this.save({name:'Advanced Physics', prerequisite:'Physics 220'});
});
```

Lawnchair는 레코드를 검색하는 each, get, all 등의 기능을 제공한다. 각 기능은 기능 이름과 같은 동작을 하는데, each는 저장되어 있는 각 레코드를 확인하고 결과에 따라 기능을 실행한다. 리스트 10.2는 모든 클래스의 이름을 출력하는 코드이다.

리스트 10.2 Lawnchair **each** 예제

```
classes.each(function(record) {
    console.log(record.name);
});
```

get은 주어진 키로 검색을 하며 만약 값을 찾으면 결과에 따른 기능을 실행한다. 지금까지 키에 대해 많이 이야기하지 않았지만 레코드를 생성할 때 특별히 하나를 지정하지 않았다면 Lawnchair는 키로 사용하기 위해 GUID 스트링을 하나 생성한다. 리스트 10.3은 커스텀 키와 레코드를 찾는 get 기능 하나가 있는, 레코드를 저장하는 코드이다.

리스트 10.3 Lawnchair **save** 및 **get** 예제

```
classes.save({key:"CISC650", name:"Intro to Computer Science"});
classes.save({key:"CISC615", name:"Analysis of Algorithms"});
classes.get("CISC615",
    function(r){console.log(r);}
);
```

지금까지 레코드 삭제 역시 언급하지 않았다. Lawnchair에서 레코드 하나를 remove로 제거하거나 nuke를 이용해 전체 스토어를 삭제할 수 있다. remove는 get과 마찬가지로 삭제할 객체의 키를 사용한다. nuke는 매개 변수를 사용하지 않는 것이 기본값이지만 원한다면 nuke가 완료되었을 때 실행할 기능을 포함할 수 있다. 리스트 10.4는 위의 두 개 메소드의 예이다.

리스트 10.4 Lawnchair remove 및 nuke 예제

```
classes.remove("CISC615",
    function(r) {console.log("remove completed")}
);
classes.nuke();
```

⋙ JQuery와 Zepto로 클라이언트 사이드 스크립팅 간단하게 하기

브라우저 기반 응용 프로그램은 정적인 페이지에서 한 페이지 내에서 상호작용을 하는 것으로 변해가는 지속적으로 개선되고 그 사용 범위도 점점 넓어지고 있다. 이러한 응용 프로그램에 여러 가지를 사용할 수 있지만, 저자는 JQuery 계열과 Zepto에 중점을 두려 한다. 그 이유는 클라이언트 측 스크립팅 표준이라는 JQuery의 보편성 때문이다. Zepto는 JQuery와 유사한 인터페이스의 최상위에서 터치스크린 제스처를 제공하고, JQueryMobile과 JQTouch는 HTML5 응용 프로그램을 위한 프레임워크를 제공한다. 이들의 기본 테마는 네이티브 iOS 앱과 유사하지만, Zepto를 사용한다면 자체적으로 스타일시트를 정의해야 한다.

JQuery 계열

JQuery는 HTML 문서, 선택자, 이벤트 핸들링, AJAX 애니메이션을 전반적으로 단순화한 JavaScript 라이브러리다. JQuery에 대한 다양한 조사와 분석 내용이 있는데, JavaScript 라이브러리가 사용된 사이트들의 50~78%는 JQuery를 사용하고 있었다. JQuery의 기능은 사용자 개발 플러그인을 이용해 확장할 수 있으며, $와 $.를 함수 앞에 사용함으로써 JQuery의 쓰임을 알 수 있다. 웹 응용 프로그램을 최적화하는 프레임워크나 플러그인으로 JQuery가 사용되는 일반적인 경우는 JQueryMobile과 JQTouch이다.

JQueryMobile(http://jquerymobile.com/)은 최신 모바일 브라우저의 고급 경험을 제공하는 프레임워크로 JQuery 웹 사이트에서 관련 정보를 얻을 수 있다. 그리고 이론적으로는 JQuery로 만들어졌다면 JQueryMobile로도 빠르게 변환할 수 있다. 그리고 HTML5와 호환되지 않는 브라우저에서는 기능을 추가하지 않아도 정상 작동되도록 준비하고 있다.

JQueryMobile은 네이티브 모바일 앱에서 사용하는 제스처를 제공한다. 방향 변경에 대한 인식 외에도 `orientationchange` 이벤트를 이용해서 아래와 같은 터치 이벤트를 제공한다.

- tap

- taphold

- swipe

- swipeLeft

- swipeRight

tap은 이번 장의 앞부분에서 살펴보았고, swipe 이벤트는 스크린에서 30 픽셀 이상을 위아래로 움직이거나(일반적인 swipe 이벤트) 좌우로 움직이면(swipeLeft와 swipeRight 이벤트) 발생한다.

JQueryMobile은 페이지 이동을 위해서 다음과 같이 다양한 CSS 전환도 포함하고 있다.

- slide

- slideup

- slidedown

- pop

- fade

- flip

다음의 코드와 같이 pop 전환을 사용할 수 있다.

```
<a href="index.html" data-transition='pop'>I'll pop</a>
```

반대로 data-back="true"가 포함되어 있다면 [Back] 버튼이 눌렸을 때 반대로 전환된다.

부드러운 CSS 전환뿐만 아니라 JQueryMobile의 컴포넌트도 테마가 될 수 있다. JQueryMobile은 iOS 앱의 사용자 인터페이스와 유사한 내장 테마를 가지고 있다. 그러나 "Android 같은" 앱을 만들 수 있는 테마는 아니다. iOS와 Android의 차이를 극복하는 데 Apple은 당시 웹 앱(web app)을 만들라고 권고했고, 반면 Android는 처음부터 소프트웨어 개발 도구를 제공했다.

JQTouch(http://jqtouch.com/)는 JQueryMobile과 많은 부분을 공유한다. JQueryMobile이 장치 독립적인 반면, JQTouch는 보다 작은 단말 화면에 중점을 맞추고 있다. JQTouch 내장 테마도 iOS 장치만 지원한다. 그리고 내장 터치 이벤트의 수도 JQueryMobile과 비교하면 적은 편이다. 오직 `tap`과 `swipe` 이벤트만 정의도어 있다. 그러나 `touchmove`의 반환값을 이용하면 애플리케이션에 더 많은 제스처를 사용할 수 있다.

Zepto.js 사용하기

마지막으로 살펴볼 것은 Zepto.js(http://zeptojs.com/)이다. Zepto.js는 공식적으로 JQuery 계열은 아니지만 JQuery 호환 체이닝 문법을 사용한다. 그리고 매우 작다. 이 라이브러리를 최소화하고 gzip으로 압축하면 5KB 이하가 된다. Zepto.js는 JQTouch와 JQueryMobile이 포함하지 못한 스타일 컴포넌트를 포함했다. 그리고 JQuery 선택자와 체이닝뿐만 아니라 JQuery 방식의 HTTP `GET`, `POST`, AJAX 호출을 지원하고, Zepto.js가 실행되는 모바일 운영 체제를 식별할 수 있다. 또한 `tap`, `doubleTap`, `swipe`, `swipeLeft`, `swipeRight` 이벤트를 지원한다.

⪢ JoAPP으로 응용 프로그램 설계하기

Jo(http://joapp.com/)는 HTML5 앱을 위한 크로스 플랫폼 JavaScript 프레임워크이다. 동일한 코드를 Safari, Chrome, Firefox, iOS, Android, Webos의 응용 프로그램으로 배포할 수 있다. Jo는 표현과 애니메이션에 CSS3를 사용하며 스토리지 유지를 위한 캡슐화를 제공하고 다른 JavaScript 라이브러리와 은밀하게 동작할수 있다. Jo는 응용 프로그램의 시각적 요소만을 다루며 단말별 특성에 대해서는 나중에 설명할 PhoneGap 및 Titanium과 같은 프레임워크에 맡기고 있다. 앞서 언급한 JQTouch 및 JqueryMobile과 마찬가지로 Jo도 꽤 매력적인 iOS 테마를 제공한

다. 리스트 10.5는 기본적인 Jo 응용 프로그램의 HTML 예이다. 응용 프로그램이
코드에서 모든 사용자 인터페이스를 생성한다면 다른 콘텐츠는 필요하지 않다.

리스트 10.5 기본적인 Jo 응용 프로그램

```html
<html>
<head>
    <link rel="stylesheet" type="text/css" href="css/aluminum.css">
    <link rel="stylesheet" type="text/css" href="css/webkit.css">
    <!-- <link rel="stylesheet" type="text/css" href="css/webos.css"> -->
    <!-- <link rel="stylesheet" type="text/css" href="css/chrome.css"> -->
</head>
<body>

<!-- any static page content goes here -->

<!-- load jo library -->
<script src="jo_min.js"></script>
<!-- any application JavaScript files go here -->
<script src="hello.js"></script>

</body>
</html>
```

JO는 사용자 인터페이스를 생성하기 위해 스킨 처리된 컴포넌트와 컨트롤 모음이
있다. 이 모음은 JavaScript나 HTML을 이용하여 생성된다. 기본적으로 HTML은
인식하지 못하는 태그는 무시하므로 Jo는 HTML 코드와 공존할 수 있다. 리스트
10.6은 화면을 생성하고 그 안에 Canvas를 포함하도록 생성하는 예제이다.

리스트 10.6 Jo에 Canvas 표현하기

```javascript
//jo 초기화하기
jo.load();

//document.body에 대한 래퍼 정의하기
var scn = new joScreen();

var canvas = new joHTML("<canvas height=\"200\" width=\"200\"></canvas>");
scn.push(canvas);
```

Jo는 컨테이너를 이용하여 게임 콘텐츠와 응용 프로그램을 함께 녹여낼 쉬운 방법을 제공한다. Jo의 인터페이스는 스택 아키텍처를 이용하기 때문에 화면을 따로따로 분리할 수 있다.

⪢ 응용 프로그램 프레임워크 선택하기

HTML을 이용하여 응용 프로그램을 생성하는 방법과 모바일 기기에 배포하는 방법은 여러 가지가 있다. 이번 절에서는 네이티브 모바일 기기 기능을 JavaScpirt로 표현하는 PhoneGap과 Appcelerator Titanium 두 개의 프레임워크를 살펴볼 것이다. 이 절의 후반부에는 이 두 프레임워크를 이용하여 Android용 패키지로 만들 것이다. 우리가 개발할 응용 프로그램은 터치 제스처를 인스하고 운영체제 시스템을 결정하는 데 Zepto.js를 사용한다. 이 앱은 OS와 화면에 보이는 윈도우 면적을 표시하는 HTML 파일을 그리고 터치 이벤트에 반응하는 Canvas를 가지고 있다.

PhoneGap

PhoneGap(http://phonegap.com)은 Nitobi Software에서 개발한 모바일 응용 프로그램 개발 플랫폼이다. 이 프레임워크는 JavaScpirt 인터페이스를 통해 가속도계, 카메라, 연락처, 파일 시스템 등 모바일 기기의 네이티브 컴포넌트에 접근할 수 있게 해준다. 모든 응용 프로그램 코드는 JavaScript와 HTML을 이용해서 작성되었고 컴파일 시간에 해당하는 Java나 iOS API로 바인딩된다. 경험이 많은 개발자는 더 많은 네이티브 API를 JavaScript 인터페이스로 드러낼 수 있을 것이다. 현재는 다양한 수준의 HTML5 지원을 통해 아래의 운영체제 시스템을 이용한 응용 프로그램 개발을 지원하고 있다.

- iOS
- Android
- WebOS

- Blackberry
- Windows Mobile
- Symbian

PhoeGap API 자세히 살펴보기

PhoneGap은 응용 프로그램을 만들기 위한 아래 14개 API를 포함하고 있다. 사실상 PhoeGap API는 네이티브 앱으로 할 수 있는 모든 것을 지원한다.

- 가속도계(Accelerometer)
- 카메라(Camera)
- 캡처(Capture)
- 나침반(Compass)
- 연결(Connection)
- 연락처(Contacts)
- 단말(Device)
- 이벤트(Events)
- 파일(File)
- 위치정보(Geolocation)
- 미디어(Media)
- 네트워크(Network)
- 알림(Notification)
- 스토리지(Storage)

위의 API 중 가장 중요한 것은 이벤트 A기이다. 응용 프로그램이 실행되면 HTML과 JavaScript 동작 방식의 장점에 따라 객체가 완전히 초기화되기 전에 객체에 있는 기능을 호출할 수 있다. 이벤트 API는 phonegap.js가 명령을 받을 준비가 되면 시작하는, `deviceready`를 호출하는 이벤트를 구현한다. 모든 PhoneGap 응용 프로

그램은 deviceready를 사용해야 한다. 리스트 10.7은 이벤트 리스너 코드의 간단한
예이다.

리스트 10.7 **deviceready 이벤트 리스너**

```
document.addEventListener("deviceready", doStuff, false);

function doStuff() {
    // 이제 PhoneGap API를 사용할 수 있음
}
```

기존의 브라우저에서 JavaScpirt는 로컬 파일 시스템에 접근할 수 없었다. 따라서
서버 측에서 실행하도록 코드에 많은 것을 넣어야 했지만 이 때문에 서버를 사용하
는 않는 응용 프로그램에 많은 제한이 있었다. 하지만 PhoneGap은 JavaScript 코
드에서 파일을 읽고 쓰고 업로드할 수 있는 방법을 제공한다. FileReader 객체는 파
일 시스템에서 파일을 읽을 수 있다. 이 객체는 오직 3개의 기능을 가지고 있다.
readAsText는 파일 이름을 매개 변수로 해서 FileReader 객체 result 속성의 파일
텍스트 콘텐츠에 저장한다. readAsDataURL은 base64로 인코딩되고 URI 문자열로
지정된 파일을 반환한다. 데이터 URI 문자열이 동작하는 방법은 Chapter 5
"Canvas Tag로 게임 만들기"를 다시 살펴보자. abort는 파일 읽는 것을 중지한다.
result 속성 외에 에러를 저장하는 error 속성이 있고, readyState 속성은 진행 중
에 로드 상태를 초기화한다.

FileWriter 객체는 FileReader 객체처럼 readyState와 에러 속성을 가지고 있
다. 예상하고 있는 write 및 abort 속성 외에, 파일 안에서 위치를 찾고 특정 바이트
길이로 파일을 자를 수 있다. 리스트 10.8은 파일(test.txt)에 문자열을 적고 10 바이
트 길이로 파일을 자르는 예이다.

리스트 10.8 PhoneGap FileWriter 예제

```
var paths = navigator.fileMgr.getRootPaths();
var writer = new FileWriter(paths[0] + "test.txt");
writer.write("writing some text");
writer.truncate(10);
```

마지막으로, `FileUpload` 객체는 HTTP `POST`를 이용하여 서버에 파일을 업로드할 수 있다. 이 객체는 업로드할 파일, `POST`할 URL, 성공 및 실패에 대한 응답, 응답에 추가 정보를 전달하는 `options` 객체를 가지고 있다.

`Network` 객체의 `isReachable` 기능은 주어진 URL로 연결 여부를 확인하고 연결이 결정되면 실행할 응답을 지정할 수 있다. 그리고 오프라인인지, 통신사의 네트워크에 연결되었는지, Wi-Fi에 연결되었는지의 여부를 확인할 수 있다.

PhoneGap은 여러 다른 소리, 시각, 기타 알림을 이용하여 사용자의 주의를 끌 수 있다. 어느 브라우저에서나 볼 수 있는 양식화된 경고(alert) 메시지 외에 지정한 밀리초 동안 진동이 울리거나 지정한 횟수로 경고음을 울리거나 확인 대화상자를 보여줄 수 있다.

더 많은 정보는 http://docs.phonegap.com에서 확인하자.

Appcelerator Titanium

Appcelerator Titanium(www.appcelerator.com)는 HTML, JavaScript, CSS 등의 웹 기술을 이용하여 데스크톱 및 모바일 응용 프로그램을 만드는 소프트웨어 개발 툴킷이다. 데스크톱에서는 종종 Adobe Air 런타임과 비교된다. 모바일 기기에서는 오직 Android와 iOS만을 지원한다. 기술적인 관점에서 보면 크로스 플랫폼은 아니지만, 판매된 스마트폰의 대부분은 iOS와 Android를 사용하고 있어 크로스 플랫폼이라 할 만하다. 다른 최신 모바일 운영체제는 지원하지 않으며 iOS와 Android를 지원하는 데 집중하고 있다.

Appcelerator Titanium API 자세히 살펴보기

PhoneGap은 사용자 인터페이스를 설계하는 데 HTML과 CSS 또는 다른 라이브러리를 함께 사용할 수 있었지만 Appcelerator Titanium은 UI 요소 생성에 자체 JavaScript API 모음을 사용한다. 이 요소는 컴파일 동안 네이티브 컴포넌트를 생성하고 앱이 Titanium으로 개발되었다는 것은 비밀로 유지한다. 그리고 HTML, JS, CSS만을 이용하여 앱을 개발하는 것 역시 자유다.

`Titanium.Filesystem` 및 `File` 객체를 통해 파일 시스템을 사용할 수 있다. 이 모듈에서는 전통적인 컴파일 기반 언어의 파일과 디렉터리 생성 및 읽기, 임시 파일 생성하기, 파일에 플래그 설정하기 등의 동작을 지원한다. 이것이 PhoneGap과의 차이점이다. Android와 iOS 앱만을 개발한다면 쉽게 이 기능을 사용하면 된다.

Titanium의 Network 모듈은 PhoneGap과 유사하다. 네트워크의 연결 여부를 확인하고 Wi-Fi 또는 이동통신망으로 접속할 것인지 정할 수 있다. 이 모듈은 HTTP 및 TCP 요청을 생성하고 수신할 수 있으며 연결된 Bonjour/Zeroconf 서비스도 검색할 수 있다. Bonjour는 Apple에서 Zeroconf를 구현한 이름인데, 이 서비스는 약간의 구성을 통해 사용자의 컴퓨터, 서버, 프린터/스캐너 같은 주변장치를 연결할 수 있도록 해준다.

≫ Titanium과 PhoneGap으로 Android 응용 프로그램 패키지 만들기

지금까지 Titanium과 PhoneGap을 살펴보았고 이제는 이것을 이용해서 응용 프로그램을 패키지로 만드는 방법을 알아볼 것이다. 이 응용 프로그램은 모바일 브라우저에 대한 정보를 보여주고 몇 가지 이벤트에 응답하는 기본적인 응용 프로그램이다. 모바일 제스처와 관련해서는 Zepto.js를 사용한다. 사용할 핵심 HTML 파일은 리스트 10.9와 같다. 이 파일은 `window.innerHeight/innerWidth`를 브라우저 윈도우의 높이와 넓이를 검색하는 데 사용하고, 운영체제 시스템과 버전을 보여주는 데 `$.os` 객체의 속성을 사용한다.

리스트 10.9   모바일 응용 프로그램의 HTML 파일

```html
<!DOCTYPE HTML>
<html>
    <head>
        <script src="zepto.min.js"></script>
        <title>Test Application</title>
    </head>
    <body>
<div id="t"></div>
        <canvas id="canvas" height="200" width="200"
```

```
            tabindex="1">
                </canvas>
                <div id="os"></div>
                <div id="browserWidth"></;div>
                <div id="browserHeight"></div>

        <script>
            function determineOS() {
               if ($.os.ios == true || $.os.iphone == true || $.os.ipad == true ) {
                 return "iOS/iPhone/iPad " + $.cs.version;
               } else if ($.os.android == true) {
                 return "Android "+ $.os.version.
               } else {
                 return navigator.userAgent;
               }
            }

            $("#os").text("Operating System:"+ determineOS());
            $("#browserHeight").text("Height: "+window.innerHeight + "px" +
"\n");

            $("#browserWidth").text("Width: "+window.innerWidth);

            $('#canvas').bind('click', function(event){ $("#t").text('tapped
at'+new Date()) });
                        $("#canvas").bind('tap', function(evt) {
                $("#t").text('tapped at  +new Date());
                    });
                </script>
        </body>
</html>
```

Android 단말의 사운드

오디오 요소에 대해서는 꽤 지원되지만, Android 2.2에 내장된 브라우저 같은 일부 Webkit 브라우저에서는 이를 기본적으로 지원하지 않는다. 이 문제를 대체하기 위한 방법은 오디오 파일을 비디오 요소로 사용하고 `play()`를 호출하는 것이다. PhoneGap이나 Titanium과 같은 프레임워크를 사용한다면 문제되지 않겠지만 자체 솔루션을 사용한다면 인식하고 있어야 한다.

Titanium으로 응용 프로그램 패키지 만들기

Titanium으로 프로젝트를 생성하는 것은 간단하게 텍스트 박스 몇 개를 채우고 클릭 몇 번만 하면 된다. 그림 10.2는 예제 Titanium 응용 프로그램의 [New Project] 화면이다.

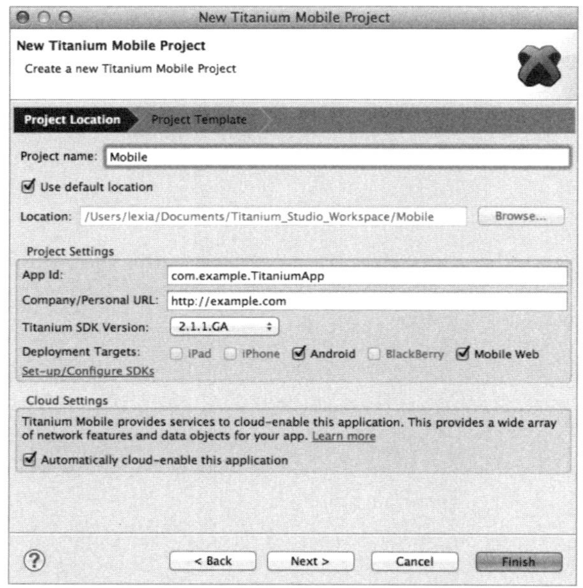

| 그림 10.2 | Titanium에서 새 프로젝트 생성하기

그림 10.3과 같이 Titanium에서 앱을 Android 및 iOS 에뮬레이터에서 실행하거나, 실제 단말에서 실행하거나, 각각의 앱 스토어에 배포할 수 있다.

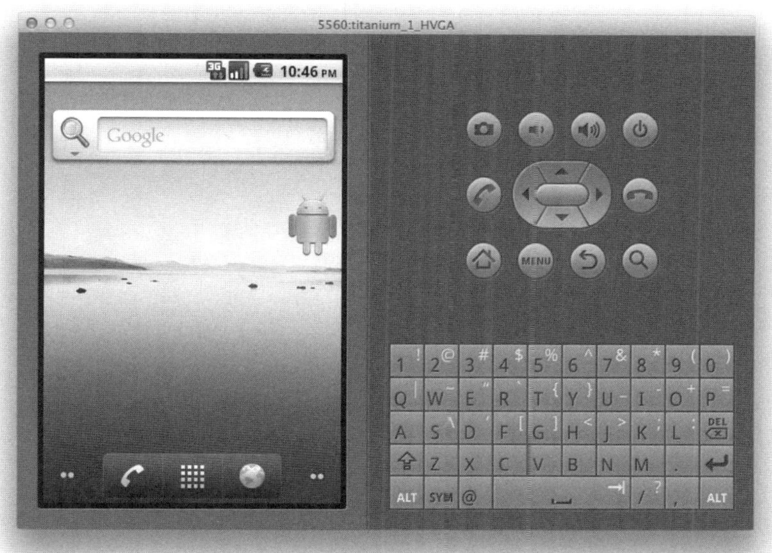

| 그림 10.3 | Titanium에서 에뮬레이터 실행하기

그림 10.4는 예제 응용 프로그램의 파일 목록이다. 우리가 알고 있어야 하는 부분
은 모든 응용 프로그램 코드가 위치하는 [Resources] 디렉터리와 iOS와 Android에
서 응용 프로그램이 어떻게 동작하는지 작성된 tiapp.xml이다.

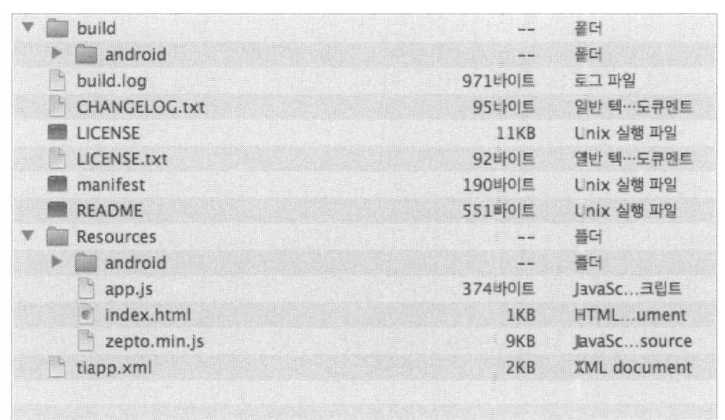

| 그림 10.4 | Titanium의 응용 프로그램 디렉터리 구즈

Titanium은 자체적인 Android 이미지를 가지고 있으며 Titanium은 가끔 이 이미지를 업데이트하고 있다. 에뮬레이터에 앱을 배포할 때 뒤에서는 Titanium이 선택한 이미지를 실행하고 응용 프로그램을 컴파일 및 배포한다.

Titanium은 응용 프로그램의 사용자 인터페이스와 로직을 만드는 데 app.js란 파일을 사용한다. 리스트 10.10은 Titanium의 JavaScript API를 사용해서 윈도우 하나를 생성하고 webView를 윈도우에 위치시키고 이 윈도우를 사용자에게 보여주는 코드이다.

리스트 10.10 예제 응용 프로그램 app.js 파일

```
// 아래는 마스터 UIView의 배경 색상을 설정한다.
// (윈도우나 탭이 없을 경우)
Titanium.UI.setBackgroundColor('#000');

//
// 루트 윈도우 생성
//
var win1 = Titanium.UI.createWindow({
    title:'App',
    backgroundColor:'#fff'
});

var webview = Titanium.UI.createWebView({
    url:'index.html'
});

win1.add(webview);

// 윈도우 열기
win1.open();
```

app.js의 디렉터리에 index.html과 Zepto.min.js 파일을 위치시키면 응용 프로그램을 실행할 준비는 끝난다.

PhoneGap으로 응용 프로그램 패키지 만들기

Titanium이 커스터마이즈된 에뮬레이터 런처를 사용하는 반면 PhoneGap은

Android 도구에 많이 의존한다. 이 의미는 네이티브 응용 프로그램이 그렇듯 Eclipse IDE에서 Android 플러그인을 사용할 수 있다는 의미이다. Titanium에서 자동으로 생성되는 AndroidManifest.xml 설정 파일의 컴포넌트를 PhoneGap은 직접 작성해야 한다. 이 예제에는 선택한 IDE에 Android 플러그인이 설치되어 있다고 가정하자.

프로젝트를 생성하는 것은 꽤 직관적이지만 네이티브 응용 프로그램을 생성하는 것과는 차이가 있다. 그림 10.5와 그림 10.6은 프로젝트의 생성 화면이다. 작성해야 하는 Java 코드의 양을 줄이기 위해 그림 10.6에서 "Create 'Hello World!' Activity"를 선택된 채로 남겨두었다.

PhoneGap은 phonegap.jar이란 Java 라이브러리와 이에 대응하는 JavaScript 인 phonegap.js의 2개 파일을 이용하여 Java 기능을 HTML 응용 프로그램으로 표현한다. phonegap.jar는 응용 프로그램의 어느 위치에든 있어야 한다. phonegap.js는 잠시 후 살펴보자.

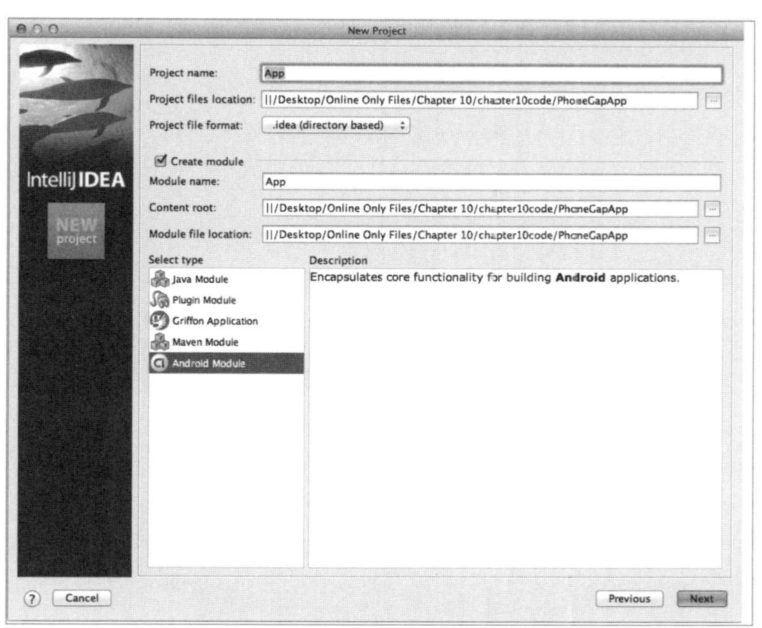

| 그림 10.5 | PhoneGap을 이용하여 응용 프로그램 생성하기

| 그림 10.6 | PhoneGap을 이용하여 응용 프로그램 생성하기(계속)

리스트 10.11은 PhoneGap이 동작하기 위해 AndroidManifest.xml에 반드시 추가해야만 하는 항목이다. 이 항목은 이 응용 프로그램이 어떤 화면에서 동작하는지 Android에 알려주는 태그로 시작한다. 다음은 카메라, 연락처, 오디오, GPS 등 단말의 컴포넌트 사용을 허가하는 부분이다. Android에서 모든 응용 프로그램은 반드시 어떤 컴포넌트를 사용할지에 대한 허가를 명시해야 한다. 예제 응용 프로그램에서는 `android.permission.INTERNET` 하나만을 사용할 것이지만, 리스트 10.11은 PhoneGap의 모든 기능을 사용하는 데 필요한 항목을 보여준다.

리스트 10.11 AndroidManifest.xml에 추가하기

```
<supports-screens android:largeScreens="true"
android:normalScreens="true" android:smallScreens="true"
android:resizeable="true" android:anyDensity="true"
/>
<uses-permission android:name="android.permission.CAMERA" />
<uses-permission android:name="android.permission.VIBRATE" />
<uses-permission
```

```xml
android:name="android.permission.ACCESS_COARSE_LOCATION" />
<uses-permission android:name="android.permission.ACCESS_FINE_LOCATION" />
<uses-permission
android:name="android.permission.ACCESS_LOCATION_EXTRA_COMMANDS" />
<uses-permission android:name="android.permission.READ_PHONE_STATE" />
<uses-permission android:name="android.permission.INTERNET" />
<uses-permission android:name="android.permission.RECEIVE_SMS" />
<uses-permission android:name="android.permission.RECORD_AUDIO" />
<uses-permission
android:name="android.permission.MODIFY_AUDIO_SETTINGS" />
<uses-permission android:name="android.permission.READ_CONTACTS" />
<uses-permission android:name="android.permission.WRITE_CONTACTS" />
<uses-permission
android:name="android.permission.WRITE_EXTERNAL_STORAGE" />
<uses-permission android:name="android.permission.ACCESS_NETWORK_STATE" />
```

AndroidManifest.xml 파일의 응용 프로그램 태그에 다음 항목도 추가해야 한다.

```
android:configChanges="orientation|keyboardHidden"
```


이 항목은 명시된 변경이 발생했을 때(이 경우에서는 사용자가 단말을 회전하고 키보드를 올리거나 내리는 것) Android에 알려주며, 이 응용 프로그램은 기본 동작을 실행하지 않고 위 태그를 이용할 것이다.

다음으로 Android가 생성한 예제 Activity 파일을 변경한다. Activity는 단일 화면 표시를 표현한다. 정말 필요한 경우를 제외하고, 리스트 10.12와 같이 파일을 변경하자.

리스트 10.12 예제 응용 프로그램 Activity 파일

```java
package com.html5book;

import android.app.Activity;
import android.os.Bundle;
import com.phonegap.*;

public class App extends DroidGap {
        @Override
        public void onCreate(Bundle savedInstanceState) {
                super.onCreate(savedInstanceState);
```

```java
        super.loadUrl("file:///android_asset/www/index.html");
    }
}
```

　Titanium의 [Resource] 디렉터리를 고려해야 하므로, 최초 설정 이후에는 PhoneGap에서 작업에 사용하는 하나의 주요 디렉터리가 있어야 한다. 위의 Java 파일을 수정하면서 힌트를 보았을 텐데, [assets]란 디렉터리와 [assets]–[www]란 서브 디렉터리를 생성해야 한다. 이 디렉터리에는 모든 HTML 관련 응용 프로그램 파일이 위치해야 한다. android_asset은 asset에 대한 링크이다. 우리의 Java 기능을 응용 프로그램에서 보여주려면 phonegap.js 파일을 [assets]–[www]에 복사하면 된다. 그림 10.7은 예제 응용 프로그램의 디렉터리 구조를 보여준다.

AndroidManifest.xml	664바이트	
▼ assets	--	폴더
▼ www	--	폴더
index.html	1KB	HTML...ument
phonegap-0.9.3.js	101KB	JavaSc...source
zepto.min.js	9KB	JavaSc...source
▶ bin	--	폴더
build.properties	696바이트	
build.xml	3KB	
default.properties	362바이트	
▶ gen	--	폴더
▼ libs	--	폴더
phonegap-0.9.3.jar	113KB	Java JAR 파일
local.properties	431바이트	
▶ out	--	폴더
PhoneGapApp.iml	2KB	
proguard.cfg	1KB	
▶ res	--	폴더
▶ src	--	폴더

| 그림 10.7 | PhoneGap의 응용 프로그램 디렉터리 구조

　응용 프로그램을 빌드하고 실행하고 설치하기 위한 특정 응용 프로그램을 사용하지 않고 선호하는 IDE를 사용하거나 build.xml 파일을 이용하여 명령줄에서 동작시킬 수 있다.

≫ 요약

Chapter 10에서는 모바일 기기의 HTML5 응용 프로그램을 생성하는 여러 라이브러리와 프레임워크를 살펴보았다. 그리고 터치 이벤트와 저장 옵션에 대한 라이브러리에 초점을 맞추었다. PhoneGap과 Appcelerator Titanium 등 응용 프로그램 패키지를 만들기 위한 프레임워크를 상세하게 살펴보았으며, 마지막으로 이 프레임워크로 응용 프로그램을 패키지해보았다.

≫ 연습문제

1. Android 2.2 브라우저에서 HTML5를 이용하여 오디오를 실행하는 대안은 무엇인가?
2. PhoneGap과 비교한 Appcelerator Titanium의 장점과 단점은 무엇인가?
3. SQLite 데이터베이스와 비교한 Lawnchair나 NoSQL 관련 스토리지 솔루션의 장점은 무엇인가?
4. HTML5 응용 프로그램을 만든다면, 어느 운영체제 시스템은 현재 상태로 할 수 없는가?

이번 장에서 사용된 코드와 연습문제에 대한 해답은 www.informit.com/title/9780321767363이나 정보문화사(www.infopub.co.kr) 자료실에서 다운로드 받을 수 있다.

## Chapter 11

게임 게시하기

이 책의 앞선 10개의 장은 HTML5를 학습하는 것에 우선순위를 두고 기술과 게임 개발을 연결지었다. 이번 장에서는 최적화하여 게임을 배포하는 방법을 살펴본다. 웹상의 응용 프로그램은 그 속도에 따라 운명이 달라진다. 따라서 게임을 게시할 때 최적화와 오프라인 캐시의 사용은 매우 중요하다.

게임 자산 최적화하기

게임을 개발할 때 게임 로직에 많은 노력을 쏟는다. 6개월 또는 1년 후에도 이해할 수 있는 코드를 작성하기 위해서는 공들여 주석을 달거나 코드를 형식화해야 한다. 이런 주석의 문제점은 파일 내에 공간을 차지한다는 것이고, 사용자는 이런 주석은 관심이 없다는 것이다. 파일이 작을수록 사용자는 빠르게 다운로드할 수 있다. 최소화는 코드를 작게 만드는 프로세스이다. 보통 최소화는 공백을 없애거나 함수나 변수 이름을 변경하는 방식으로 이루어진다.

Google Closure Compiler로 최소화하기

Google Closure Compiler는 코드 분석, 최적화, 최소화가 하나의 도구에 포함되어 있다. 대부분의 최소화는 표준 함수와 변수 이름을 변경하거나 주석을 제거하는 방식이다. Closure Compiler는 한걸음 더 나아가 코드의 추상 구문 트리(abstract syntax tree)를 탐색하고 사용하지 않아 제거 가능한 코드, 단순화 할 수 있는 코드가 무엇인지 알려준다. 또한 코드에서 실수를 식별할 수 있다. 이번 장에서 더 고급 기능은 사용하지 않겠지만 고급 기능에 관심이 있다면 내용을 더 찾아보자. Closure Compiler는 응용 프로그램을 실행하는 데 Java 설치가 필요하며, 따라서 아직 Java를 설치하지 않았다면 계속 진행하기에 앞서 설치하자.

http://closure-compiler.googlecode.com/files/compiler-latest.zip에 있는 zip 파일을 다운로드 받고 압축을 풀어 compiler.jar를 확인하자. 컴파일러는 외부 Java 의존성이 없다. 그리고 명령줄에서 다음을 실행해서 최적화를 할 수 있다.

```
java -jar compiler.jar
```

여기에 필요에 따라 옵션이나 값을 넣을 수 있다. 유용한 항목으로는 `--js`, `--compilation_level`, `--js_output_file`이 있다.

다음을 실행하면 사용 가능한 명령줄 옵션을 볼 스 있다.

```
java -jar compiler.jar -help
```

`--js`는 최소화할 파일을 지정한다. 우리가 원하는 만큼 지정할 수 있지만 각 파일은 자신만의 `--js`가 필요하다. `--compilation_level`은 다음과 같이 3가지를 선택할 수 있다.

- WHITESPACE_ONLY
- SIMPLE_OPTIMIZATIONS
- ADVANCED_OPTIMIZATIONS

앞서 언급했듯이 ADVANCED_OPTIMIZATIONS는 설명하지 않는다. WHITESPACE_ONLY 식별자는 오로지 공백과 주석만을 제거한다. SIMPLE_OPTIMIZATIONS은 WHITESPACE_ONLY 최적화에 추가적으로 최상위 스준의 변수와 매개 변수 이름을 숨아낸다. 그 이름에서 알 수 있듯이 `--js_output_file`은 최적화된 JavaScript의 출력 파일을 지정한다. `--js`를 통해 여러 파일을 지정했다면 이 파일은 하나의 파일 안에 연결되어 출력된다. 다음은 SIMPLE_OPTIMIZATIONS로 여러 파일을 최적화하도록 하는 방법의 예이다.

```
java -jar compiler.jar --js Game.js –js zepto.min.js
--js_output_file outfile.js –compilation_level SIMPLE_OPTIMIZATIONS
```

공백과 주석의 양으로 얼마나 최소화될 수 있는지 알 수 있다. 다른 장에서 사용했던 프로젝트의 파일은 최소화 후 평균 40% 작아졌다. 이 의미에 대해 잠시 생각해보

자. 다운로드할 데이터가 40% 줄었고 대부분의 경우에서 다운로드할 파일 크기가 줄어들었다. 명백하게 좋아진 것이다. 자체 서버를 실행한다면 대부분의 웹 서버가 gzip으로 자산을 압축할 수 있다는 것을 알아야 한다. 아마도 추가 모듈이나 플러그인을 설치해야겠지만, 최소화 후 gzip 압축은 파일 크기를 몇 십% 줄일 수 있으므로 적용을 고려해보자. 클라이언트가 서버에 파일을 요청할 때 서버는 클라이언트가 압축·해제하면 되는 gzip 버전으로 요청에 응답할 것이다. 자산을 요청받은 웹 페이지는 이 자산이 gzip으로 제공되었는지 알 수 없다.

CSS도 최소화하고 gzip으로 압축할 수 있다. 그러나 Closure Compiler는 CSS 최소화를 하지 않는다. 대부분의 게임은 가벼운 CSS와 무거운 JavaScript를 사용할 것이고, 따라서 CSS 최소화로 크게 달라지지는 않는다.

이미지 또한 최적화가 가능하다. 문서에 포함된 모든 이미지는 분리된 HTTP 요청이다. 이 요청을 스프라이트 시트에 합치면 시간을 아낄 수 있다.

응용 프로그램 캐시로 오프라인에서 응용 프로그램 실행하기

HTML5에 계속 요구된 것 중 하나는 온라인과 오프라인 접근의 경계를 모호하게 만드는 것이다. Chapter 1 "HTML5에 대하여"에서 Google Gears의 오프라인 접근을 위한 데이터 저장 방법을 살펴보았다. 그 개념은 HTML5 응용 프로그램 캐시와 관련이 있다. 응용 프로그램 캐시는 사용자의 온라인 여부와 응용 프로그램 접근 가능 확인이 필요 없다. 적절히 구조화된 응용 프로그램은 오프라인에도 기능의 일부를 유지할 수 있다. 외부 서버에 연결할 수 없더라도(예를 들어 점수를 기록하려 할 때), localStorage와 같은 도구는 로컬에 데이터를 캐시하고 연결이 재설정되면 이 데이터를 서버에 재전송한다.

리스트 11.1은 기본적인 응용 프로그램 캐시 매니페스트 파일이다. 모든 매니페스트는 CACHE MANIFEST 줄로 시작해야 한다. 나열된 매니페스트는 모든 지정된 파일을 캐시하는데, 섹션 헤더가 없을 경우 사용하는 것으로 기본 설정된다.

 기본적인 응용 프로그램 캐시 매니페스트

```
CACHE MANIFEST
/game.css
/game.js
```

캐시 매니페스트에서 지정할 수 있는 항목은 다음과 같다.

- CACHE
- NETWORK
- FALLBACK

이 항목은 항상 캐시할지, 캐시하지 않을지, 캐시되지 않은 파일에 대한 요청을 어떻게 다룰지를 지정한다. CACHE가 기본값이며 리스트 11.1은 리스트 11.2 코드와 동일하다.

리스트 11.2 **기본적인 응용 프로그램 캐시 매니페스트**

```
CACHE MANIFEST

CACHE:
/game.css
/game.js
```

NETWORK 섹션은 2개 중 하나의 방법으로 지정한다. 리스트 11.1과 리스트 11.2처럼 명시적으로 어떤 자산이 온라인으로만 접근 가능한지 지정하거나 와일드카드(*) 값을 지정하는 것이다. 리스트 11.3은 모든 Ruby 파일을 캐시에서 제외하는 매니페스트를 보여준다. .rb 확장자를 생략하면 매니페스트는 CACHE 섹션에 명시하지 않은 모든 항목의 네트워크 접근을 요구할 것이다. 공백 없이 #로 시작하는 문장은 주석이다. 프로그래밍 언어의 주석과 달리 머니페스트에서의 주석은 자신만의 줄이 있다. 이렇게 사용하는 이유는 URL에서도 #을 구분자로 사용하기 때문이다. URL과 같은 라인에 있는 주석은 브라우저가 여러 가지로 해석할 수 있다.

리스트 11.3   응용 프로그램 캐시 매니페스트의 네트워크 항목

```
CACHE MANIFEST
# CACHE와 NETWORK에 대한 매니페스트
CACHE :
/game.css
/Game.js

NETWORK:
*.rb
```

마지막이자 매니페스트 파일에서 가장 중요한 부분은 FALLBACK 항목이다.
FALLBACK 항목에 있는 두 개의 값은 사용자의 오프라인 접근 대응과 관련이 있다.
첫 번째 값은 매치할 URL 패턴이다. 이 위치에 제공될 자산이 이 값을 따른다. 사용
자가 오프라인 상태에서 점수판을 보려고 하면 기본 아바타를 보여줄 것이다. 그리
고 재연결되기 전까지 특정 기능을 사용할 수 없음을 알려주는 페이지로 사용자를
안내한다. 다시 말하지만 목적은 응용 프로그램의 기능 중 가능한 한 많은 기능을 사
용자에게 제공하는 것이다. 리스트 11.4는 /images/avatars/의 모든 요청에
generic_avatar.png를 제공하고 캐시되지 않은 HTML 파일에 offline.html을 보
여주는 매니페스트 파일이다.

리스트 11.4   모든 섹션을 이용한 응용 프로그램 캐시 매니페스트

```
CACHE MANIFEST
# 모든 항목에 대한 매니페스트
CACHE:
/game.css
/Game.js

NETWORK:
*.rb

FALLBACK:
/images/avatars/ /generic_avatar.png
/ /offline.html
```

이제 모든 항목을 정의한 매니페스트가 있고 응용 프로그램이 사용자에게 이 매니
페스트를 제공하도록 알려줘야 한다. 아직까지 어떤 HTML 파일도 캐시하도록 지

정하지 않았다. 리스트 11.5는 HTML이 캐시되도록 지정하고 코드에 속성값을 추가해서 사용자에게 매니페스트를 제공하는 예이다.

리스트 11.5 **manifest 속성이 들어간 HTML 파일**

```
<!DOCTYPE html>
<html lang="en" manifest="/offline.manifest">
// 여기부터 시작
</html>
```

파일 이름은 아무 것이나 상관없지만 반드시 .manifest로 끝나야 한다. 그리고 MIME 타입은 text/cache-manifest로 제공되어야 한다. 하지만 타입 설정은 파일 이름보다 영향을 덜 미친다. 대부분의 웹 서버는 확장자 및 콘텐츠에 따라 파일의 MIME 형식을 추측한다. 단일 파일 앱이라면 리스트 11.5의 코드를 추가하면 된다. 여러 페이지로 구성된 앱이라면 각 페이지에 캐시를 위한 manifest 속성을 추가해야 한다. 매니페스트 파일 자체에 HTML 파일을 나열할 수 있지만, 캐시를 막을 필요가 있을 때 매니페스트 파일의 거대한 HTML 항목을 수정하는 것보다 속성을 템플릿의 일부분으로 추가하거나 제거하는 것이 덜 골치 아프다.

흔한 오해 중 하나는 매니페스트 파일 변경 없이 서버의 파일을 변경하면 자동으로 변경된 파일을 검색하고 변경되지 않은 파일은 건드리지 않는다는 것이다. 하지만 이것은 사실이 아니다. 매니페스트 파일을 변경해야 브라우저는 파일의 변화를 인식할 수 있다. 매니페스트 파일을 변경하는 쉽고 빠른 방법은 버전이나 식별자를 넣은 주석을 추가하고, 파일에 작성한 자산을 변경할 때 버전이나 식별자를 증가시키는 것이다. 그러면 사이트를 방문할 때 사이트는 check 이벤트를 이용해서 매니페스트 파일을 검색하고 전에 보여준 파일이 있는지 확인한다. 전에 보여준 파일이 있다면 로컬 버전과 매니페스트 파일을 확인한다. 이 둘이 일치한다면 브라우저는 noupdate 이벤트로 종료한다. 로컬 버전이 없거나 브라우저가 변경을 인식한다면 downloading 이벤트가 시작되고 모든 자산을 다시 다운로드한다. 다운로드 프로세스 동안 주기적으로 progress 이벤트가 실행되어 다운로드 상태를 갱신한다. 다운로드가 완료되면 이 사이트에 대해 cached와 updateready 이벤트가 이전 매니페스트와 함께 또는 단독으로 실행된다. 캐시가 실행되었더라도 updateready 이벤트의 결과를 새로고침하지 않으면 사용자 세션은 캐시된 자산을 사용하지 않는다. 캐시된 자산은 캐시된 후 다음 번 새로고침할 때 사용된다.

≫ 자체 서버에 운영하기

자체 서버를 사용하면 집이나 직장에서 장비를 실행해서 호스팅 서비스를 사용할 수 있다. 일부 서비스는 온라인 대시보드에 로그인해서 파일을 업로드하는 서비스를 제공하기도 하고 또 다른 서비스는 필요한 소프트웨어를 설치하고 실행하도록 서버의 클린 인스턴스를 제공하기도 한다.

여러분이 필자와 비슷하다면 집에 쓸만한 장비 1~2 개는 가지고 있을 것이다. 필자가 사용하지 않는 장비가 하나 있는데, 화면은 고장났지만 좋은 CPU와 2GB 램을 가진 노트북이다. 처음 설치할 때 외부 모니터를 이용하니 이 노트북은 사이트 실행에 완벽한 장비가 되었다.

도메인 네임 서비스(Domain Name System: DNS)는 인간 친화적인 도메인을 IP 주소로 변환한다. Rackspace나 Amazon에 인스턴스가 하나 있다면 이 인스턴스의 IP 주소는 평생 변하지 않을 것이다. 반면 가정용 인터넷 사업자는 케이블 모뎀의 IP 주소를 주기적으로 재할당한다. IP 주소가 자주 바뀐다면 사용자에게 문제가 생길 수 있다. 이것은 누군가의 e-mail 주소가 매월 변경되는 것과 비슷하다. 처음에는 이 주소를 찾으려 계속 시도하겠지만 결국 주소를 얻지 못하면 이에 대한 관심을 끊게 될 것이다. 동적 DNS(Dynamic DNS) 서비스는 짧은 간격으로 호스트에 IP 주소를 알려주는 소프트웨어를 실행해서 이 문제를 해결한다. 요즘 출시되는 대부분의 무선 라우터가 이 기능을 내장하고 있다. DynDNS와 No-IP.com은 유명하고 믿을 만한 동적 DNS 서비스이다. 도메인 네임을 처리하는 것 외에, 처음 시작할 때 사용할 수 있는 무료 브랜드 도메인 네임도 제공한다.

사용자가 웹 사이트의 도메인을 입력했을 때 여러 동작이 진행된다. 먼저 최상위 도메인(.com, .uk, .kr, .me 등)의 표준 정보를 가지고 있는 루트 서버에 연결해서 사이트가 사용하는 최상위 도메인의 주소를 찾는다. 그리고 최상위 도메인에 연결하려는 도메인의 네임 서버를 질의한다. 그리그 도메인 네임 서버에 IP 주소를 질의한다. IP주소를 받기 전 마지막으로 어느 동적 DNS와 맞는지 확인한다. 동적 DNS는 모든 상황에 동작하지 않지만, 언제나 가동되고 있어야 한다.

⏬ Node.js 서비스를 호스트하는 곳에 응용 프로그램 배포하기

이 책을 쓸 당시에는 적은 수의 회사만이 Node.js 응용 프로그램 배포를 지원하고 있었고, Node.js가 보다 더 많이 성장하기를 기대하고 있었다. 이 서비스를 사용하는 것의 장점은 포트를 열고 라우팅하고 운영체제를 업데이트하는 등의 서버 유지·보수를 걱정하지 않아도 된다는 것이다. 그러나 단점도 있는데 직접 제어할 수 있는 부분이 적다는 것이다. 사이트의 어떤 장비가 실행되어야 하는지 지정할 수 없고, 간헐적인 연결 이슈가 발생했을 때도 할 수 있는 것은 많지 않다. 탄력적인 복제 성향으로 인해 응용 프로그램 인스턴스가 실행되는 동안 새로운 파일의 저장이 불가능할 수도 있다. 이러한 문제는 Amazon이나 Racksapce 같은 온라인 스토리지 서비스를 이용하면 쉽게 처리할 수 있지만 이용하기 전에 디리 살펴봐야 할 것이 있다. 이 절에서는 Nodester가 제공하는 서비스에 초점을 맞출 것이다.

Nodester(www.nodester.com)는 Node.js 응용 프로그램을 위한 오픈 소스 호스팅 플랫폼이다. Nodester는 응용 프로그램을 시작하고 중지하는 것 외에 변경을 추적하는 데 Git을 사용한다. Node.js와 NPM이 설치되었다면 다음의 명령으로 nodester 모듈 설치를 시작할 수 있다.

```
npm install nodester-cli -g
```

다음으로 토큰 등록 요청이 필요하다.

```
nodester coupon <email address>
```

한두 시간이 흐른 후에 등록 코드와 기본적인 "시작하기" 설명이 포함된 환영 이메일을 받게 된다. 이 이메일은 새로운 사용자를 생성하고, SSH 키를 생성하고, 패스워드를 제공하는 단계를 포함하고 있다. 여기서는 위 단계는 생략하는 대신 API를 이용해서 Nodester를 잘 사용하는 방법에 초점을 맞춘다.

Nodester의 명령줄 인터페이스는 Node, NPM, Git의 공통 작업을 연결한다. 다음의 명령을 이용해서 Nodester 응용 프로그램을 생성하자.

```
nodester app create <app_name>
```

이제 응용 프로그램의 원격 Github 저장소를 실제 생성하고 있다. 다음의 명령으로 NPM 모듈을 관리할 수 있다.

```
nodester npm <install|uninstall> <modules>
```

그리고 언제든지 다음의 명령을 실행해서 앱을 시작하고 정지하고 다시 시작할 수 있다.

```
nodester app <start|stop|restart> <app_name>
```

이 명령은 원격 서버에 있는 코드에만 영향을 미친다. 로컬에서 변경한 것은 사용하기 전에 원격 서버에 커밋하고 푸시해야 한다.

appname.nodester.com에서 응용 프로그램을 실행하는 것은 앱의 기술 검증에 유용하다. 그러나 실제 앱은 자체 도메인이 필요하다. Nodester는 자체 도메인으로의 리다이렉팅을 지원한다. 다음의 명령을 실행해서 앱의 이름과 도메인에 대한 별칭(alias)을 관리할 수 있다.

```
nodester appdomain <add|delete> <app-name> <domain-name>
```

그리고 도메인을 Nodester의 IP 주소인 50.16.203.53로 지정하도록 DNS 호스트에 레코드를 하나 추가해야 한다. 명령줄에서 매개 변수 없이 `nodester`를 실행하면 다른 명령도 확인할 수 있다.

Nodester는 호스팅과 버전 제어가 단단히 통합된 하나의 패키지를 솔루션으로 제공하고 있다. 그러나 부족한 부분이 하나 있다면 영속성이다. Nodester는 (아마도 좋은 이유에서) 내장 데이터베이스를 제공하지 않는다. Nodester는 대부분의 개발자가 원하는 솔루션을 구축하고 데이터를 분리해서 유지하는 데 어려움이 있다. 다행히도 MongoHQ(MongoDB), Cloudant(CouchDB), Amazon(SimpleDB/SQL) 등 클라우드 데이터베이스 호스팅이 도움이 된다.

≫ Chrome 웹 스토어에 응용 프로그램 게시하기

Chrome 웹 스토어는 Chrome 브라우저 안에서 응용 프로그램, 테마, 확장 프로그램을 구매할 수 있는 공간이다. Chrome의 예상 사용자는 전 세계적으로 1억 2천만 명으로 추정된다. Chrome 웹 스토어는 Chromebook(Chrome OS가 실행되는 넷북)이 응용 프로그램을 설치하는 주요 방법이기도 하다. Chrome OS가 실행되는 컴퓨터는 Linux 코어가 기반이지만 사용자와 상호작용하는 유일한 인터페이스는 Chrome 브라우저다. Chrome 브라우저는 백그라운드에서 업데이트하기 때문에 예전 버전에 대한 지원을 걱정하지 않아도 된다. 이에 따라 Chrome 웹 스토어의 많은 응용 프로그램은 큰 노력 없이도 사용자의 구버전을 업데이트할 수 있다. Chrome 웹 스토어를 이용하여 브라우저의 최신 기술을 배우고 코딩할 수 있다. 이 말이 WebGL이나 하드웨어 가속이 지원되는지 알아볼 필요가 없다는 것은 아니지만, 하나의 브라우저만 집중하는 것은 여러 브라우저 지원에 따른 어려움을 줄여준다. 이 책에서 계속 응용 프로그램에 대해서 언급했지만 테마나 확장 프로그램은 알아보지 않았다. 테마는 Chrome 응용 프로그램 윈도우의 모양새를 이미지와 폰트를 적용해서 수정하는 것이다. 확장 프로그램은 보통 하나의 목적만을 가진 작은 응용 프로그램이다. 확장 프로그램으로는 문장의 트위터 내보내기 같은 도구가 있다. 이 절에서는 패키지 응용 프로그램에 초점을 맞춘다. Chrome 웹 스토어에는 응용 프로그램을 배포하는 방법이 두 가지가 있다. 여러분의 웹 서버에서 호스트되는 응용 프로그램을 배포하거나 사용자가 다운로드하는 패키지 응용 프로그램을 배포하는 것이다.

응용 프로그램 메타데이터 작성하기

모든 설치 가능한 응용 프로그램(호스트하든지 패키지하든지 상관없이)은 manifest.json이란 파일에 몇 가지 메타데이터를 작성해야 한다. 매니페스트 파일에는 응용 프로그램의 이름, 설명, 버전과 아이콘, URL(외부 또는 내장), 응용 프로그램에서 사용할 권한 같은 필수 정보가 작성된다. 리스트 11.6은 패키지 응용 프로그램의 manifest.json 파일의 예이다.

리스트 11.6 manifest.json 파일의 예

```
{
    "manifest_version": 2,
    "name":"Copy Me Game",
    "version":"0.0.1",

    "description":"A Simon-like 'repeat the pattern' game",
    "app" : {
        "launch": {
            "local_path": "index.html",
            "container":"tab"
        }
    },
    "icons": {
        "16": "icons/icon_16.png",
        "128": "icons/icon_128.png"
    }
}
```

호스트 응용 프로그램 배포하기

매니페스트 파일은 설치 시 추가 권한을 요청할 수 있다. 리스트 11.7은 호스트 응용 프로그램의 전형적인 매니페스트 파일이다. 앞선 예제와의 가장 큰 차이점은 web_url 키/값 쌍이다. 이 쌍은 응용 프로그램이 시작될 때 실행되어야 하는 웹 사이트를 지정한다. 또한 이 사이트는 요청한 권한을 사용할 수 있다.

```
{
    "manifest_version": 2,
    "name":"Copy Me Game",
    "version":"0.0.1",

    "description":"A Simon-like 'repeat the pattern' game",
    "app" : {
        "launch": {
            "web_url": "http://copyme.example.com/index.html",
        }
    },
    "icons": {
        "16": "icon_16.png",
        "128": "icon_128.png"
    },
    "permissions": [
            "unlimitedStorage",
            "notifications"
    ]
}
```

리스트 11.7에서 사용자는 계속해서 여러 번의 요청을 받는 것이 아니라 모든 권한 요청이 나열된 하나의 팝업만을 보게 된다. 다음은 앱에 요청할 수 있는 권한의 목록이다.

- 백그라운드
- 위치정보
- 알림
- 무제한 저장

Chapter 1에서 위치정보와 알림의 사용을 살펴보았으니 복습이 필요하면 다시 한 번 살펴보자. 무제한 저장은 localStrorage와 데이터베이스 스토리지에 5MB 제한을 제거한다. 권한이 없다면 사용자는 5MB에 달했을 때 팝업을 보게 된다. 사용자가 거부했을 경우에는 응용 프로그램에 부정적인 영향을 미칠 수 있다. 그러므로 많은 양의 데이터를 저장하고 싶다면 이 권한을 요청하는 것이 낫다.

백그라운드 권한은 Chrome이 시작되자마자 응용 프로그램이 로딩되고, 사용자가 응용 프로그램이나 Chrome을 사용하지 않아도 실행되도록 해준다. 응용 프로그램이 HTML 페이지의 백그라운드에서 실행되므로 다양한 작업을 실행할 수 있다. Twitter 클라이언트인 TweetDeck은 백그라운드에서 새로운 트윗이 있는지 확인하고 사용자가 언급되거나 Direct Message(역자 주: 트위터 내의 쪽지 기능)를 받으면 브라우저 알림을 보낸다. 게임의 경우 게임 상태, 메시지, 움직임을 주고받는 데 사용된다. 백그라운드 권한을 사용하기 위해서는 매니페스트에 `background_page` 키/값 쌍을 추가해야 한다.

패키지 응용 프로그램 배포하기

패키지 응용 프로그램은 오프라인 접근에 유용하며, 호스트 응용 프로그램처럼 manifest.json 파일이 포함된 압축 파일을 사용한다. 그리고 모든 응용 프로그램 코드가 포함된다. 패키지 응용 프로그램 역시 Licensing API를 사용할 수 있지만 이 기능은 경고문이 포함된다. 왜냐하면 모든 응용 프로그램은 사용자의 기기에 다운로드 되기 때문에 나쁜 생각을 하는 사용자라면 보안을 회피해서 파일을 대체할 수 있기 때문이다. 그러나 응용 프로그램이 무료라면 이 문제는 크게 염려할 바는 아니다.

로컬에서 응용 프로그램 테스트하기

Chrome은 웹 스토어에 재배포 없이 로컬에서 응용 프로그램을 빠르게 테스트하는 기능을 제공한다. [도구]−[확장 프로그램]을 선택하거나 주소창에 chrome:// extensions를 입력해서 확장 프로그램 패널에 접근하고, 다른 테마나 확장 프로그램, 응용 프로그램을 구성/삭제하거나 사용하지 않기로 설정하는 것과 마찬가지로 자신의 응용 프로그램을 설치할 수 있다. 그림 11.1은 개발자 모드를 선택한 확장 프로그램 패널을 보여준다. [압축 해제된 확장 프로그램 로드...] 버튼을 클릭하고 응용 프로그램의 루트 디렉터리를 탐색하자.

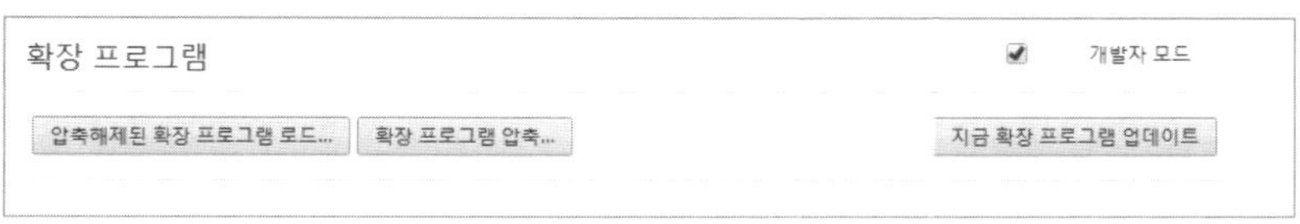

| 그림 11.1 | Chrome 확장 프로그램 패널

Chrome 웹 스토어에 응용 프로그램 업로드하기

응용 프로그램을 로컬에서 테스트했다면 다음 단계는 베타 테스트를 하거나 전 세계로 배포해야 한다. 새 탭에서 Chrome 웹 스토어로 들어가서 오른쪽 상단 [로그인] 옆에 있는 도구 버튼을 클릭하면 [개발자 대시보드] 링크를 찾을 수 있다. 이 대시보드에서 Chrome 웹 스토어의 새로운 테마, 확장 프로그램, 응용 프로그램을 업데이트하고 추가할 수 있다. 베타 기간을 오래 기다리지 않으려면 Chrome 웹 스토어에서 응용 프로그램을 배포하기 위해 $5를 지불하면 된다. Android 개발자 비용처럼 1년 단위 등록 비용이 아닌 최초 1회 등록비만 지불하면 된다. 개발자 등록을 한 후에는 대시보드를 살펴볼 수 있다. 그림 11.2는 베타 테스트 중인 응용 프로그램이 2개 있는 대시보드 화면이다.

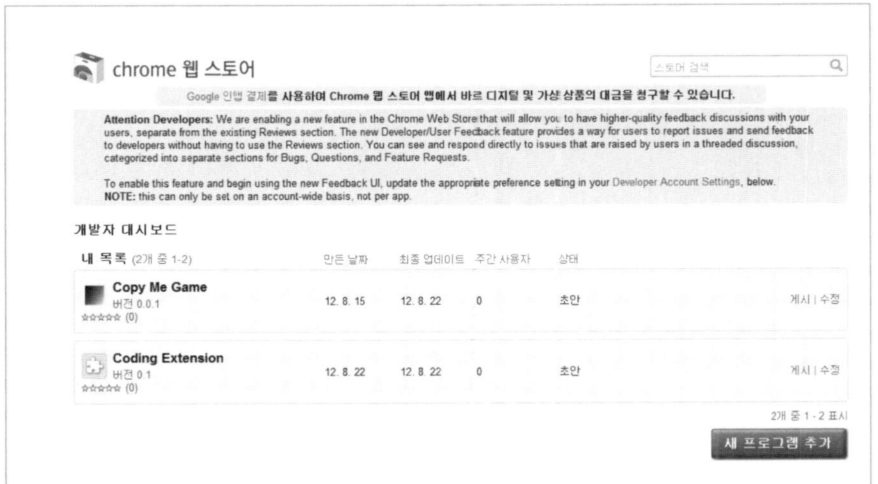

| 그림 11.2 | Chrome 웹 스토어 개발자 대시보드

베타 테스트 모드에서도 이 응용 프로그램이 Chrome 웹 스토어에 보이지만 개발자와 개발자가 허용한 테스터에게만 보인다. 응용 프로그램 목록 하단에는 새로운 항목을 추가하는 버튼이 있다. 이 버튼을 클릭하면 그림 11.3처럼 압축 파일 업로드를 위한 웹 양식을 볼 수 있다.

| 그림 11.3 | 새 프로그램 추가 화면

이 파일을 승인하면 서버는 앱의 manifest.json 파일, 브라우저 탭을 위한 작은 아이콘(16×16 픽셀), 앱 대시보드를 위한 큰 아이콘(128×128 픽셀)이 있는지 확인한다. 이 중 하나를 빠뜨렸다면 서버는 파일 업로드를 거부할 것이다.

그림 11.2의 응용 프로그램 오른쪽에 2개의 링크가 있다. 하나는 응용 프로그램을 게시할지 여부와 해당 항목을 수정하는 링크이다. [수정] 링크는 매니페스트 파일보다 더욱 세밀하게 응용 프로그램을 구성할 수 있다.

응용 프로그램 구성하기

그림 11.4는 응용 프로그램 속성을 구성하는 많은 항목 중 일부이다. 이 화면에서는 매니페스트 파일에서 가져온 이름, 버전, 상세설명 등 기본적인 정보를 볼 수 있다. 또한 홍보 이미지를 추가하는 버튼이 있다. 그리고 이 응용 프로그램을 어느 나라의 사용자가 Chrome 웹 스토어에서 볼 수 있는지 선택할 수 있다. 이 양식에서 아이콘을 로드하고 스크린샷, YouTube 비디오 링크, Google Docs 링크를 추가할 수 있다.

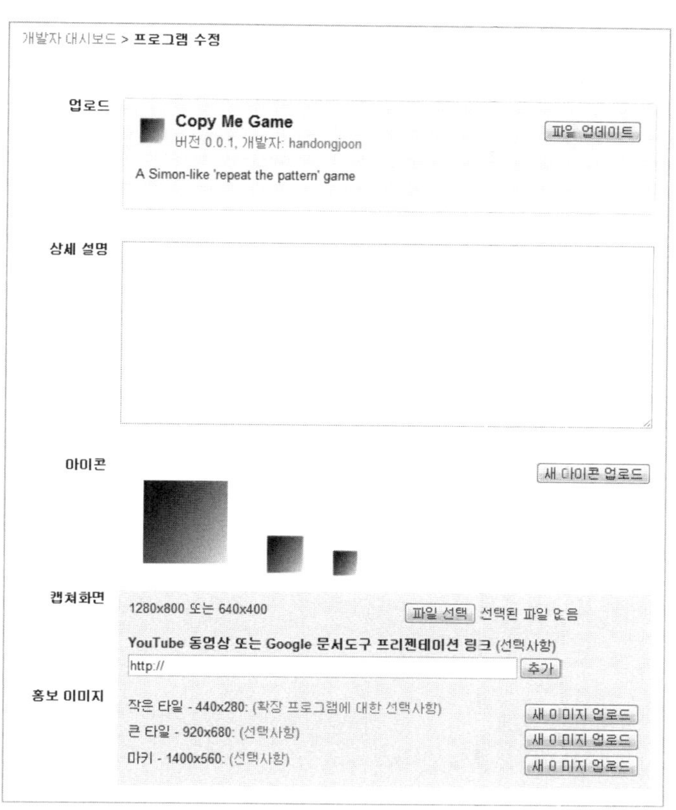

| 그림 11.4 | 항목 수정하기 화면

    그림 11.5에 있는 다음 부분에서는 미리 선정된 카테고리를 선택하거나 추가 카테고리를 지정할 수 있다. 마지막으로 기본 언어를 선정할 수 있다. Chrome은 테마, 확장 프로그램, 응용 프로그램에 내장된 현지화를 제공하므로 언어에 따른 여러 버전의 응용 프로그램을 배포하는 대신 하나의 응용 프로그램에 모든 메시지를 포함할 수 있다.

| 그림 11.5 | 항목 수정 화면(계속)

그림 11.6의 마지막 부분은 확인된 웹 사이트 선택, "성인용" 여부 설정, 링크 추가, OpenID 사용 여부를 결정하는 것이다. Chrome 웹 스토어 결제를 사용한다면 이 부분은 매우 중요하다. 왜냐하면 OpenID 인증을 사용해야만 사용자의 Google 계정을 확인해서 구매가 가능하기 때문이다. 무료에서 유료로 쉽게 전환할 수 있고 사용성이 개선되기 때문에 많은 문서에서 OpenID 사용을 권고하고 있다.

| 그림 11.6 | 마지막 항목 수정 화면

패키지 Chrome 응용 프로그램과 호스트 Chrome 응용 프로그램 중 선택하기

응용 프로그램을 호스트 또는 패키지 응용 프로그램으로 만들 것인지 결정하는 것은 많은 요소를 고려해야 한다. 무료 응용 프로그램은 이 두 모델로 쉽게 만들 수 있는 반면 유료 응용 프로그램은 패키지 응용 프로그램으로 배포한다면 검증하는 데 많은 노력이 필요하다. 응용 프로그램의 업데이트를 사용자의 간단한 버튼 클릭으로 가능하도록 할 수 있지만 패키지 응용 프로그램을 업데이트하는 것은 더 많은 단계를 거쳐야 한다. 호스트 응용 프로그램과 패키지 응용 프로그램 모두 코드 업데이트와 사용자의 서버 또는 Google 서버로 로딩이 필요하지만, 패키지 응용 프로그램의 사용자는 업데이트가 지연될 수도 있는 반면 호스트 응용 프로그램의 사용자는 자동으로 업데이트가 된다.

Google은 개발자에게 사용자가 일정 기간 동안 응용 프로그램을 무료로 배포해보도록 권장하고 있다. 호스트 응용 프로그램은 동일한 코드로 트라이얼 사용자와 유료 사용자 모두를 처리할 수 있지만, 패키지 응용 프로그램은 트라이얼 응용 프로그램과 유료 응용 프로그램의 2개 패키지가 필요하다. 크기 역시 고려해야 한다. 패키지 응용 프로그램이 포함된 모든 자산의 최대 크기는 10MB이다. 현재 Chrome 내장 결제를 이용하여 무료 버전에서 유료 버전으로 전환하는 방법을 정식으로 지원하고 있다. 그 외에 개발자가 선택할 수 있는 다안이 있는데, 자체적인 결제 제공자를 이용하는 것이다. 하나는 응용 프로그램에서 직접 결제하는 것이고 다른 하나는 웹 사이트에 사용자 등록을 요구하고 자격을 주는 것이다. 동영상 스트리밍 서비스인

Netflix는 네이티브 iOS 앱과 Android 앱에 이 방식을 적용했다. 사용자는 모바일 응용 프로그램을 사용하기 전에 Netflix에 등록하고 결제해야 한다. 모바일 앱은 간단하게 사용자 이름과 패스워드를 확인할 수 있다.

TapJS로 응용 프로그램 게시하기

TapJS는 간결한 JavaScript API를 이용하여 게임에 다음의 소셜 요소를 통합할 수 있는 게임 호스팅 플랫폼이다.

- 도전 과제
- 점수판
- 사용자 계정

TapJS를 통합하는 방법은 간단하다. head 태그 안에 리스트 11.8에 있는 스크립트 태그를 포함하면 TapJS API를 사용할 준비가 끝난다.

리스트 11.8 TapJS 스크립트 태그

```
<script type="text/javascript"
src="https://ajax.googleapis.com/ajax/libs/jquery/1.4.4/jquery.min.js"></script>
<script type="text/javascript"
src="http://YOUR-GAME-URL.tapjs.com/api/js"></script>
```

TapJS 응용 프로그램 생성하기

TapJS 게임을 생성하는 것도 간단하다. 그림 11.7과 같이 간단하게 제목을 적고 [Continue]를 클릭하면 그림 11.8부터 그림 11.12에 이르는 긴 항목을 볼 수 있다. 그림 11.8]은 앱에 대한 상세한 설명을 적는 화면이고, 그림 11.9는 도전 과제와 더불어 레이아웃 테마와 옵션을 보여준다.

| 그림 11.7 | 새 게임 추가하기 화면

| 그림 11.8 | 설명과 카테고리 추가하기

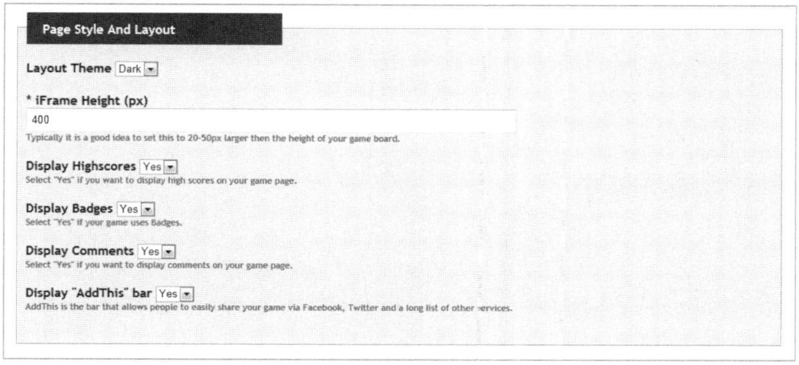

| 그림 11.9 | 테마, 레이아웃, 도전 과제 추가하기

서브도메인은 친구들에게 알려주고, Facebook에서 게임 계정으로 사용할 URL을 정의한다. 이 화면은 그림 11.10을 참고하자. 그림 11.11은 Internet Explorer 7 또는 8 사용자에게 최신 브라우저를 다운로드하라고 알려줄지 여부, 모바일 기기가 게임에 접근할 수 있는지 여부, 게임을 게시하고 플레이가 가능한지 여부를 결정한다. 마지막으로 그림 11.12는 Facebook과 관련된 정보를 입력한다.

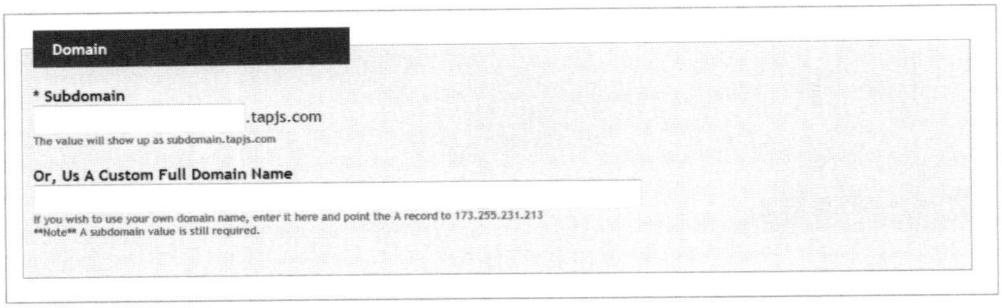

| 그림 11.10 | 서브도메인 추가하기

| 그림 11.11 | 승인 추가하기

| 그림 11.12 | Facebook 통합 추가하기

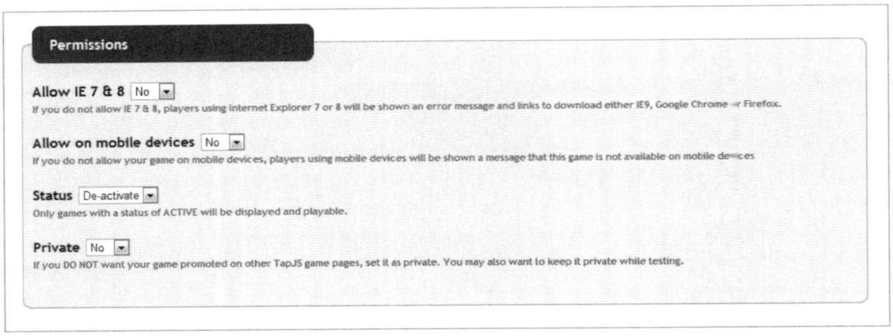

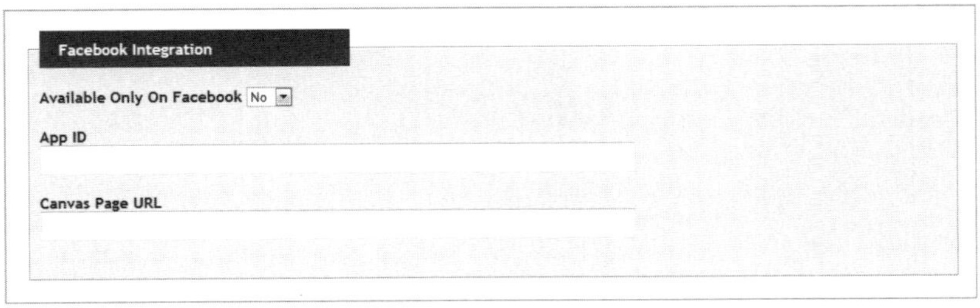

TapJS 응용 프로그램 패키지 만들기

TapJS 응용 프로그램을 패키지를 만드는 것은 zip(압축) 파일을 생성하는 것만큼 쉽다. zip 파일 안에는 다음의 파일 종류를 포함할 수 있다.

- .html
- .css
- .ttf
- .js
- .swf
- .jpg, .png, .gif
- .mp3 and .ogg

폴더 구조는 선호하는 방식을 사용하면 된다. 반드시 포함해야 되는 것은 앞서 살펴본 스크립트 태그와 index.html 파일이다.

TapJS 응용 프로그램을 Facebook에 게시하기

TapJS로 응용 프로그램을 Facebook에서 이용하도록 배포할 수 있다. 이 선택은 어떤 기능을 호출할 수 있는지에 따라 조정이 필요하다. 가장 먼저 필요한 것은 Facebook 응용 프로그램을 생성하는 것이다. 이 내용은 Chapter 9에서 살펴보았지만, TapJS 응용 프로그램에 맞게 변경이 필요하다. 그림 11.13은 Facebook Developer Application 콘솔의 '기본 정보' 탭이다. 이 화면에서 TapJS에서 게임을 생성했을 때 선택한 URL(일반적으로 http://게임이름.tapjs.com)을 Site URL로 설정하는 것이 필요하다.

'어떻게 앱을 Facebook과 통합시킬지 선택하세요' 탭에서는 '캔버스 URL'과 '페이지 탭 URL' 필드가 TapJS URL로 설정되어야 한다. 'Facebook 캔버스 앱' 페이지와 '페이지 탭 이름' 필드도 잘 설정하자. 그림 11.14는 이 항목들에 대한 페이지 화면이다.

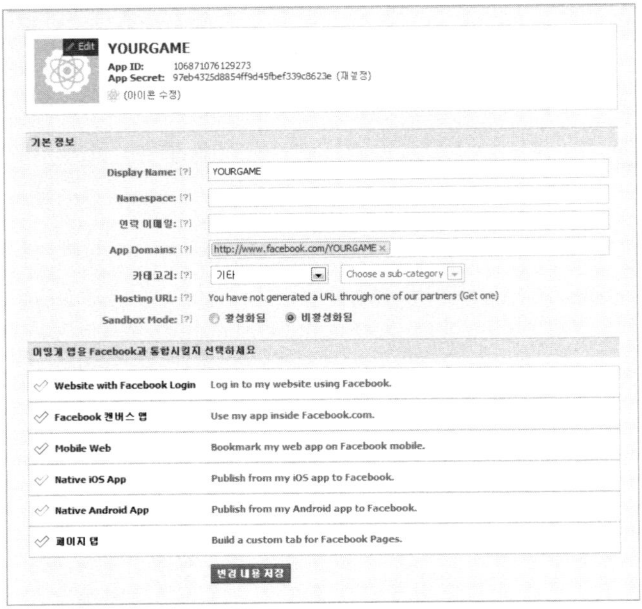

| 그림 11.13 | Facebook Application 기본 정보 탭

| 그림 11.14 | Facebook Application Facebook 통합 탭

TapJS의 Facebook API는 더욱 간결하다. 다음은 tapjsSocial 객체의 3개 함수이다.

- tapjsSocial.fbCheck ([callbackFunction])
- tapjsSocial.fbApp ([callbackFunction])
- tapjsSocial.fbWallPost (message [,link] [,caption] [,description] [callbackFunction])

fbCheck는 사용자가 Facebook Canvas에서 응용 프로그램에 접근했는지 여부를 알아낸다. fbCheck는 응용 프로그램의 Facebook에 한정된 기능을 켜고 *끄기 위한* 정보를 알기 위해 호출한다. 중요한 사항 하나는 Facebook은 AdSense 광고를 금지한다는 것이다. fbApp은 앱 ID, Canvas 페이지 URL과 같은 앱 정보를 검색한다. fbWallPost는 이름에서 알 수 있듯이 이 함수를 사용하여 사용자의 Facebook에 포스팅할 수 있다. TapJS는 현재 Facebook 크레딧이나 Google 결제 같은 앱 내장 결제를 지원하지 않고 있으며 향후 지원 예정이다. 플랫폼에 맞게 더 수정하기 전에 Facebook 배포에 TapJS를 사용하는 것은 스모크 테스트를 위한 좋은 방법이다.

⪼ Kongregate로 게임 게시하기

Kongregate는 처음에는 Flash와 Unity 게임만을 지원했지만 이제는 HTML5 게임의 온라인 게임 호스팅 플랫폼이다. 그리고 많은 사용자와 개발자가 사용한다. Kongregate의 응용 프로그램 플랫폼인 Konduit은 TapJS와 동일한 요소를 많이 포함하고 있고 추가적으로 다음의 항목을 포함하고 있다.

- 채팅 통합
- 소액 결제
- (Kongregate에 로그인하지 않은) 임시 게임 사용자
- 사용자 프로필

흥미로운 내용 하나는 Kongregate로 배포할 때 Android로도 배포한다는 것이다. Kongregate는 여기에서 논의하기에는 그 크기가 크므로 관심 있는 독자는 www.kongregate.com/developer_center/docs/konduit-platform을 살펴보기 바란다.

⩘ HTML5 응용 프로그램을 데스크톱에 게시하기

앞서 언급했던 것과 같이 Google Chrome과 Apple Safari에서 사용하는 브라우저 엔진인 Webkit은 KHTML이라는 오픈 소스 프로젝트에서 시작되었다. Webkit이 오픈 소스에 뿌리를 두고 있다는 의미는 C/C++과 연결되는 많은 프로그래밍 언어를 다룰 수 있다는 것이다. 개발자는 그들이 선택한 언어를 바인딩해서 Webkit에 작성하거나 다양한 프로그래밍 언어를 위해 바인딩된 GTK(http://en.wikipedia.org/wiki/GTK)나 wxWidgets(http://en.wikipedia.org/wiki/WxWidgets) 라이브러리를 이용해 제작된 솔루션을 선택할 수 있다. 이 라이브러리는 크로스 플랫폼을 지원한다. 이 바인딩을 이용하여 응용 프로그램의 기능을 필요한 만큼 만들 수 있다. 마치 브라우저처럼 응용 프로그램을 로드하는 쉘 앱을 코딩하거나(XULRunner apps처럼) 앱을 보통의 브라우저에서는 불가능한 게임패드나 다른 주변장치를 이용하도록 코딩할 수도 있다.

XULRunner(http://en.wikipedia.org/wiki/XULRunner)는 응용 프로그램을 구축할 수 있는 Mozilla의 런타임 엔진이다. XULRunner는 언어 지원에 있어서는 Webkit보다 뒤처지고 Webkit처럼 내장할 수 있도록 공개되지도 않았다. XULRunner 솔루션을 이용하면 응용 프로그램은 XULRunner 인스턴스 안에서 실행되고 일부 XUL 레이아웃 외에 앱 내부를 개발자가 다룰 수 없다.

HTML5 응용 프로그램은 게임 코드의 변경 없이 게임을 웹뷰(WebView)로 둘러싼 후 Mac 앱 스토어(www.apple.com/mac/app-store/)에 게시할 수 있다. Linux에서는 최초에는 무료 응용 프로그램과 라이브러리만 게시했지만 이제는 유료 응용 프로그램 분야도 추가된 Ubuntu Software Center(http://app.ubuntu.com/)에 게시할 수 있다.

☷ 요약

이번 장에서는 매우 많은 주제를 다루었다. 처음어는 파일 사이즈를 줄이고 앱을 더 빠르게 실행시키는 기술을 살펴보았다. 그리고 집에서 직접 사이트를 운영하려는 독자를 위해 DNS 라우팅 특강을 포함했고, 클라우드 Node.js 호스팅을 살펴보았다. 자체 서버를 관리하지 않으려는 독자를 위해 TapJS의 서버만 이용하는 응용 프로그램과 Facebook에 내장된 응용 프로그램 등 TapJS가 제공하는 소셜 관련 선택 사항을 살펴봤다. 그리고 HTML5 응용 프로그램을 Chrome 웹 스토어와 Mac 앱 스토어(iOS 앱 스토어와 혼동하지 말자), Ubuntu Software Center를 포함한 데스크톱에 배포하는 방법을 논의했다. 그리고 향후 사용하게 될 Chrome 응용 프로그램의 앱 내장 결제와 Ubuntu Software Center의 유료 응용 프로그램을 살펴봤다.

☷ 연습문제

1. 매니페스트 파일을 이용하여 새로운 자산을 어떻게 캐시할 수 있는가?
2. Chrome 웹 스토어에서 패키지되지 않은 웹 사이트가 접근했을 때 localStorage에 제한을 둘 수 있는가? 있다면 방법은 무엇인가?
3. TapJS를 이용해서 Facebook에 응용 프로그램을 배포하는 것의 장단점은 무엇인가?

이번 장에서 사용된 코드와 연습문제에 대한 해답은 www.informit.com/title/9780321767363이나 정보문화사(www.infopub.co.kr) 자료실에서 다운로드 받을 수 있다.

찾아보기